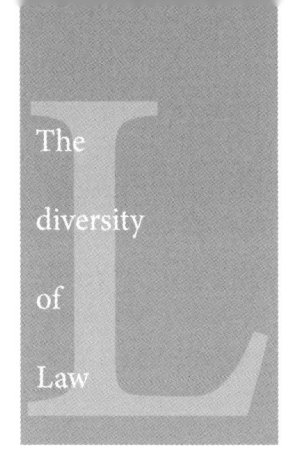

The diversity of Law

法的多元性

喻 中 ◎ 著

中国政法大学出版社

2024·北京

声　　明　　1. 版权所有，侵权必究。

　　　　　　2. 如有缺页、倒装问题，由出版社负责退换。

图书在版编目（CIP）数据

法的多元性/喻中著. —北京：中国政法大学出版社，2024.3
ISBN 978-7-5764-1431-8

Ⅰ.①法… Ⅱ.①喻… Ⅲ.①法律－研究 Ⅳ.①D9

中国国家版本馆CIP数据核字(2024)第068380号

出 版 者	中国政法大学出版社
地　　址	北京市海淀区西土城路25号
邮寄地址	北京100088 信箱8034分箱　邮编100088
网　　址	http://www.cuplpress.com（网络实名：中国政法大学出版社）
电　　话	010-58908586(编辑部) 58908334(邮购部)
编辑邮箱	zhengfadch@126.com
承　　印	固安华明印业有限公司
开　　本	650mm×980mm　1/16
印　　张	14
字　　数	230千字
版　　次	2024年3月第1版
印　　次	2024年3月第1次印刷
定　　价	66.00元

自 序

在法学理论的丛林里,"法律多元"是一个饱受关注的学术主题。在域外,千叶正士的《法律多元——从日本法律文化迈向一般理论》,塔玛纳哈的《法律多元主义阐释——历史、理论与影响》;在域内,严存生的《法的"一体"和"多元"》,何志辉的《华洋共处与法律多元:文化视角下的澳门法变迁》,等等,都可以归属于关于"法律多元"的学术文献。

这部《法的多元性》也可以归属于"法律多元理论"之林。这部书主要包括四个部分,它们分别是地方法、城市法、民间法、习惯法。其中的地方法与城市法,似乎可以靠得更近一些,因为两者之间有很多共性,譬如,城市立法也可以归属于地方立法,很多地方立法其实也是城市立法。但是,两者之间也有明显的差异。譬如,"地方"主要表征了一个特定的地理区域,一个省、一个自治区、一个地区,都是一个"地方"。此外,"地方"还可以跟"中央"相对应,"中央和地方关系"或"发挥中央和地方两个积极性"都是一些定型化的表达方式。相比之下,"城市"主要表征了一个"点",从一个"城市"到另一个"城市"主要体现为从一个"点"到另一个"点"。更加值得注意的是,两者在精神上可能存在或应当存在的某些差异,譬如,"城市"总是与熙熙攘攘的人群、相对繁荣的商业或看得见的大型市场相关联,"地方"一词则没有这样浓厚的商业或市场的意象。

当然,随着社会的发展,"城市"与"地方"在理论上应当存在的这些差异，客观上也在发生某些微妙而深刻的变化：在当下的中国，体制化的"市"，无论是中央直辖市、地级市还是县级市，都不仅仅意味着商业或大型市场，它同样也有广大的乡村。这样的"市"，其实也是一个"地理区域"，也是一个"地方"。不过，建制化的"市"，与"城市"的内涵毕竟还是不太一样。于是，在体制化或建制化的"市"的范围内，又出现了一个新的概念，那就是"主城区"。这样的"主城区"大体上相当于某个"市"范围内的"城市"。如果考虑到某些"副省级市"或"地级市"还管辖了一些"县级市"，如果再考虑到很多由原来的"县"改建而成的"市辖区"，基于这些各种各样的具体情况，某个"市"的"主城区"大体上就相当于这个"市"范围内的"中心城市"或"中心城区"。在"市""城市""主城区"等概念相互并立、相互交错的背景下，地方法与城市法到底是什么关系？城市法与地方法是否应当区别开来？诸如此类的问题，就有必要通过专门的讨论来厘清。基于这样的旨趣，本书将地方法与城市法分别予以叙述，庶几可以凸显两者之间的差异。

民间法与习惯法的关系，近似于地方法与城市法的关系，当然不可能完全一样。民间法与习惯法具有明显的交叉关系。一方面，很多民间法就是习惯法；另一方面，很多习惯法也是民间法。民间法与习惯法的差异在于：民间法主要对应于官方法，习惯法主要对应于成文法。习惯法既可以见于民间，也可以见于官方，见于民间的习惯法可以称为民间习惯法，见于官方的习惯法，如果是较为正式的、影响较大的，可以称为政治习惯法；政治习惯法也可以称为政治惯例，政治习惯法就不是民间习惯法。此外，见于官方的习惯法还有其他的存在形态，譬如，司法过程、行政过程中的一些习惯法，它们虽然是官方的，但如果主要体现为一些技术性质的、内部流程性质的习惯法或惯例，则不宜称之为政治习惯法或政治惯例。民间法与习惯法虽然彼此交错、相互纠缠，但是，如果予以分别的论述，则有助于更好地理解两者之间的关系。

本书试图呈现的地方法、城市法、民间法、习惯法，其实代表了法的四种形态，用一个什么样的标题来概括法的这四种形态呢？

自 序

起初，我注意到德国人卡尔·施米特有一部书叫《大地的法》。我觉得这个书名很精彩。在这个书名的启发下，我打算以"地方的法"或"法的地方性"命名此书，这样的书名可以概括地方法。按照当前的立法体制，城市法也可以说是地方法。民间法可以理解为某个地方的民间法，民间法毕竟也有比较明显的地方性。习惯法的情况与民间法的情况比较近似，所以，在某些场合下，也把两者合称为民间习惯法。然而，在反复琢磨之后，还是觉得，如前所述，民间法与习惯法各有自己的对应物。以"地方的法"或"法的地方性"来统领民间法、习惯法，虽然勉强说得通，毕竟还是不甚妥帖。

在法社会学的理论视野中，有"行动中的法"，以之对应于"书本上的法"。此外，还可以有"社会的法"，以之对应于"国家的法"。无论是"行动中的法"还是"社会的法"，都可以指示法的"非书本性"或"非国家性"。但是，这些既有的法社会学概念，也不能很好地概括本书的旨趣。本书关于民间法、习惯法的讨论，固然可以归属于"行动中的法"或"非国家的法"，甚至还可以理解为"活法"。但是，本书论述的地方法、城市法，却不能归属于"行动中的法"或"非国家的法"。因为，地方法、城市法既是"官方法"，也是"成文法"。从这个角度来说，本书旨在传递的法观念，旨在展示的法现象，并不能等同于法社会学、法人类学理解的法观念、法现象。

在立法体制中，还有"中央立法与地方立法"这样的二元划分，按照这样的框架，本书论述的地方法、城市法，当然都可以归属于地方立法。在现行的立法体制中，经过"地方立法"程序制定出来的法，既包括本书讨论的"地方法"，也包括本书讨论的"城市法"。当然，严格说来，根据现行的正式体制，我们虽有"地方性法规"或"地方政府规章"，但并没有"城市性法规"或"城市规章"。更重要的是，正如上文所述，法的地方性或"地方立法"这样的概念，对民间法、习惯法的概括又不是很精准，甚至是很不精准。

既然以上提到的这些常规的外衣都穿不上去，即使勉强穿上去也不合身，那么，为什么还要把法的这四种形态并列起来？把关于法的这四种形态的研究凝聚在一起，铸成一本书，到底是想阐明一个什么样的主题？显然，这是一个不容回避的问题，有必要在此略作解释。

长期以来，当我们谈到"法"这个概念的时候，通常隐含着这样一些观念：法是国法，法与国家不可分，法是国家意志的体现，法是以国家强制力保障实施的行为规范，等等。我们把"天理"与"国法"放在一起说，在有意无意之间，也突出了法与国家的关联。有一段时间，我们的"法理学"被称为"国家与法的理论"，也是因于法与国家的对应与关联。后来，随着中央和地方关系作为一个问题在法学理论层面上不断得以凸显，随着地方立法的兴起，随着城市化进程的加快与城市立法的增长，随着社会活力的释放与社会自治规则的生长，随着一些"小传统"的重新回归，地方法、城市法、民间法、习惯法的重要性逐渐显现。

由此，以往由"国家与法"衍生出来的、主要由国家法来呈现的、相对单一的法意象，逐渐变成了一个圆锥形的复合结构，这个新的法意象包括：第一，国家法，更具体地说，是国家集中统一的中央立法，它们居于这个圆锥形结构的顶端，它们处于法的效力的最高处，同时也居于法的体系的中心位置。它们是显示度最高的法。在当代中国的法学课堂上讲授的法，主要就是这样的法。譬如，在民法学的课堂上，主要讲授国家制定的民法典；在刑法学的课堂上，主要讲授国家制定的刑法。其他领域的法学课堂亦大致如此。第二，地方法与城市法，它们居于这个圆锥形结构的中部或腰部。它们与中央集中统一制定的"国家法"或中央立法相比，位阶较低，它们通常不会影响其他地方、其他城市的民众。法院也较少引用地方法或城市法作为司法裁判的依据。它们的"亮度"或"显示度"也不及国家的中央立法。在法学院校的课堂上，虽有例外，但在通常情况下，不会把某一部地方法或城市法作为一门课程的主题。第三，民间法与习惯法，它们居于这个圆锥形结构的底部。它们数量庞大、五花八门、恣意生长、生机勃勃，它们约束或规范的对象，可能是一个或多个村落，也可能是一个民族，或者是某个特定的行业，或者是某个特定的机构，或者是某个特定的群体，等等，各种情况都有，在此不能备述。简而言之，民间法、习惯法调整的对象，是特定地方、行业、职业、性别、年龄、民族、宗教信仰等各种情况的人，当然也可以是各种情况交错叠加的人。

这个圆锥形的复合结构，既反映了法的效力从高到低的变化趋势，也反映了法的制定主体从中心到边缘的变化趋势，还可以反映法的强制力从强到弱的变化趋势。如果按照古代中国的意识形态与秩序观念，还可以让人回想起从"华夏"到"四夷"的变化趋势，或者是从"文"到"野"的变化趋势，以及其他方面的变化趋势。由此可见，法的圆锥形结构，作为一种法的意象，蕴含了广泛而丰富的解释空间。虽然，这些趋势或方向并不完全是单向的，孔子所说的"礼失而求诸野"，已经说明了边缘对中心的滋养。但是，在单一制国家结构的背景下，法的这个圆锥形的复合结构，从总体上看，是比较稳固的。

针对法的圆锥形结构，我也想过以"法的弥散性"来描述。所谓"法的弥散性"是指：从我们习以为常的概念来说，法源出于国家，尤其是国家的中央立法机构，这样的法很有权威性，甚至也很坚硬，意义也很饱满。如前所述，法学院校安排的一些核心课程，譬如宪法学、民法学、刑法学、诉讼法学等，主要就是以这样的中央立法作为内核。如果说到地方法或城市法，其权威性、坚硬度、饱满度，都有所衰减。特别是城市法，它总是与自由交易、自主协商相联系，这样的意象，较之于坚硬、强制、权威之类的意象，已经出现了明显的疏离。如果还要进一步延伸至民间法或习惯法，其权威性、坚硬度则会进一步衰减。这样的法现象，就是我所理解的"法的弥散性"，它可以显示法的概念从"浓稠"逐渐转向"稀薄"的过程。

但是，在反复思考之后，我还是放弃了以"法的弥散性"命名本书的方案。原因在于，"弥散性"一词传递的意涵过于模糊，较多地反映了我的个性化体验，难以成为公共交流的概念。而且，"弥散性"还是立足于国家，尤其是中央立法来理解法这种现象的概念，具有比较强烈的国家主义的色彩。几经考虑，我还是放弃了"法的弥散性"这个书名。

似乎也不便直接用"法的圆锥结构"或"法的锥形结构"这样的概念来命名本书,这样的概念虽然比较形象,便于传播,容易让人印象深刻,但也存在一个硬伤:本书并未对居于顶尖部位或中心地带的国家法特别是中央立法予以专门的论述,本书并未完整地描述这个"法的圆锥结构";本书仅仅论述了这个圆锥形的腰部与底座。

在经历了以上这样一些犹豫、徘徊、踌躇之后,我最终还是选择了"法的多元性"作为本书的书名。一方面,"法律多元"或"法的多元"在学术史上沉淀已久,化用过来,比较便于交流;另一方面,"法律多元"或"法的多元"虽然已经形成了相对稳定的意象,但它也有足够的弹性和包容性。以"多元"一词作为外壳,为"多元"这个外壳重新填充实体内容,也许可以为由来已久的法律多元理论的发展,提供新的可能性,这就是本书的意图。

本书的题旨既已交代如上,本书正文逐一分述的四个部分,就寄寓了我对"法的多元性"的理解。我的这些理解主要根植于当代中国的法,亦即从20世纪末期以来的中国法。因而,我所看见、我能想象、我已描绘的"法的多元性",主要是这个特定的时代背景下的中国法的多元性。

目 录

自 序 ·· 001

第一章 地方法 ·· 001
  第一节 地方立法的人类学考察 ································· 001
    一、人类学的两种思路：法律诠释学与法律功能论 ······· 002
    二、法律诠释学视野中的地方立法 ······························ 006
    三、法律功能论视野中的地方立法 ······························ 011
  第二节 地方立法的政治学解释 ···································· 016
    一、从国家治理体系看中央和地方两个积极性 ············· 017
    二、从中央和地方两个积极性看地方立法的政治属性 ··· 021
    三、从中央和地方两个积极性看地方立法的法律属性 ··· 025
  第三节 地方立法中的科技立法 ···································· 031
    一、从国家法治与地方法治看国际科技创新中心立法 ··· 032
    二、国际科技创新中心立法应当坚持的几个原则 ·········· 036
    三、国际科技创新中心立法与科技资源的统筹整合 ······· 040
    四、国际科技创新中心立法对地方立法新趋势的回应 ··· 043

第二章 城市法 ·· 047
  第一节 城市立法的概念 ··· 047

一、城市立法概念的正当性 …………………………………… 047
　　二、欧洲中世纪的城市法与当代中国的城市立法 ………… 049
　　三、当代中国城市立法应当注意的若干问题 ……………… 053
　　四、面向城市与市场的城市立法个案 ……………………… 056
　第二节　城市立法的原则 ……………………………………… 060
　　一、可持续发展原则 ………………………………………… 061
　　二、制度创新原则 …………………………………………… 063
　　三、激励原则 ………………………………………………… 064
　　四、法无明文规定不为过原则 ……………………………… 065
　　五、不作为即为过原则 ……………………………………… 066
　　六、促成合作原则 …………………………………………… 067
　　七、促进信用原则 …………………………………………… 068
　　八、保护市场主体财产所有权原则 ………………………… 069
　第三节　城市立法的价值选择 ………………………………… 071
　　一、城市立法的价值要素 …………………………………… 072
　　二、拓展自由与保障秩序 …………………………………… 073
　　三、维护公正与提高效率 …………………………………… 075
　　四、权力本位与权利本位 …………………………………… 078
　第四节　城市法的体系 ………………………………………… 081
　　一、当代中国城市法的概况及特点 ………………………… 082
　　二、上级立法机构向城市授予立法权的宪法法律和法规 … 084
　　三、上级立法机构为建构城市秩序制定的法律
　　　　法规和规章 ……………………………………………… 086
　　四、城市立法机构制定的法规和规章 ……………………… 087
　　五、城市企业、事业单位及社会团体制定的内部规则 …… 096
　　六、城市社区规则 …………………………………………… 099
　　七、城市习惯与市场惯例 …………………………………… 100

第三章 民间法 ... 102

第一节 制定法变迁过程中的民间法 ... 102
一、制度变迁理论视野中的制定法与民间法 ... 103
二、股票交易制度变迁过程中的制定法与民间法 ... 106
三、制定法与民间法的冲突式合作在制度变迁中的作用 ... 109
四、民间法在法律制度变迁过程中的功能 ... 113

第二节 作为民间法的市场自发规则 ... 116
一、市场自发规则的基本特征 ... 118
二、市场自发规则的产生和变迁 ... 122
三、市场自发规则对市场秩序的意义 ... 125

第三节 作为民间解调的人民调解及其智能化转型 ... 127
一、大数据时代之前的人民调解及其运行逻辑 ... 128
二、人民调解的智能化转型及其特征 ... 131
三、人民调解智能化转型的发生学解释 ... 134

第四章 习惯法 ... 141

第一节 习惯法的诞生 ... 141
一、习惯法的概念 ... 141
二、习惯法诞生的人性根源 ... 143
三、习惯法诞生的社会根源 ... 146

第二节 习惯何以为法 ... 151
一、法"抑或是被国家认可的习惯" ... 151
二、"认可"的语义分析 ... 152
三、"认可"的基本形式 ... 154
四、"认可"的主体 ... 156
五、"认可"的标准 ... 157
六、作为"认可"对象的习惯 ... 159
七、不"认可"及其后果 ... 161

第三节　判决过程中的习惯法因素 …………………… 162
　　一、多元主体的判断对判决过程的影响 ……………… 164
　　二、民事判决过程与刑事判决过程的差异 …………… 165
　　三、关于判断的类型划分问题 ………………………… 171
　第四节　中西文化结构及其习惯法属性 ………………… 174
　　一、西方的文化结构 …………………………………… 175
　　二、中国的文化结构 …………………………………… 178
　　三、中西文化结构走向分野的根源 …………………… 182
　　四、文化结构：一种大写的习惯法 …………………… 186

附录　述百年康巴之学　追万年康巴之风
　　——"法的多元性"附识 ……………………………… 191

参考文献 …………………………………………………… 198

后　记 ……………………………………………………… 204

第一章

地方法

第一节 地方立法的人类学考察[*]

在多姿多彩的人类学理论丛林中,当代人类学家格尔茨(Clifford Geertz,1926—2006 年)的著作《地方知识——阐释人类学论文集》突出了"地方知识"这个概念,颇具学术个性。由这个书名即可以看出,这是一部旨在"阐释"或"诠释"的人类学著作。在这部书的第八章,专论"地方知识:比较视角下的事实与法律"。在这个标题之下,格尔茨写下的第一句话是:"和航海、园艺、政治和诗学一样,法律和民族志都是地方性的技艺;它们都凭借地方知识来运作。"[1]这句话体现了一个人类学家对法律及其地方性的关注。

根据格尔茨的这个论断,我们可以在人类学与今日中国的地方立法之间建立某些联系:首先,法律是一种地方性技艺,这就是说,不仅司法是一种地方性技艺,立法也是一种地方性技艺。其次,如果说一般性的立法是一种地方性技艺,那么,地方立法更是一种地方性技艺。不言而喻,作为一种地方性技艺的地方立法,也应当凭借地方知识来运作,至于地方立法如何凭借地方知识来运作,则是一个更加具体的技术问题。地方立法与人类学的这些关联表明,把

---

[*] 本节内容,以《地方立法的人类学考察》为题,发表于《法律科学(西北政法大学学报)》2020 年第 6 期,修订后收入本书。

[1] [美]克利福德·格尔茨:《地方知识——阐释人类学论文集》,杨德睿译,商务印书馆 2017 年版,第 261 页。

地方立法置于人类学的视野中来考察，乃是一个值得尝试的学术主题。

有鉴于此，让我们首先讨论人类学理解地方立法的两种思路，那就是法律诠释学与法律功能论。在此基础上，我们分别从诠释学与功能论这两种不同的人类学进路考察地方立法。希望通过这样的人类学考察，有助于丰富关于地方立法的认知与理解，有助于为当代中国地方立法的完善，奠定更加坚实的学理基础。

一、人类学的两种思路：法律诠释学与法律功能论

根据格尔茨的划分，人类学对法律的理解主要有两种不同的思路："它离不开一场思维的转向：一方面远离法律功能论的思路，即视法律为一种聪明的设计，用来避免人类互相把对方五马分尸、促进统治阶级利益、保卫弱者的权利以免于强者的猎食，或者得让社会生活在其模棱的边界处变得稍微更可预期一点（法律相当清楚地具有这一切功能，只是在不同的时间、地点能达到不同的程度）这种思路；另一方面则转向法律诠释学的思路，即视法律为一种对特定地方的特定事物（已发生的、未发生的以及可能发生的事物）赋予特定的意义，以使这些高贵的、邪恶的或纯粹权宜性的应用以特定的形式表现出来，并产生特定效果的模式。简言之，法律是意义而不是机制。"[1]这就是说，关于法律的理解，可以有"法律诠释学"与"法律功能论"这样两种不同的思路。

（一）法律诠释学的思路

格尔茨自己的思路，显然可以归属于"法律诠释学"。前文提到，其著作的副标题是"阐释人类学论文集"，就已经说明了他的立场。所谓"法律阐释学"或"法律诠释学"，到底是指什么？除了前文所说的"赋予特定的意义"，格尔茨还有进一步的回答，他说："归根结底，我们需要的不只是地方知识，我们更需要一种方式来把各种各样的地方知识转变为它们彼此间的相互评注：以来自一种地方知识

---

[1] [美] 克利福德·格尔茨：《地方知识——阐释人类学论文集》，杨德睿译，商务印书馆2017年版，第365页。

的启明,照亮另一种地方知识隐翳掉的部分。"[1]由此可见,格尔茨所说的"法律诠释学",本身就蕴含着值得索解的丰富的意义。

一方面,通过法律为特定的事物赋予特定的意义。法律作为意义的载体,主要是一种承载意义的符号,而不仅仅是解决纠纷的手段。在法律规范中,针对高贵的事物,可以赋予高贵的意义;针对邪恶的事物,只能赋予邪恶的意义;纯粹权宜性的事物,则不妨进行中性的、技术化的法律表达。在常态化的社会生活中,法律是一种普遍化的符号,而人本身就是一种符号化的动物,符号化的法律能够更多地满足人的符号化生存的需要。

以文化哲学研究著称的卡西尔(Ernst Cassirer,1874—1945年)认为,符号"是人类的意义世界之一部分"。[2]他又说:"符号系统的原理,由于其普遍性、有效性和全面适用性,成了打开特殊的人类世界——人类文化世界大门的开门秘诀!一旦人类掌握了这个秘诀,进一步的发展就有了保证。"[3]他还说:"由于每物都有一个名称,普遍适用性就是人类符号系统的最大特点之一。但是,它并非唯一的特点。与这个特点相伴随相补充并且与之有必然关联,符号还有另一个显著特点:一个符号不仅是普遍的,而且是极其多变的。我们可以用不同的语言表达同样的意思,甚至在一门语言的范围内,某种思想或观念也可以用完全不同的词来表达。"[4]在这些论述中,卡西尔揭示了符号对人的意义,特别是符号在人的意义世界中占据的位置。

在人类创造的各种符号中,法律因为其规范性、普遍性、强制性而承载了更加深厚的意义。特别是法律承载的诸如自由、平等、正义诸方面的意义,极大地塑造了每个人的意义世界。对这样的意义世界进行"深度描绘",正好可以说明格尔茨"阐释人类学"的核心旨趣,正如他自己所言:"我以为所谓文化就是这样一些由人自

---

[1] [美]克利福德·格尔茨:《地方知识——阐释人类学论文集》,杨德睿译,商务印书馆2017年版,第366页。

[2] [德]恩斯特·卡西尔:《人论》,甘阳译,上海译文出版社1985年版,第41页。

[3] [德]恩斯特·卡西尔:《人论》,甘阳译,上海译文出版社1985年版,第45页。

[4] [德]恩斯特·卡西尔:《人论》,甘阳译,上海译文出版社1985年版,第46页。

己编织的意义之网,因此,对文化的分析不是一种寻求规律的实验科学,而是一种探求意义的解释科学。"[1]

另一方面,由于法律是一种地方性技艺,法律要依赖地方知识来运作,因此,通过不同地方的法律,可以实现各种地方知识之间的"相互评注"或相互解释。这个地方的法律可以阐明另一个地方的法律,这种地方知识可以阐明另一种地方知识,反之亦然。一个地方的法律与地方知识,自有其地方性的逻辑,本地人视为理所当然的法律与地方知识,在外地人看来,完全可能在表达一种相异的意义体系。

在这一规律的支配下,哪怕是一个人类学家的知识与视野,也可能受到特定地方的限制,格尔茨本人就有这样的自我省思。1983年,他在全美人类学年会上发表演讲时就承认:"大多数人,以及我本人,都是过于拘执于某种事物,或准确说,常常是受地域局限的。"[2]由此看来,法律与知识的"地方性",也许就是一个难以摆脱的宿命。

由于这个缘故,在很多人类学著作中,我们都可以看到特定地方关于正义的特定理解。19世纪的语言学家、宗教学家缪勒(Friedrich Max Muller,1823—1900年)曾说:"只懂一种宗教的人,其实什么宗教都不懂。"[3]这句名言或许可以概括为:"只知其一,一无所知。"缪勒的话同时也昭示我们:各种不同的法律与地方知识,应当在相互对照中进行相互解释。在格尔茨的视野中,"法律"有多种,"地方知识"也有多种,它们都是复数的。如果只知道一种"地方知识",只知道一种"法律",那就谈不上"相互评注"。依照缪勒的话来说,那就是什么"法律"、什么"地方知识"都不知道。这就正如人们常说的,没有比较就没有鉴别。所谓"没有鉴别",说

---

[1] [美]克利福德·格尔茨:《文化的解释》,韩莉译,译林出版社1999年版,第5页。
[2] [美]克里夫德·吉尔兹:《反"反相对主义"》,李幼蒸译,载《史学理论研究》1996年第2期。
[3] [英]麦克斯·缪勒:《宗教学导论》,陈观胜、李培茱译,上海人民出版社2010年版,第10页。

得极端一点，就是"不知道"或"不懂"。

（二）法律功能论的思路

格尔茨秉持的立场是"阐释人类学"，如前所述，他还提到了功能论取向的人类学，以之作为"阐释人类学"的对照。从功能论的角度来看，法律乃是一种精巧的设计，用以达到特定的目的，譬如，防止人类相互之间的残杀，保护统治阶级的利益，救济弱者，提高社会生活的可预期性，等等。格尔茨列举的这几种情况，都可以在譬如霍布斯、马克思、罗尔斯、富勒等人的著作中找到相关的论述（因为偏离本节的主题，这里不再展开）。法律的功能就是要解决这些现实的问题，实现这些现实的目标。这是一个立足于"阐释"的人类学家对法律功能论的理解。

相比之下，人类学功能学派的自我表达也许更值得注意。在这里，我们应当提到人类学家拉德克利夫-布朗（Alfred Radcliffe-Brown，1881—1955年）对功能的理解。在《原始社会的结构与功能》一书中，布朗专门论及"社会科学中的功能概念"。他说："'功能'是指局部活动对整体活动所作的贡献。这种局部活动是整体活动的一个组成部分。一个具体社会习惯的功能，是指它在整个社会体系运转时对整个社会生活所作的贡献。这个观点意味着任何社会体系（同整个社会习俗联系在一起的一个社会的总的结构。社会结构存在于社会习俗之中，而且其存在的延续也依赖于这些社会习俗）多具有某种和谐性。对此，我们可以冠以功能和谐。我们可以把这种功能和谐定义为一种条件。在这种条件下，社会体系的所有组成部分能充分和谐，或内部连贯一致地进行工作，即不会形成那种既不能解决，又不能控制的永久冲突。"[1]这段话可以视为人类学功能学派关于功能概念的经典表述：从局部与整体的关系中界定功能，功能主要是局部对整体的贡献。

在默顿（Robert King Merton，1910—2003年）的著作中，对布朗的这些论述有专门的解释。在默顿看来，布朗的这段话主要提出

---

[1] [英] A. R. 拉德克利夫-布朗：《原始社会的结构与功能》，潘蛟等译，中央民族大学出版社1999年版，第203~204页。

了一个"社会功能一体的假设"。他说,以布朗为代表的"功能分析家大都采用了三个相互联系的假设","这些假设认为,首先,标准化的社会活动或文化事项对整个社会系统或文化系统都是有功能的;其次,所有这样的社会事项和文化事项都实现着社会学的功能;最后,这些事项因而是必不可少的"。[1]默顿对布朗的功能概念虽然有所批评,但布朗对于默顿的影响是显而易见的。虽然在布朗之后,人类学及社会学的功能概念有所发展,但在这里,我们不妨借用布朗的功能概念,把法律功能论的人类学进路概括为:法律的功能就是法律作为局部对于一个更大的整体所作的贡献。

分析至此,我们还可以提出一个问题:在人类学的视野中,法律诠释学的思路与法律功能论的思路,到底有何差异?我们固然可以回答说:前者旨在寻求意义,寻求相互之间的理解;后者试图解决现实问题,达到某个实际的目标。那么,这样的差异到底意味着什么?对于这样的追问,默顿从社会学的角度提供了一个解释,他说:"一方面,社会学采用了自然科学的取向与做法。研究是从过去数代人的积累性工作所推进到的前沿开始的。在这种确切的意义上,社会学是历史短视的、地域性的和讲究实效的。但是,在另一方面,社会学保持着它与人文科学的亲缘关系。"[2]按照自然科学与人文科学之间的划分,法律诠释学的思路靠近人文科学,相比之下,法律功能论的思路靠近自然科学,同时也靠近今天所说的社会科学。这样的划分,庶几可以描述两种人类学进路的精神实质。这两种不同的人类学进路,为我们理解法律,进而理解地方立法提供了两种可能性。当然中国的地方立法可以借助于这两种不同的人类学进路,予以分别的考察。

二、法律诠释学视野中的地方立法

从法律诠释学的思路来看,地方立法旨在对特定地方的特定事

---

[1] [美]罗伯特·K. 默顿:《社会理论和社会结构》,唐少杰等译,译林出版社2015年版,第114~115页。

[2] [美]罗伯特·K. 默顿:《社会理论和社会结构》,唐少杰等译,译林出版社2015年版,第46页。

物赋予特定意义，以实现各种地方知识之间的"相互评注"或相互解释，在这个过程中，特定的地方立法依赖于特定的地方知识。地方立法在法律诠释学视野中呈现出来的这一图景，可以从多个方面予以阐明。

（一）地方立法是一项赋予意义的活动

在这里，作为一个前提，我们首先应当看到，格尔茨所说的"地方"，与当代中国地方立法中的"地方"，并不是一个完全相等的概念。格尔茨所说的"地方"主要是一个自然地理或文化地理的概念。而且，从人类学最初的含义来说，人类学家关注的"地方"主要是那些偏僻的地方或"原始"的地方，直白地说，就是现代的工商社会之外的那些地方，譬如，原始的印第安部落、新几内亚岛屿、黄金海岸北部地区、爱斯基摩人生活的地方，诸如此类。在这样的"地方"，甚至都没有现代意义上的国家概念，这就是人类学特别是早期人类学所理解的"地方"。但是，在当代中国，按照现行的立法体制，地方立法是一个与中央立法相对应、相对应的概念。地方立法中的"地方"，主要是一个与"中央"相对应的概念，是"中央和地方关系"中的"地方"。换言之，地方立法中的"地方"并不是一个自然地理或文化地理的概念，而是一个法律概念，当然也是一个政治与行政的概念。尽管如此，如果着眼于格尔茨的"阐释人类学"，地方立法依然是一项承载"意义"的活动。在此，理解地方立法的关键词是"意义"，地方立法既赋予"意义"，同时也承载"意义"。

试举例说明。云南省人大常委会1989年批准的《云南省迪庆藏族自治州自治条例》（2020年修正）第68条规定："每年9月为自治州民族团结进步月。每年9月13日为自治州建州纪念日，全州放假2天。藏历年放假，按照国务院《全国年节及纪念日放假办法》由自治州人民政府具体规定。各民族的传统节日都应当受到尊重。"这个条款的关键词是"时间"，其中包括月、日、年，这个条款为"时间"这种特定的事物赋予了特定的意义。首先是"月"。为了促进"民族团结进步"，每年9月都是"民族团结进步月"。事实上，任何一个月都要促进"民族团结进步"，然而，把每年的9月专门规定为"民族团结进步月",则可以在自然时间中单独划出一段特别的时间。这一段特别的时间不仅仅是自然时间、普通时间,而且是彰显民族团结进步的法定时间,由此,这段时间就被赋予了饱满的意义,它所承载的民族团结进步的意义得到了凸显。其次是"日",按照同样的道理,"建州纪念日"具有重要的意义。最后是"年",在这个关于时间的条款中规定"藏历年",强调各民族的传统节日都应当受到尊重,突出了民族平等的意义。由此可见,这是一条承载了丰富意义的规范,它在特定地方为"时间"这个普通的事物赋予了特定的意义。

(二) 地方立法对地方知识具有依赖性

为了说明地方立法的必要性、正当性是由地方知识支撑起来的,让我们回到问题的起点:地方立法为何兴起?地方立法作为一个问题从何而来?根本的原因就在于:统一的中央立法不能很好地满足各个地方的差异化需要、个性化需要。中央立法面向全国各地,必须满足各个地方的共同需要,因而,中央立法在不同程度上,都难免不够具体。这就为地方立法留下了一定的空间。各个不同的地方对于法律的更加具体、更加语境化、更加个性化的需要,只能通过地方立法来满足。因而,只有充分满足特定地方的特定需要的地方立法,才能为地方立法赋予正当性。

反过来说,如果特定地方对于法律的所有需要,都可以由中央立法来回应、来满足,那就意味着,地方立法是不必要的。正是由于这个缘故,地方立法必须由地方知识来支撑。而且,地方知识对地方立法的支撑程度,在相当程度上,还可以作为裁判地方立法必要性、正当性的一个主要指标。如果地方知识对地方立法没有足够的支撑度,如果地方立法不必依赖地方知识,如果地方立法仅仅是对中央立法的简单重述,如果地方立法与中央立法作出了完全相同的规定,那么,这样的地方立法不仅没有正面效应,而且还可能产生负面效应——譬如,它可能直接导致地方立法的臃肿或肥胖,同时还会间接导致国家法律法规体系的臃肿与肥胖。

由于地方立法必须依赖地方知识,这就在一定程度上决定了地方立法的发展方向。地方立法的完善程度,在一定程度上取决于地方立法吸纳地方知识的程度。因而，在地方立法规划以及后续的地方立法诸环节，应当尽可能吸纳、表达地方知识，应当根据地方知识对中央立法或上位法进行更加具体化、语境化的表达。一个特定地方的地理环境、历史传统、民族状况、宗教信仰、人口数量、生产方式、经济水平、气候条件，诸如此类的因素，都是地方知识的题中之义。譬如，在草原地区，传统的牧民逐水草而居，有关"不动产"的法律问题，可能就不甚重要，所以，游牧地区的法律不大可能有"不动产"的理论与实践；在传统的农耕地区，以田产、房产为主要内容的"不动产"问题，就是非常重要的法律问题。再譬如，虽然所有人都希望被公正地对待，所有人都需要公平正义，这是一切人的共性，但是，在传统的民族地区与现代的商业地区，对正义的理解，特别是实现正义的方式，可能就会出现某些微妙的差异。还有，在人口稠密的都市地区，卫生问题很重要，卫生状况不好，不仅有碍观瞻，降低生活品质，而且还可能引发传染性疾病，但是，在人烟稀少的高山地区，在原始森林里，常规卫生问题的重要性就明显减弱。对于海边的渔民来说，海上渔业资源的分配是最重要的法律问题，但是，这样的问题对于内陆地区居民来说根本就不存在。诸如此类的问题、现象、差异，正是各个地方的地方立法需要充分考虑、充分回应、充分吸收的地方知识。

(三) 通过地方立法实现地方知识之间的"相互评注"

如前所述，这里的"相互评注"一词借用了格尔茨的表达方式。"相互评注"就是相互解释，目的在于实现相互理解。格尔茨从"阐释人类学"的立场出发，注重地方知识之间的相互解释。当代中国的地方立法与格尔茨的核心关切虽然略有差异，但是，当代中国的地方立法也可以促成不同地方之间的相互沟通，也可以促成各种地方知识之间的相互解释。根据这样的目标与旨趣，地方立法承载的意义，既可以在当地分享或消费，还可以在更多的地方分享或消费。借助于地方立法实现地方知识之间的"相互评注"，其实就是在促成各种地方知识之间的相互交流。

这种情况古已有之。据《荀子·强国》篇："应侯问孙卿子曰：'入秦何见？'孙卿子曰：'其固塞险，形埶便，山林川谷美，天材之利多，是形胜也。入境观其风俗，其百姓朴，其声乐不流污，其服不佻，甚畏有司而顺，古之民也。及都邑官府，其百吏肃然，莫不恭俭、敦敬、忠信而不楛，古之吏也。入其国，观其士大夫，出于其门，入于公门，出于公门，归于其家，无有私事也，不比周，不朋党，偏然莫不明通而公也，古之士大夫也。观其朝廷，其朝闲听决百事不留，恬然如无治者，古之朝也。故四世有胜，非幸也，数也。是所见也。故曰：佚而治，约而详，不烦而功，治之至也，秦类之矣。'"[1]

荀子的话，提供了一个颇具代表性的人类学个案：秦国作为一个诸侯国，在华夏大地上，就相当于一个地方。秦国立法作为一种地方性的立法，表达了一种治道。根据秦国立法，秦地的民间、官府、朝廷都形成了一种地方性、地域化的文明秩序。这种地方性的文明秩序是对地方知识的集中展示、集中表达。见于秦地的地方知识，给荀子留下了深刻的印象。在见多识广的荀子看来，秦地的立法及其地方知识再现了古代圣王治理之下的文明秩序，这是一种不同于其他地方的知识与秩序。

荀子的话还可以让我们注意到另一种意义上的"比较法研究"。按照通行的观点，"比较法所比较的法律是指不同国家的法律。这里所讲的'不同国家的法律'，其含义是相当广的。例如，从空间上说，一般是指本国法和外国法之比，或不同外国法之比。对本国法之间的比较研究一般不属于近代意义上的比较法学范围。但有的法学家认为，联邦制国家中的联邦法和邦法（包括美国各州的州法）之间以及各邦法之间的比较研究，也属于比较法学范围"[2]。

根据这样的说法，一方面，如果对本国法的比较研究不属于近代意义上的比较法学，那么，对本国法的比较研究是否属于现代意义或当代意义上的比较法学，也许就可以重新考虑。另一方面，如果联邦制国家中的联邦法与邦法的比较，以及各邦法之间的比较，

---

[1] （战国）荀况著，（唐）杨倞注：《荀子》，耿芸标校，上海古籍出版社2014年版，第159页。

[2] 沈宗灵：《比较法总论》，北京大学出版社1987年版，第4~5页。

可以纳入比较法学的范围，那么，在单一制国家中，随着地方立法的普遍兴起，各种地方立法之间的比较研究，也可以作为比较法学研究的最新的前沿地带（或者把它降一格，称之为"边缘地带"）。考虑到这两个方面，对国内不同地方的地方立法进行比较研究，就可以作为衍生意义上的比较法研究。这样的研究，恰好可以反映格尔茨及其阐释人类学的旨趣：通过地方立法，实现各种地方知识之间的"相互评注"。

三、法律功能论视野中的地方立法

从法律功能论的思路来看，地方立法的功能主要是指：地方立法作为一个局部为一个更大的整体活动做出的贡献。在这里，功能主要体现为贡献。不过，无论是贡献还是功能本身，都必须置于一个整体性的结构中来看待。由于地方立法所置身于其中的整体及整体活动的不同，我们可以对地方立法的功能进行分类考察：其一，地方立法归属于"地方"，因而，在"地方治理"这个整体中，地方立法应当做出相应的贡献，这个贡献也是对国家治理体系的贡献，因为地方治理是国家治理体系的一个组成部分；其二，地方立法还属于当代中国的立法体系，当然也属于中国特色社会主义法治体系，因而，在"法治体系"这个整体中，地方立法也应当做出相应的贡献。

（一）地方立法对地方治理的贡献

在一国范围内，应当完善国家治理体系，一个国家的法治体系需要回应这样的主题；在世界范围内，应当完善国际治理体系或全球治理体系，国际法体系与世界法体系需要回应这样的主题。根据同样的逻辑，在一个地方或地区，也应当完善本地的治理体系，这就是地方立法需要回应的主题。因此，地方立法的功能，首先体现为：对地方治理及地方治理体系的完善做出贡献。

从表面上看，地方治理体系是国家治理体系的微缩版，但是，从实质上看，地方治理体系与国家治理体系相比，存在着显著的差异。一方面，地方治理体系是由国家规定的，更具体地说，是由中央立法规定的。以宪法为核心的中央立法已经规定了地方治理体系的基本框架。中国现行宪法第三章规定的地方制度，就是以根本法的形式对地方治理体系做出的正式安排。另一方面，地方治理体系主要限于地方事务。那些涉及国防、军事、外交等方面的事务，通常不在地方治理体系的范围内。这两个方面，大致可以反映出地方治理体系相对于国家治理体系的特殊性。尽管如此，即使是在我国单一制的国家结构形式下，地方立法对于地方治理体系的完善，依然具有重要的支撑作用，依然应当做出相应的贡献。

从国家层面上看，推进国家治理体系和治理能力现代化需要充分发挥中央和地方两个积极性，在这样的整体框架下，地方治理体系的完善也有一个充分发挥两个或多个积极性的问题。具体地说，地方治理既要充分发挥省、自治区、直辖市这一层级的积极性，同时也要充分发挥市州、县区、乡镇这几个层级的积极性。在地方制度中，就省、自治区的实际情况来看，存在着四个层级的地方治理主体；在直辖市的范围内，也有三个层级的地方治理主体。如何充分发挥地方制度中三个或四个层级的积极性，就是一个需要解决的、综合性的问题。

这个问题，为地方立法留下了较大的空间。党的十九届四中全会指出："赋予地方更多自主权，支持地方创造性开展工作。"根据这个规定，地方立法有一个基础性的功能，那就是在中央立法的框架下，根据地方的实际情况，按照权责一致的原则，创造性地开展地方立法工作，以地方立法的方式，规范地方分级管理体制，从而最大限度地调动地方范围内三个或四个层级的积极性。进一步看，全面发挥地方多个层级的积极性，也有助于发挥中央和地方两个积极性，两个积极性的充分发挥是推进国家治理体系和治理能力现代化的重要环节。当前，在地方治理的实践过程中，由于各个地方之间存在的差异，中央立法要在全国范围内制定统一的法律法规，以之具体地规定地方范围内三个或四个层级的权责关系，可能还有一个探索与试验的过程。在这样的背景下，地方立法创造性地开展工作，是优化地方治理体系的基础性工作，能够对地方治理体系的完善做出不可替代的贡献。

地方立法对地方治理的贡献集中体现在发挥地方多个层级的积

极性。在此基础上，地方立法还可以运用"小切口"的理念，进行"小切口"立法，推进地方治理的精细化、精准化。所谓"小切口"立法，主要在于强化地方立法的针对性，强化地方立法直接针对特定地方的特定问题，选择相对具体的问题进行专门立法。这样的专门立法将更多地依赖地方知识，更多地体现地方立法的地方属性，更多地满足地方治理的个性化需要。譬如，"2018年年底通过的《北京市小规模食品生产经营管理规定》，较原先立项时打算修订的北京市食品安全条例做了两次'切口'变小的'切割'：在适用对象上，由适用所有的食品生产经营者改为仅规范生产经营规模较小的四类从业者，调整对象更为聚焦"。[1]这就是可以灵活使用的"小切口"立法。当前，就地方治理的实际情况来看，在民生保障、生态保护、环境治理等领域，"小切口"立法都有相当大的空间。

（二）地方立法对法治体系的贡献

建设中国特色社会主义法治体系是一个宏大的目标。从内容上看，中国特色社会主义法治体系主要包括五个方面的内容：完备的法律规范体系、高效的法治实施体系、严密的法治监督体系、有力的法治保障体系，以及完善的党内法规体系。就这五个方面来看，地方立法与前四个方面都有紧密的关联，都可以做出相应的贡献。

首先，完备的法律规范体系既依赖完备的中央立法，也依赖完备的地方立法。因而，对于完备的法律规范体系来说，地方立法是不可缺少的一个重要环节。数十年间，"地方立法经历了一个从无到有、主体从少到多的发展过程。改革开放初期，仅省级层面有制定颁布地方性法规的权力。2015年修正的《立法法》[2]，首次赋予所有设区的市地方立法权"。2018年，"十三届全国人大一次会议通过的宪法修正案，增加了有关设区的市制定地方性法规的规定。40年来，地方制定了大量各具特色的地方性法规、规章等法律规范，在改革开放和现代化建设中发挥了重要的、独特的作用"。至2018年，

---

[1] 李振宁：《简论地方"小切口"立法的内涵特征》，载《人大研究》2019年第5期。

[2] 《立法法》即《中华人民共和国立法法》，为表述方便，本书中涉及我国法律、法规直接使用简称，省去"中华人民共和国"字样，全书统一，后不赘述。

"现行有效的各类地方性法规达1.2万件"。[1]地方立法的发展过程表明,通过地方立法形成的各种地方性法规与地方规章,已经构成了当代中国法律规范体系的重要组成部分。在当代中国法律规范体系进一步完善的过程中,地方立法还可以做出更多的贡献。

其次,地方立法有助于形成高效的法治实施体系。具体地说,地方立法机构可以通过制定地方性法规或地方规章的方式,针对法治实施的一些环节、事项、问题,在上位法设定的范围内,结合本地实际情况,做出若干具体的规定,从地方立法的角度推动形成高效的法治实施体系。譬如,在执法领域,行政执法责任制的问题就需要地方立法加以完善与规范。在这个问题上,广东省人大常委会1999年制定的《广东省行政执法责任制条例》就以地方性法规的方式对此作出了规定,该条例第1条设定立法目标为"全面建立行政执法责任制,促进行政执法主体依法行政,保护公民、法人和其他组织的合法权益"。随后,重庆市人大常委会2000年也制定了《重庆市行政执法责任制条例》,该条例第1条设定了大致相似的目标"规范行政执法行为,保障和促使行政执法主体依法行使职权,保护公民、法人和其他组织的合法权益,推进依法治市"。除此之外,其他地方也制定了类似的地方性法规,推动了法治实施体系的完善。

再次,严密的法治监督体系也离不开地方立法的贡献。法治监督体系范围很广,为地方立法留下的空间也相对较大,地方立法促进法治监督体系建设的相关探索,一直都在展开。譬如,浙江省人大常委会2008年制定的《浙江省各级人民代表大会常务委员会监督条例》,就是一部有助于完善法治监督体系的地方性法规,该条例第1条设定的立法目的是"进一步规范本省县级以上各级人民代表大会常务委员会监督行为,增强监督实效"。这样的地方立法,有助于浙江省各级人大常委会更规范、更有效地行使监督权,有助于在浙江这个特定的地方,推动法治监督体系的完善。在其他地方也制定了类似的监督条例。这样的地方性法规旨在规范地方权力机关的监督行为,主要是一种综合性的权力监督与法治监督。在此之外,还

---

[1] 李小健:《如何搞好新时代地方立法工作?》,载《中国人大》2018年第18期。

有一些地方立法以更加具体的方式推动法治监督体系的完善。譬如，黑龙江省人大常委会2015年制定的《黑龙江省行政执法与监督条例》就属于这种情况，这样的地方性法规既有助于法治实施，也有助于法治监督，既有助于建设高效的法治实施体系，也有助于建设严密的法治监督体系，多角度地推动了中国特色社会主义法治体系的建设。

最后，有力的法治保障体系也需要地方立法发挥功能。法治保障体系内容丰富，涉及政治保障、组织建设、人才队伍、物质条件等多方面的内容。各个方面都可能涉及地方立法，尤其是在人才队伍、物质条件等方面，地方立法可以为法治保障体系的完善做出更多的贡献。以人才队伍为例，地方的法治人才队伍建设，基本上都是地方事务。如何为法治体系提供更好的人才保障？广西实务部门的人士提出了自己的建议："以能力为引领、需求为导向，加大教育培训力度，建立法治工作人才培训网络，开展全员培训、轮训，建立挂职学者、法律研修学者、法律实习生制度，推动完善法治人才培养机制，全面提升我区法治人才的能力和水平。"与此同时，"打通法治专门人才引进的'绿色通道'。建立从符合条件的律师、法学专家中招录立法工作者、法官、检察官制度，探索聘任制、年薪制、项目制等方式，打通急需紧缺高层次法律人才引进的'绿色通道'，使高素质法治人才快速走向法治工作岗位，缓解高素质法律人才匮乏的难题"。[1]这样一些思路，如果能够通过地方立法的渠道予以规范，使之制度化、常态化，可以为当代中国的法治体系提供更好的人才保障。

小　结

上文分述了人类学关于法律诠释学与法律功能论的不同旨趣。其中，法律诠释学以寻求"意义"为中心，与人文科学具有更多的关联性；法律功能论以做出"贡献"为中心，与社会科学以及自然

---

[1] 莫亦翔：《新时代加强我区法治工作队伍建设的几点思考》，载《当代广西》2019年第15期。

科学具有更多的关联性。根据诠释学的人类学进路，地方立法旨在对特定地方的特定事物赋予特定意义，进而实现各种地方知识之间的"相互评注"，在这个过程中，地方立法依赖于地方知识。根据功能论的人类学进路，地方立法的功能主要包括：对完善国家治理体系中的地方治理做出贡献，对完善中国特色社会主义法治体系做出贡献。这两种不同的人类学进路，为全面考察地方立法提供了理论框架。这样的理论框架有助于促成地方立法研究与人类学之间的交叉融合，进而促成关于地方立法的交叉学科研究。关于地方立法的多维度研究，关于地方立法研究的多学科支撑，是完善地方立法的理论前提。

第二节　地方立法的政治学解释[*]

2019年10月31日，党的十九届四中全会通过的《关于坚持和完善中国特色社会主义制度　推进国家治理体系和治理能力现代化若干重大问题的决定》（以下简称"2019年《决定》"）指出："健全充分发挥中央和地方两个积极性体制机制。理顺中央和地方权责关系，加强中央宏观事务管理，维护国家法制统一、政令统一、市场统一。适当加强中央在知识产权保护、养老保险、跨区域生态环境保护等方面事权，减少并规范中央和地方共同事权。赋予地方更多自主权，支持地方创造性开展工作。按照权责一致原则，规范垂直管理体制和地方分级管理体制。优化政府间事权和财权划分，建立权责清晰、财力协调、区域均衡的中央和地方财政关系，形成稳定的各级政府事权、支出责任和财力相适应的制度。"

这段论述主要分析中央和地方两个积极性的体制机制，这是一个典型的政治学问题。这段政治性的论述虽然没有直接提到"地方立法"，但却在中央和地方两个积极性的框架下，对国家治理体系中的地方立法做出了精准的定位，为当前及今后一个时期的地方立法

---

[*] 本节内容，以《国家治理体系中的地方立法》为题，发表于《理论探索》2020年第1期，修订后收入本书。

服务于国家治理体系和治理能力现代化提供了指引。立足于地方立法，从政治学的角度，对这段论述进行专门的研究，是地方立法促进国家治理体系和治理能力现代化的理论前提和思想准备，因而是极其必要的。

从政治过程的角度来看，在国家治理体系与地方立法之间，"中央和地方两个积极性"乃是一个中间环节，具有桥梁与纽带的作用：一方面，"中央和地方两个积极性"是国家治理体系中的一个组成部分；另一方面，地方立法是充分发挥"中央和地方两个积极性"的重要支撑与重要保障。有鉴于此，为了从政治学的立场上全面理解国家治理体系中的地方立法，为了深入思考地方立法在国家治理体系中的地位和作用，为了深入阐释地方立法的政治意义，下文首先立足于国家治理的历史过程，从经验层面上考察中央和地方关系对国家治理的意义。在此基础上，从地方立法的政治属性与法律属性这两个不同的角度，分述地方立法对发挥"中央和地方两个积极性"，进而推动国家治理体系和治理能力现代化的方式和途径。最后是一个概括性的结论，以提炼和深化本节旨在阐述的核心观点。

一、从国家治理体系看中央和地方两个积极性

国家治理体系是一个复杂、立体的系统，中央和地方关系是国家治理体系中的一个极其重要的组成部分。一个国家的治理，尤其是大国的治理，必须处理好中央和地方关系。从历史经验来看，无论是中国还是其他国家，在处理中央和地方的关系问题上，为了有效发挥"中央和地方两个积极性"，都经历了一个艰难的探索、转型过程。

国外的相关探索不妨以美国为例。在1787年前后，为了发挥中央和地方两个积极性，美国经历了一个极其艰难的转型过程。在1787年以前，美国是一个邦联制的国家。1777年经过第二届大陆会议批准的《邦联条例》是这个国家的宪法。按照《邦联条例》的规定，美国既可以说是一个国家，也可以说是一些具有较强独立性的"邦"或"州"的联盟。在《邦联条例》的框架下，美国的国家治理所呈现出来的基本特点是：邦联成员强，邦联政府弱。邦联内的各个成员单位高度自治，高度自主。至于邦联政府，则缺乏足够的

资源，用以整合各成员单位，以实现对各"邦"或各"州"的有效治理，甚至于"邦联中央"这个概念都难以成立，因为它并没有足够的控制各"邦"的能力，并非名副其实的"中央"。彼时的美国，可以说是有形式意义上的"邦联政府"，没有实质意义上的"邦联中央"。这就是说，《邦联条例》框架下的美国，能够很好地发挥地方的积极性，但不能有效地发挥中央的积极性。这种格局，不仅妨碍了美国的国家治理能力，而且还导致了明显而即刻的危险。

在《联邦党人文集》一书中，对这样的危险多有论述。譬如，汉密尔顿（Alexander Hamilton，1755—1804年）就指出："目前的邦联不足以维持联邦。"[1]汉密尔顿还说，面对多种危险，"美国人民明智地认为，联合和一个有效的全国政府是必要的，它可以使他们处于和保持在一种不致引起战争，而且有助于制止和阻碍战争的状态。这种状态存在于尽可能好的防御状态之中，而且必然依赖于政府、军队和国家的资源"[2]。这就是说，为了防止战争，尤其是，为了防止有些州与敌对国家结盟，为了防止各州之间的相互敌对，为了防止各州敌对状态对人民生命与财产的毁灭，必须建立有效的全国政府，必须以新的联邦宪法取代旧的《邦联条例》，这就是美国制定1787年宪法的主要依据。这番信息表明，美国联邦政府的创建过程，在相当程度上，就是一个充分发挥"中央积极性"的过程。随着新的联邦取代旧的邦联，美国比较有效地优化了中央和地方关系，较好地发挥了中央和地方两个积极性。

再看古代中国处理中央和地方关系的经验与教训。在华夏文明的早期，也面临着中央和地方关系问题的困扰。西周王朝初建，就分封了众多诸侯，以之作为周王室的屏障。西周时代的诸侯国家，具有高度的自治性与独立性，与美国邦联时期的各州具有很大的相似性。在这样的中央和地方关系中，象征着"中央"的周王室越来越弱，到了春秋以后，几乎不能发挥"中央的积极性"。反之，地方

---

[1] [美]汉密尔顿、杰伊、麦迪逊：《联邦党人文集》，程逢如、在汉、舒逊译，商务印书馆1980年版，第6页。

[2] [美]汉密尔顿、杰伊、麦迪逊：《联邦党人文集》，程逢如、在汉、舒逊译，商务印书馆1980年版，第17页。

第一章　地方法

诸侯则越来越强,最后成了战国时代的独立国家。

战国末年,秦始皇征服六国,废除诸侯体制,建立了统一的郡县制国家,与之相配套,秦始皇还按照法家的学说,推行"无书简之文,以法为教;无先王之语;以吏为师"[1]的国策。在这样的体制下,秦王朝中央的积极性、主动性能够得到很好的发挥,但是,地方的积极性、主动性受到了严重的抑制。地方不仅不能发挥主动性,各个地方之间在文化传统方面的固有差异也不能得到承认,被严重禁锢的各个地方由于陈胜吴广的起义,终于找到了挣脱束缚、舒展自己的机会。我们可以从多个角度解释阳城人陈胜的名言:"天下苦秦久矣。"[2]在这里,如果要从中央和地方的关系来解释,那就是,在秦代,地方没有基本的自由舒展的空间,地方被拘禁在一个狭小的、格式化的逼仄空间里,地方的积极性不能发挥出来。这就是从中央和地方关系来解释秦的灭亡。

由于各种主观方面和客观方面的原因,周代的中央太弱、地方太强,导致了周王室的逐渐式微;秦代的中央太强,过度地压缩了地方的空间,导致了秦王朝的迅速覆灭。汉代以后,中央和地方关系在不断调适中得到了改进。西汉初期,既分封诸侯,又建立郡县,这是一种相对均衡的地方制度安排。后来,西汉王朝采纳贾谊提出的建议,"欲天下之治安,莫若众建诸侯而少其力"[3],进一步解放了中央,同时也解放了地方,中央和地方两个积极性都得到了较好的发挥。

正是在这样的基础上,从汉至清两千年间,在郡县制的基本框架下,中央对地方保持了有效的控制,中央对地方也留出了较大的空间。一个比较生动的例证是:地方官员由于公务比较清闲,因而有大量的时间进行诗歌及其他文艺方面的创作。尤其是地方的基层社会,在所谓"皇权不下县"的治理格局中,享有的自治空间比较宽广,地方绅士或家族长老可以根据基层社会的实际情况,自主地

---

[1] 高华平、王齐洲、张三夕译注:《韩非子》,中华书局2015年版,第714页。
[2] (汉)司马迁:《史记》,中华书局2006年版,第332页。
[3] (汉)班固:《汉书》,中华书局2007年版,第489页。

处理基层社会事务。譬如，关于基层自治，梁启超在《中国文化史》中写道："乡治之善者，往往与官府不相闻问，肃然自行其政教，其强有力者且能自全于乱世，盗贼污吏，莫敢奈何。"[1]

关于家族自治，瞿同祖在《中国法律与中国社会》中写道："在社会和法律都承认家长或族长这种权力的时代，家族实被认为政治、法律之基本单位，以家长或族长为每一单位之主权，面对国家负责。我们可以说家族是最初级的司法机构，家族团体以内的纠纷及冲突应先由族长仲裁，不能调解处理，才由国家司法机构处理。这样可省去司法官吏许多麻烦，并且结果也较调和，俗话说清官难断家务事是有其社会根源的。"[2]在这样的治理体系与治理格局中，从总体上看，中央和地方两个积极性能够得到较好的发挥，这也是传统中国从汉至清两千年，能够延绵不断的一个重要原因。

辛亥革命以后，随着清朝的终结与民国的肇始，中央和地方关系又趋于失衡。在民国时期，无论是北洋政府时期还是国民党政府时期，一个基本的趋势是：中央的权威性不够，中央不足以有效控制国家事务，地方有较强的自主性。这种情况在1949年以后得到了根本性的扭转，中央的权威性与积极性得到了足够的保障，但是，地方的主动性、积极性又有所弱化。针对这样的中央和地方关系，毛泽东在1956年的《论十大关系》一文中指出："中央和地方的关系也是一个矛盾。解决这个矛盾，当前要注意的是，应当在巩固中央统一领导的前提下，扩大一点地方的权力，给地方更多的独立性，让地方办更多的事情。这对我们建设强大的社会主义国家比较有利。我们的国家这样大，人口这样多，情况这样复杂，有中央和地方两个积极性，比只有一个积极性好得多。我们不能像苏联那样，把什么都集中到中央，把地方卡得死死的，一点机动权也没有。"[3]中央和地方两个积极性的问题，由此也成了当代中国国家治理体系中的一个关键问题。

---

[1]《梁启超全集》，北京出版社1999年版，第5107页。
[2] 瞿同祖：《中国法律与中国社会》，商务印书馆2010年版，第28~29页。
[3]《毛泽东文集》（第7卷），人民出版社1999年版，第31页。

正是在这样的背景下，党的十九届四中全会重新提出了充分发挥中央和地方两个积极性的体制机制问题。从历史上看，这个问题由来已久，至关重要，时至今日，依然是国家治理体系中的一个重要环节，是国家治理体系与治理能力现代化不容回避的一个根本性问题。在当下的中国，针对国家治理体系，如果要重写一篇"论十大关系"，中央和地方关系依然是其中的一大关系。从这个角度来看，处理好中央和地方关系，充分发挥中央和地方两个积极性，乃是推进国家治理体系和国家治理现代化的一个重要环节。

二、从中央和地方两个积极性看地方立法的政治属性

如果说，充分发挥中央和地方两个积极性对国家治理体系的完善、对国家治理能力现代化具有重要的意义，那么，如何发挥中央和地方两个积极性？回答是：要从体制机制上理顺中央和地方的权责关系。分别来看，中央的权责主要包括两个方面：一方面，加强宏观管理，维护国家法制统一、政令统一、市场统一，概括地说，就是要维护国家统一；另一方面，适当加强中央在知识产权保护、养老保险、跨区域生态环境保护等方面事权，这是一个列举式的规定，指明了中央需要适当强化管理的几个具体领域。

针对地方，则应当"赋予地方更多自主权，支持地方创造性开展工作"。这个基本要求旨在发挥地方的积极性。这个基本要求对地方立法来说，包含了两个方面的意蕴：第一，"支持地方创造性开展工作"意味着，地方立法机构应当创造性开展地方立法工作；第二，"赋予地方更多自主权"意味着，地方立法机构被赋予了更多的立法自主权。因此，对于地方立法来说，这个基本要求的实际含义可以解释为：地方立法机构应当更加自主地开展创造性的地方立法。按照这样的要求开展地方立法，从地方的立场来看，有助于发挥地方的积极性、主动性与创造性；从国家治理体系来看，有助于发挥中央和地方两个积极性，两个积极性的充分发挥是推进国家治理体系和治理能力现代化的重要环节。这就是地方立法在国家治理体系中承担的使命。这个使命是一个政治使命。

因此，要理解地方立法对于发挥中央和地方两个积极性的作用，

要理解地方立法在推进国家治理体系和治理能力现代化中的作用，应当看到地方立法的政治属性。

通常认为，地方立法主要是一个立法方面的专业问题，或者更宽泛地说，是一个法学或法律专业问题，因此，应当强化地方立法的专业性，尤其是在立法技术方面，地方立法的专业化程度还需要进一步强化。地方立法与中央立法都是立法行为，在立法技术方面有很多共性。但是，地方立法还包含了一些不同于中央立法的特殊性。譬如，地方立法要考虑与中央立法的关系，地方立法要结合本地的实际情况，地方立法要妥善地回应地方治理的现实需要，等等。地方立法不同于中央立法的这些特殊性足以表明，地方立法确实是一项专业性、技术性很强的活动。在此基础上，还应当看到，地方立法既是一个立法与法律方面的专业问题，更是国家治理体系中的一个问题，是国家治理体系与治理能力现代化的一个环节，具有明显的政治属性与政治意义。

因此，从政治层面来看，在地方立法的过程中，地方立法机构要考虑中央和地方的关系，更具体地说，就是要处理好维护国家统一、维护中央权威与地方立法的创造性、自主性之间的关系。其中，维护国家统一主要是维护国家法制统一、政令统一、市场统一，这三个方面分别指向法律、政治与经济。维护中央权威主要是指维护中央对宏观事务的管理。在此前提之下，充分发挥地方立法的创造性与自主性。为了充分回应地方立法的这种政治属性，有必要注意以下几个方面的问题：

首先，在发挥地方立法的创造性与主动性的过程中，需要考虑单一制的国家结构形式。单一制的国家结构本身就是处理中央和地方关系的一种宪制安排。与单一制并列的国家结构形式还有联邦制，甚至还有更加松散的邦联制。上文提到美国从邦联制转向联邦制，也提到周代的分封制度与秦代的郡县制度，这些处理中央和地方关系的历史经验与教训，虽然可以作为当代中国处理中央和地方关系的知识背景，但是，当代中国的国家结构形式不同于前文提到的中外历史上出现过的国家结构形式。一方面，当代中国是一个单一制国家，按照学者的看法，单一制国家的要义在于："无论分权至如何程度，其地方团体的事权，总系经由中央政府以普通的法律或命令规定。"〔1〕另一方面，在单一制的基本框架下，地方制度也并非整齐划一。其中，民族自治地方享有宪法、民族区域自治法赋予的民族区域自治权，这样的自治权为民族地区的立法提供了更大的空间，可以容纳更多的创新性，也可以容纳更多的地方色彩。直辖市的地方立法主体相对简单，因为，只有直辖市的人大与政府可以分别制定地方性法规和地方规章，由此导致的结果是：直辖市的地方立法相对集中。至于各省的地方立法，在全省范围内，不仅有省一级的地方立法，还有省会城市的地方立法，与此同时，设区的市也享有地方立法权，由此导致的结果是，各省的地方立法相对于直辖市的地方立法来说呈现出相对分散的特征：从立法层级来看，既有省级立法，也有副省级省会城市的立法，还有设区的地市级的立法，有些省份还有经济特区的立法，等等。这种多样化的地方立法制度，表明我国单一制的国家结构形式具有丰富的内涵，这些丰富内涵都是地方立法需要考虑、需要回应的制度框架或制度背景。

其次，在发挥地方立法的创造性与主动性的过程中，还需要考虑地方立法的边界问题。如前所述，在发挥中央和地方两个积极性的体制机制中，需要"适当加强中央在知识产权保护、养老保险、跨区域生态环境保护等方面事权"，因为，这几个方面的事项，具有比较明显的跨地区、跨区域的性质。其中，知识产权在空间上流动性较强，加强中央对知识产权的统筹保护，有助于提高知识产权保护的实际效果。养老保险是基础性的民生工程，加强中央在养老保险方面的统筹，有助于整合各方面的资源，把这项兜底性的民生工程做得更实。跨区域的生态保护也不是一个地区能够有效完成的，需要中央层面上的协调管理。针对这几种事项的立法，应当更多地归属于中央立法。如果地方立法需要针对这几种具体事项制定相应的地方性法规或规章，就应当考虑立法边界的问题。在这几个具体的领域，地方立法的创造性、自主性应当受到适当的节制。

再次，地方立法还需要考虑政治上相互关联的两种要求。这两

---

〔1〕 王世杰、钱端升：《比较宪法》，中国政法大学出版社1997年版，第316~317页。

种要求其实也是地方立法需要遵循的两种规范:既要维护国家统一、维护中央权威,又要发挥地方立法的创造性、主动性。尤其需要注意的是,地方立法机构创造性地开展立法工作,还是中央提出的要求。地方立法如果不能体现创造性,就没有很好地体现中央希望发挥两个积极性的要求。但与此同时,倘若地方立法没有注意维护国家法制统一、政令统一、市场统一,那就更加明显地偏离了中央的要求。为了避免这两种情况,地方立法应当把维护国家统一、维护中央权威与地方立法的创造性、自主性有机地结合起来,体现"在服从中创造,在创造中服从"这样的精神与理念。我曾经在关于司法权本质问题的分析中写道:"司法权本质的正面规定性是服从法律,反面规定性是创造法律,同时,服从法律必须是创造过程中的服从,而创造法律必须是服从过程中的创造。只有通过创造法律,才可能真正做到服从法律;只有通过服从法律,才能真正实现创造法律。而法律的生命,不在法学,不在立法,就在于创造性地服从法律与服从法律中的创造性。司法权的本质规定性,就体现在服从法律与创造法律之间既相互矛盾又相互依存的关系中。"[1]着眼于这样的分析理路,可以发现,在单一制的国家结构中,地方立法的正面规定性是维护国家统一、维护中央权威,反面规定性是追求地方立法的创造性、自主性,两者是统一的,只有创造性的地方立法,才能真正维护中央权威,因为,创造性地开展地方立法正是中央提出的要求,是中央关于发挥两个积极性、推进国家治理体系和治理能力现代化的一种政治安排。当然,创造性地开展地方立法的前提,则是坚定不移地维护国家统一与中央权威。从这个特定的角度来说,地方立法的生命,就体现在维护国家统一、维护中央权威与地方立法的创造性、自主性之间既相互矛盾又相互依存的关系中。

最后,地方立法要处理好维护国家统一、维护中央权威与体现创造性、自主性的关系,本质上是一个"度"的把握问题。如果追根溯源,还可以发现,《论语》一书已经反复论证了"度"的理念与方法。譬如,《论语·尧曰》:"尧曰:'咨!尔舜,天之历数在尔

---

[1] 喻中:《论授权规则》,法律出版社2013年版,第194页。

躬,允执其中。四海困穷,天禄永终。'舜亦以命禹。"《论语·子路》:"不得中行而与之,必也狂狷乎!狂者进取,狷者有所不为也。"《论语·先进》:"子贡问:'师与商也孰贤?'子曰:'师也过,商也不及。'曰:'然则师愈与?'子曰:'过犹不及。'"《论语·雍也》:"中庸之为德也,其至矣乎!民鲜久矣。"此外,在古希腊时代,亚里士多德也曾论及"度"的价值与意义,他说:"如果德性也同自然一样,比任何技艺都更准确、更好,那么德性就必定是以求取适度为目的的。"[1]这些关于"度"的认知,对地方立法妥善回应其政治属性具有启示意义:在国家治理体系中,更具体地说,在发挥中央和地方两个积极性的过程中,地方立法在政治上的考量,其实是一个"度"的问题。古今中外的智者关于"度"的本体性思考,都可以转化成为当代中国完善地方立法的政治智慧。

三、从中央和地方两个积极性看地方立法的法律属性

在国家治理体系中,从充分发挥中央和地方两个积极性的要求来看,地方立法既具有鲜明的政治属性,同时也具有强烈的法律属性。所谓地方立法的法律属性,是指地方立法作为国家立法体制的一个组成部分,作为一项立法活动,应当遵循立法的基本要求。对此,2019年《决定》提出:"完善立法体制机制。坚持科学立法、民主立法、依法立法,完善党委领导、人大主导、政府依托、各方参与的立法工作格局,立改废释并举,不断提高立法质量和效率。完善以宪法为核心的中国特色社会主义法律体系,加强重要领域立法,加快我国法域外适用的法律体系建设,以良法保障善治。"这段论述对于地方立法作为一种立法活动,提出了多个方面的要求。

(一)在立法原则上坚持科学立法、民主立法、依法立法

关于这三项原则的论述,已经积累了较多的学术文献,这里不再逐一引证。不过,如果把科学立法、民主立法、依法立法的原则运用于地方立法的过程,又会面临一些新的要求。分而述之,科学

---

[1] [古希腊]亚里士多德:《尼各马可伦理学》,廖申白译注,商务印书馆2003年版,第46页。

立法原则对地方立法的核心要求在于：充分结合本地区的实际情况，包括本地区的经济发展状况、历史文化传统、人口数量、地理位置、气候条件等方面的因素，都是必须考虑的具体情况。地方立法只有充分回应地方的实际情况，才可能实事求是，实现立法的科学性。民主立法原则对地方立法的核心要求在于：充分体现特定地方的人民群众对规则和秩序的理解，充分满足特定地方的人民群众对于公平正义的期待。这就是说，地方立法的科学性与民主性，都应当根植于地方。

在《地方知识——阐释人类学论文集》一书中，格尔茨认为，知识都是地方性知识。按照他的观点，法律乃是一种地方性的知识，当然也是一种地方性的技艺。正如"航海、园艺、政治和诗学一样，法律与民族志都是地方性的技艺：它们都凭借地方知识来运作"[1]。这个观点对于地方立法的科学性与民主性来说，具有很好的参考价值。在《法律地理学》一书中，我也曾专门论及法律的地方性，因为，"不同的地理区域会培植出不同的法律形态"。[2]充分尊重法律的地方性，有助于把一般性的科学立法、民主立法的原则转化成为具体的地方立法原则。

依法立法原则对地方立法的核心要义主要在于：在地方立法的过程中，既要遵循中央立法关于地方立法权限、立法程序等方面的规定，也要遵循地方立法关于立法权限、立法程序等方面的具体规定。概括地说，地方立法应当从地方的角度，更加语境化地贯彻科学立法、民主立法、依法立法的原则，而且，在贯彻这三项原则的过程中，也要体现一定的创造性。

(二) 在立法工作中完善党委领导、人大主导、政府依托、各方参与的机制

在这个工作机制或工作格局中，党委领导主要是指地方党委对地方立法的领导。其中，省级立法主要由省级党委领导，地市级立

---

[1] [美] 克利福德·格尔茨：《地方知识——阐释人类学论文集》，杨德睿译，商务印书馆2017年版，第261页。

[2] 喻中：《法律地理学》，法律出版社2019年版，第20页。

法主要由地市级党委领导。关于党委对立法的领导，中共中央2014年的《关于全面推进依法治国若干重大问题的决定》（以下简称"2014年《决定》"）已经作出了原则性的规定："加强党对立法工作的领导，完善党对立法工作中重大问题决策的程序。凡立法涉及重大体制和重大政策调整的，必须报党中央讨论决定。党中央向全国人大提出宪法修改建议，依照宪法规定的程序进行宪法修改。法律制定和修改的重大问题由全国人大常委会党组向党中央报告。"从内容来看，这些规定主要是针对中央立法的，但对地方立法也具有指导意义。此外，2016年中共中央发布的《关于加强党领导立法工作的意见》对地方党委领导地方立法作出了更加具体的规定，按照这个"意见"，地方党委对地方立法的领导主要是政治领导，亦即立法方针、立法政策的领导。

人大主导主要是指有立法权的地方人大对地方立法的主导。对于人大在立法活动中的主导作用，2014年《决定》规定："健全有立法权的人大主导立法工作的体制机制，发挥人大及其常委会在立法工作中的主导作用。建立由全国人大相关专门委员会、全国人大常委会法制工作委员会组织有关部门参与起草综合性、全局性、基础性等重要法律草案制度。增加有法治实践经验的专职常委比例。依法建立健全专门委员会、工作委员会立法专家顾问制度。"这些规定，同样应当作为地方人大主导地方立法的根本遵循。当然，在地方人大主导地方立法的过程中，必须坚持党的领导，实行党领导下的人大主导。

政府依托主要是指地方立法对地方政府的依托。这种依托可以从两个方面来理解。一方面，地方人大在制定地方性法规的过程中，特别是在地方性法规的起草阶段，应当充分依托政府，尽可能充分发挥地方政府的作用，让草案的内容更加符合地方治理的实际情况；另一方面，地方规章的制定则是全面依托于地方政府。此外，针对"各方参与"，2014年《决定》要求："健全立法机关和社会公众沟通机制，开展立法协商，充分发挥政协委员、民主党派、工商联、无党派人士、人民团体、社会组织在立法协商中的作用，探索建立有关国家机关、社会团体、专家学者等对立法中涉及的重大利益调整论证咨询机制。拓宽公民有序参与立法途径,健全法律法规规章草案公开征求意见和公众意见采纳情况反馈机制,广泛凝聚社会共识。"这段论述为地方立法过程中的"各方参与",提供了具体而全面的指引。

(三) 在立法方式上注重"立、改、废、释"并举

无论是中央立法,还是地方立法,都应当注重"立、改、废、释"并举。[1]这就是说,地方立法作为发挥中央和地方两个积极性的一种法律活动,其具体的方式可以分为四种。其中,"立"是创制地方性法规或规章的立法方式。在某个特定的地方,原先并没有某种地方性法规或规章,由于地方治理的需要,经过相应的立法程序,制定出新的地方性法规或规章,这是地方立法的基本方式与常规方式。这样的立法方式直接丰富了地方立法的体系,同时也丰富了中国特色社会主义法律体系。

然而,"立"的方式并不是地方立法的唯一方式。在"立"的方式之外,还有"改、废、释"三种地方立法的重要方式。无论是就全国范围来看,还是单就某个特定的地方来看,在法治建设的起步阶段,都需要先行解决"有法可依"的问题。在那样的背景下,对地方立法来说,制定地方性法规或规章,显得尤为迫切。但是,在数十年之后,在中国特色社会主义法律体系基本形成的条件下,即使是对地方立法来说,"改、废、释"的任务也开始突显出来。根本的原因在于,数十年以来,中国与世界已经发生了深刻的变化,在全国范围内,各个地方的变化当然也会随之发生。数十年前的农耕地区,可能已经变成了典型的工商地区,生产方式、经济形态的变化必将引起生活方式、交往方式的变化。因而,一个地方的治理就像整体性的国家治理一样,其重心、方式也在随之发生变化。这就会导致旧的地方立法不能适应新的时代与新的环境,这是"改、废、释"三种立法方式随之兴起的根本原因。

旧的地方性法规或规章,如果只有个别条款或部分条款不能适

---

[1] 在中央立法中,在"立、改、废、释"之外,现在还增加了"纂"这种方式。在地方立法中,是否有必要增加"纂"这种方式,还有待进一步的讨论。

应本地区在新时代的新需求,那就应当通过"改"的方式,修改相关的条款,促成旧的地方性法规或规章与时俱进。如果是一部地方性法规或规章在整体上已经不能适应本地区在新时代的新需求,或者是已经完成了它的历史使命,那就应当通过"废"的方式,废止这样的地方性法规或规章。还有一些地方性法规或规章,如果可以通过"释"的方式,由地方立法机构以"解释"的方式,为相关的条款或概念赋予新的含义,也可以推动地方立法以旧的形式装上新的内容。这三种立法方式的选择与运用,也有一个"度"的问题。其中,"释"的方式,有助于维护地方立法的稳定性,但可能弱化"深化改革"或"创新"等方面的价值目标。"废"的方式恰好倒过来,有助于实现"深化改革"或"创新"这样的目标,但对地方立法的稳定性有一定的负面影响。"改"的方式则处于"释"与"废"之间。但是,我们也不能说,"改"的方式就是最好的,因为"改"的方式同样会影响地方立法的稳定性。

因此,"改、废、释"再加上"立",这四种立法方式的选择,应当综合考虑地方性法规或规章与时间、空间以及特定时空范围内的经济、政治、文化等诸方面的因素,进行研究与判断,进而做出精准的选择。这样的选择可以归属于立法学,因而是一门科学,要遵循科学立法的原则,但它其实也是一门技艺,因为其中的分寸感、对"度"的把握、对"火候"的拿捏,其实是一种精微的技艺。不过,"由'艺'进于'道',应当作为中国法律思想与法律学术未来的憧憬"。[1]正是通过这种精微的技艺,才能最大限度地促成、支持地方立法完成它对国家治理体系和治理能力现代化所承担的使命。

(四) 在立法重点方面加强关键环节立法

加强重点领域立法,既是整个立法工作的方向,也是地方立法的方向。对于当下的地方立法来说,为了充分发挥地方的积极性,还应当注意一个关键环节,这个关键环节也是地方立法应当关注的重点领域,那就是:规范地方分级管理体制,形成稳定的各级政府事权、支出责任和财政能力相适应的制度。

---

[1] 喻中:《在法律思想的密林里》,陕西人民出版社2012年版,第209页。

这个关键环节的实质，是一个地方或者一个区域范围内不同管理层级之间的权责划分问题，在一定程度上，也可以视为中央和地方关系在一个地方范围之内的延伸。可以从宏观、中观与微观的区分来看这个问题。在全国范围内，应当发挥中央和地方两个积极性，这是国家治理体系的一个重要环节，是宏观层面上的问题。同样，在一个省、自治区、直辖市的范围内，也有一个发挥省、市、县、乡等多个积极性的问题，这就是中观、微观层面上的问题，要处理好这个问题，中央应当提供基础性的法律规则，但是，地方也应当提供创造性的、更有针对性的、更加具体的规则。这就为地方立法开辟了一个较大的空间：以地方立法的方式，进而以法治的方式，优化省、市、县、乡四个层级的权责安排，最大限度地发挥地方各个管理层级的积极性。这样的地方立法，其实是在更加微观的层面上，更加精准地发挥地方的积极性，进而促成中央和地方两个积极性，这是扎根地方、扎根基层推动国家治理体系和治理能力现代化的一项基础性的立法工程。

小 结

上文的分析表明，有必要从国家治理体系的要求，来理解新时代的地方立法。在国家治理体系中，充分发挥中央和地方两个积极性是推进国家治理体系和治理能力现代化的一个重要环节。为了发挥中央和地方两个积极性，古今中外的国家治理者都经历了一个艰难的探索过程。在正视若干历史经验与教训的基础上，应当看到地方立法对于发挥中央和地方两个积极性，进而推进国家治理体系和治理能力现代化的作用。

地方立法要承担对国家治理体系和治理能力现代化的使命，应当分别着眼于地方立法的政治属性与法律属性来研究。全面理解地方立法的政治属性，有助于处理好维护国家统一、维护中央权威与发挥地方立法的创造性、自主性之间的关系，有助于保障地方立法在正确的政治方向上不断前行。全面理解地方立法的法律属性，有助于强化地方立法的法理基础，有助于提升地方立法的法治水平。概而言之，积极而稳健的地方立法，兼顾政治性与法律性的地方立法，是充分发挥中央和地方两个积极性，进而推动国家治理体系和治理能力现代化的基础。

第三节　地方立法中的科技立法[*][**]

在今天的北京，为什么要提出国际科技创新中心立法这个问题？根本原因在于，北京市承担着尽快建成国际科技创新中心的历史使命。根据2021年1月的报道，到2025年，北京将基本建成国际科技创新中心。[1]根据2022年10月的报道，"北京市会同有关国家部委，出台一系列重大政策，特别是编制实施《'十四五'北京国际科技创新中心建设战略行动计划》和《北京市'十四五'时期国际科技创新中心建设规划》《'十四五'时期中关村国家自主创新示范区发展建设规划》，形成了'一计划、两规划'的顶层设计"。在当前以及今后一个时期，"北京将紧紧围绕服务国家创新驱动发展战略，发挥好科技和人才优势，加快打造世界主要科学中心和创新高地，率先建成国际科技创新中心，为早日实现我国高水平科技自立自强、建设科技强国提供有力支撑。"[2]北京市正在加快建设的国际科技创新中心，需要北京市的地方立法提供相应的制度支撑与法治保障。北京市推进国际科技创新中心立法，就是在这种背景下的一种必然选择。探讨北京市国际科技创新中心立法的若干问题，就是为了回应这项必然选择，这样的回应不仅具有理论意义，而且具有直接的实践意义。

从理论层面来看，探讨北京市推进国际科技创新中心立法的若干理论问题，有助于凸显地方立法理论的一个重要领域，那就是关

---

[*]　本节内容，源于笔者参加的一场立法调研会。那是2022年10月20日，北京市人大常委会组织了一个"北京市推进国际创新中心立法专家研讨会"，口头发言之后，我把自己所讲的相关内容，进行了扩充与整理，最后形成了本节内容。因此，本节内容，是对地方法实践的一个回应。

[**]　本节内容，以《北京市国际科技创新中心立法的若干问题》为题，发表于《北京社会科学》2023年第6期，修订后收入本书。

[1]　《2025年基本建成国际科技创新中心》，载《北京日报》2021年1月24日。

[2]　《北京国际科技创新中心建设开创新局面》，载《北京日报》2022年10月17日。

于地方科技立法的理论。自改革开放以来，在注重发挥中央和地方"两个积极性"的整体背景下，地方立法的空间不断扩大，地方立法的理论也在不断拓展。在地方立法理论的框架下，针对地方立法各个领域、各个环节的研究日渐活跃。相对而言，专门针对地方科技立法的理论研究，还是一个有待进一步补强的领域。着眼于此，针对北京市国际科技创新中心立法而进行的理论研究，有助于丰富地方科技立法的基本理论。除此之外，研究北京市推进国际科技创新中心立法的理论问题，还有助于从地方科技立法这个特定的角度，丰富关于法律与科技的理论，从而在科技法学这个研究领域有所拓展。

从实践层面来看，探讨北京市推进国际科技创新中心立法的若干现实问题，有助于为北京市推进国际科技创新中心立法提供一些参考。北京市推进国际科技创新中心立法，涉及多个方面的关系，譬如，国家法治与地方法治的关系，国内法治与涉外法治的关系，科学进步与技术进步的关系，等等，都是北京市推进国际科技创新中心立法应当充分考虑的问题。除此之外，北京市推进国际科技创新中心立法还应当回应京津冀协同发展这个国家战略的需要，还应当在全国范围内发挥某种示范作用，还应当考虑在国际社会可能产生的影响，等等。这些现实问题，都是这项立法应当先行考虑的。下文的分析，就试图回应这样一些现实问题、实践问题。

基于以上两个方面的旨趣，为了更好地推进北京市国际科技创新中心立法，有必要注意以下几个方面的法律、法治与法理问题。

一、从国家法治与地方法治看国际科技创新中心立法

北京市推进国际科技创新中心立法作为一项地方立法活动，是在法治中国建设这个整体背景之下展开的，应当在法治建设这个整体性的框架中来理解。从法治建设的角度来看，北京市推进国际科技创新中心立法，既应当从国家法治的角度来考虑，也应当从地方法治的角度来考虑。

（一）从国家法治看北京市国际科技创新中心立法

从国家法治建设的需要来看，特别是从全面依法治国的要求来

看，党的二十大报告已经明确提出："加强重点领域、新兴领域、涉外领域立法。"加强这三个领域的立法，既是完善以宪法为核心的中国特色社会主义法律体系的需要，也是建设中国特色社会主义法治体系、建设中国特色社会主义法治国家的需要。因而，进一步完善这三个领域的立法，完全可以归属于全面依法治国的国家战略，构成了国家法治建设的一个极其重要的组成部分。

北京市推进国际科技创新中心立法，恰好可以回应全面依法治国在立法层面上的新需求。因为，北京国际科技创新中心立法作为一个立法项目，在主题中，就已经表达了三个方面的核心关切，即科技、创新与国际。首先，这个立法项目突出了"科技"这个"第一生产力"，因而可以归属于"重点领域"立法，因为"科技"的重要性不言而喻，"科技领域"的立法可以归属于国家的"重点领域"立法。其次，这个立法项目突出了"创新"这个要素，可以归属于"新兴领域"立法，因为科技领域的"创新"总是"新兴领域"的先导，或者说"新兴领域"通常都是以科技领域的创新为前提的，甚至直接体现为科技创新的产物。最后，由于这个立法项目突出了"国际"这个要素，还可以归属于"涉外领域"立法。从语义上说，"国际"是指国与国之间，主要在于强调跨越一个国家的主权边界。如果站在本国的立场上说，"国际"就包含了"涉外"的含义。

以上三个方面表明，北京市推进国际科技创新中心立法，能够同时兼顾、同时回应"加强重点领域、新兴领域、涉外领域立法"的要求。这也许是一个巧合，但也可以说明，这个立法项目能够回应国家法治在立法层面的迫切需要、现实需要与重大需求。

(二) 从地方法治看北京市国际科技创新中心立法

从地方法治建设的需要来看，北京市推进国际科技创新中心立法，有助于发挥北京市的地方立法在全国范围内的引领、示范作用。北京以首善之区作为目标，北京也应当成为地方立法的首善之区，应当在全国的地方立法领域内体现出"首善"的地位。早在2000年，北京市制定的《中关村科技园区条例》，曾经在全国范围内产生了较大的影响，甚至引起了法学界的较大关注。不同的学者，从不同的角度，对这个条例进行了全方位、多角度的研究。

譬如，有学者认为在《中关村科技园区条例》的制定过程中，"采用了一种合作性的新思路来解决冲突，为地方立法提供了一个良好的范例"。[1] 还有学者根据《中关村科技园区条例》及其他相关条例，提炼出地方立法或城市立法的基本原则："可持续发展原则、创新原则、激励原则、法无明文规定不为过原则、不作为即为过原则、促进合作原则、保护信用原则、保护财产所有权原则。"[2] 更有学者分述了中关村立法的创新性品格："它在国内立法中首次完整地构建了法治环境的原则框架，特别是规定了组织和个人可以从事法无明文禁止的活动。它创设了三十多项新制度，特别是第一项确立了高新技术成果作价出资占资本的比例可由出资各方约定的制度；第一次确立了市场主体可实行股份期权和智力要素参与分配的制度；第一次确立了比较系统的反卡特尔行为和滥用经济力行为的制度；第一次确立了风险投资可采取有限合伙的制度；第一次确立了境外经济组织或个人可与境内组织或自然人合资、合作的制度，第一次规定了禁止国家机关和市场主体使用盗版软件和电子出版物的制度；第一次设专章对政府行为规范作出系统规定，第一次设置了政府行政不作为的法律责任。它蕴含着先进的立法理念，它鲜明地体现了时代的先进精神——知识市场经济的精神。"[3] 可以说，在21世纪初，关于《中关村科技园区条例》的研究，催生了一个法学理论热点，且持续了数年之久。在中国法学史上，这也是一个很鲜见的法律现象、法学现象。2021年，北京市制定的《北京市接诉即办工作条例》，在基层治理、社会治理领域，也具有很强的示范效应。

现在，北京市推进国际科技创新中心立法，也有望发挥北京市的地方立法在全国各省、自治区、直辖市科技立法领域的引领、示范作用。尤其是就地方的科技立法领域来看，北京市具有独特的优

---

[1] 刘文静：《地方立法中的冲突与合作——评〈中关村科技园区条例〉》，《暨南学报（哲学社会科学版）》2002年第6期。

[2] 喻中：《论城市立法的基本原则——以北京中关村条例、深圳高新区条例为个案的研究报告》，载《城市发展研究》2002年第6期，已收入本书第二章。

[3] 周旺生：《论中关村立法的创新性品格》，载《中国法学》2001年第4期。

势，一方面是科技资源方面的优势，另一方面是法治人才方面的优势，都是国内其他省、自治区、直辖市难以企及的。充分发挥北京市在科技人才与法治人才方面的资源优势，可以制定出一部具有引领作用、示范效应的地方科技立法。这不仅有助于提升北京市的科技法治化水平，它对于全国其他地方的科技法治建设，也会起到积极的推动作用。从这个角度来看，北京市推进国际科技创新中心立法，乃是地方法治建设的一个重要抓手，甚至可以成为地方法治建设的一个新的增长点。

（三）从国家法治与地方法治的互动看北京市国际科技创新中心立法

从国家法治与地方法治的关系来看，如果立足于单一制国家结构形式，那么，地方法治从属于国家法治，地方法治本来就是国家法治的一个部分、一个环节。但是，从中央和地方的关系来看，特别是从中央和地方这"两个积极性"都需要发挥的现实要求来看，包括地方立法在内的地方法治，又具有明显的地方特征与地方属性，无论是对国家法治，还是对地方治理，都承担着不可替代的功能，发挥着不可替代的作用。在这个意义上，国家法治与地方法治又可以予以适度的区分。如果着眼于国家法治与地方法治的两分，着眼于中央和地方"两个积极性"的发挥，那么，北京市推进国际科技创新中心立法，还有助于在国家法治与地方法治之间形成更加良性的联系与互动。

因为，北京市推进国际科技创新中心立法，不仅有助于《科学技术进步法》在北京市的贯彻实施，而且还可以通过北京市国际科技创新中心立法的形式予以贯彻实施，这就比《科学技术进步法》在其他省、自治区、直辖市的贯彻实施，更有特色，更具创造性。

进而言之，一个专门针对国际科技创新中心的地方科技立法，如何体现出更强的创造性、创新性？一个地方科技立法，如何在《科学技术进步法》已经设定的原则与框架下，为科技创新提供更加优越的制度空间？这样一些问题，下文都将有所讨论。这就说明，北京市推进国际科技创新中心立法，不仅具有较大的发挥空间，而且还可以为国家法治与地方法治的良性互动提供新的可能性：通过北京市国际科技创新中心立法，既可以让国家的科技立法在北京市形成更加生动的实践，也可以通过地方科技立法的形式，展示国家科技立法蕴含的制度潜力。

二、国际科技创新中心立法应当坚持的几个原则

为了更好地回应国家法治与地方法治的需要，为了更好地促进国家法治与地方法治之间的良性互动，北京市推进国际科技创新中心立法，还需要坚持几个方面的重要原则。

（一）科技并重的原则

科技并重的实质，就是要处理好科学与技术的关系，在注意技术进步的同时，更要注意科学进步。北京市现有的几部地方科技立法，譬如《北京市促进科技成果转化条例》《北京市专利保护和促进条例》《北京市科学技术普及条例》，等等，已经在北京市的科技进步事业中发挥了重要作用。但是，从总体上看，这些地方科技立法都偏重"技术"，对"科学"则有所忽略，或者是注意到"科学"的普及，而对"科学"的创新有所忽略。

也许有人会认为，原创性的科学研究主要是中央科研机构的使命，地方科技立法不必过多关注原创性的科学研究。这样的观点值得商榷。因为，一方面，地方科技立法并非仅仅针对地方的科研机构。按照属地管辖的原则，地方辖区内的各种科研机构，即使是中央管理的科研机构，也可以按照属地管理或双重管理的原则，归属于地方科技立法的调整范围。另一方面，即使是地方管理的科研机构，譬如，地方管理的一些研究型大学，也要承担原创性科学研究的使命，这是毋庸置疑的。更加重要的是，北京市正在建设的国际科技创新中心虽然是北京市的"四个中心"之一，[1]但是，北京市作为国际科技创新中心的战略定位属于国家战略，体现了国家意志。从这个角度来看，北京市正在建设的国际科技创新中心既有地方属性，同时也具有国家属性。这是北京市推进国际科技创新中心立法不同于其他地方的常规性的地方科技立法的独特之处。

---

[1] 其他"三个中心"，分别是政治中心、文化中心、国际交往中心。

基于以上两个方面的分析，北京市在推进国际科技创新中心立法的进程中，应当坚持一个宏观性的基本原则：科学与技术并重。相关的制度安排与法治保障，既要顾及立竿见影的技术创新，也要考虑基础性、原创性、立足长远的科学创新。一部具有历史责任感的地方科技立法，尤其是北京市的地方科技立法，不宜只见技术、不见科学。应当看到，科学与技术是相关的，所以才把它们合并起来简称"科技"，但是，科学与技术也是有差异的，科学的发展规律也不完全等同于技术的发展规律，科学创新的法治保障也不完全等同于技术创新的法治保障。

关于科学与技术的不同，梁启超在辛亥革命之年所写的《学与术》一文，已有简明扼要的辨析，他说："学也者，观察事物而发明其真理者也；术也者，取所发明之真理而致诸用者也。例如以石投水则沉，投以木则浮，观察此事实，以证明水之有浮力，此物理学也。应用此真理以驾驶船舶，则航海术也。研究人体之组织，辨别各器官之机能，此生理学也。应用此真理以疗治疾病，则医术也。学与术之区分及其相关系，凡百皆准此。"[1]梁启超在此所说的"学"与"术"，可以分别指代科学与技术。简而言之，科学的核心价值在于"求真"，科学的目标在于认识世界；技术的核心价值在于"致用"，技术的目标在于改变世界。科学革命是技术革命的前提，原创性的技术革命必然以原创性的科学革命为前提。着眼于科学与技术之间的这种关系，北京市在推进国际科技创新中心立法的进程中，就不能以"技术"覆盖、取代整个"科学技术"，不能把"科学技术"缩减为单一的"技术"。因而，在立法过程中，要防止单纯的、片面的技术思维过多地挤压科学思维，要对科学创新给予更多的倾斜性保护。

在北京市推进国际科技创新中心立法的进程中，坚持科技并重的原则，不仅可以回应科学与技术之间的内在关系，而且也是对上位法的贯彻实施。因为，《科学技术进步法》第19条第1款已有明文规定："国家加强基础研究能力建设，尊重科学发展规律和人才成

---

[1]《梁启超全集》，北京出版社1999年版，第2351页。

长规律,强化项目、人才、基地系统布局,为基础研究发展提供良好的物质条件和有力的制度保障。"这里所说的"基础研究",本质上就是科学研究,与之相对应的技术研究则可以归属于"应用研究"。这就是说,北京市的国际科技创新中心立法,既要保障"应用研究",更要保障"基础研究",要通过国际科技创新中心立法,为北京市的"基础研究"或"科学研究"提供某种倾斜性的保障机制。

(二)激励为主的原则

科技立法的总基调应当是激励,应当以激励为主,正是在这个意义上,应当把激励作为国际科技创新中心立法的一项基本原则。对此,《科学技术进步法》第18条第2款规定,"国家建立和完善科学技术奖励制度"。根据这样的原则性规定,国务院已经制定了《国家科学技术奖励条例》。北京市推进国际科技创新中心立法,也需要考虑这样的原则。

国际科技创新中心立法应当坚持激励为主的原则。"激励"可以体现为物质层面上的激励。但是,"激励"又不能仅限于物质层面上的激励。因而,在地方科技立法中,不能过度迷信"重赏之下必有勇夫",这句格言也许可以适用于社会生活中的某些领域。譬如说,在一些常规的经济活动中,各种各样的"悬赏"或"重赏",本质上是一种契约,当然也是一种经济交易方式。然而,在科技创新领域,物质层面上的"悬赏"不宜过度推崇。因为,科技领域内的创新,尤其是原创性的科学研究成果,需要科学家的想象力,需要自由探索的空间与环境。对此,《科学技术进步法》第11条已有原则性的规定,"国家营造有利于科技创新的社会环境"。要在国际科技创新中心营造出这样的社会环境,还有待于国际科技创新中心立法提供相应的制度安排。这是一个需要较高的立法技术才能有效解决的问题。

解决这个问题的总体思路应当是:通过立法创造相应的制度环境,通过合适的制度环境,充分释放科研人员的科研潜力,充分发挥他们的聪明才智与创造性。因而,有必要通过立法进行制度再造,培育科学革新、技术创新的氛围,形成一个科学革新、技术创新的共同体，简而言之，就是一个科技共同体。造就这样一个共同体，既是国际科技创新中心建设的目标，也应该是北京市推进国际科技创新中心立法应当追求的目标。

（三）科研经费管理中的结果导向原则

科研经费管理是一个细节性、技术性的制度问题，但也是一个有效的、关键性的技术装置，要注重结果导向。如果要为北京市国际科技创新中心立法提炼出一个原则，那就是，在科研经费管理上，要坚持结果导向的原则。

这个问题虽然并不新鲜，是一个老问题，却一直饱受关注：不仅受到了科研人员的关注，在国家层面上也受到了持续的关注。总体上看，科研经费的管理应当立足于激发科研人员的科研热情和创造能力。科研人员只需要做出事先承诺的科学研究成果，至于科研经费的使用方式，原则上应当由科研人员自主决定，政府或具体的科研管理机构不必过多干预。与此同时，实行严格的科研成果评审制度，强化科研管理中的结果导向。

譬如，政府或特定的资助机构为科研人员提供了一笔科研经费，科研人员只需要做出一个双方约定的研究成果。这个研究成果是否达到了预先约定的质量，资助方可以组织严格的评审。只要评审通过了，资助方的目标就实现了，科研人员的科研任务就完成了。简而言之，"在科研管理、特别是在科研经费管理中，核心的管理任务，是审查研究者是否完成了预定的研究目标，是否取得了预定的研究成果，而不是研究经费的使用方式"。[1]着眼于此，地方科技立法要善于引导科研人员把主要精力放到科研工作上，不要让他们把本应该用于科研工作的时间、精力分散到科研经费的"使用技巧"这一类的问题上，否则，对科研人员与科技创新事业都是极为不利的，北京市国际科技创新中心立法应当对此有所应对。

虽然，科研经费管理中的结果导向原则仅仅是一个中观层面的原则，主要体现为科研经费的管理制度，但它也很重要。坚持这个原则，并以相关的配套制度保障这个原则，有助于前述宏观性的科

---

[1] 喻中：《法学的想象力》，中国政法大学出版社2023年版，第81页。

技并重原则、激励为主原则的贯彻实施。

三、国际科技创新中心立法与科技资源的统筹整合

没有相应的科技资源，科技创新就是无源之水、无本之木。换言之，科技创新对科技资源具有较大的依赖性。有鉴于此，《科学技术进步法》第6条第1、2款已有明确的规定："国家鼓励科学技术研究开发与高等教育、产业发展相结合，鼓励学科交叉融合和相互促进。国家加强跨地区、跨行业和跨领域的科学技术合作，扶持革命老区、民族地区、边远地区、欠发达地区的科学技术进步。"根据这条原则性的规定，为了更好地发挥北京市国际科技创新中心的功能，北京市在推进国际科技创新中心立法的进程中，有必要从三个不同的角度，加强相关科技资源的统筹与整合。

（一）实现中央科技资源与北京地方科技资源的统筹整合

北京市在推进国际科技创新中心立法的进程中，应当尽可能建立起中央科技资源与北京地方科技资源之间良性互动的协作机制与协作平台，尽可能消除因为中央和地方关系而客观存在的某些有形或无形的科研壁垒。

就科技资源的分布来看，与其他省、自治区、直辖市相比，北京市有一个较为明显的优势：在北京地区，汇聚了丰富的中央科技资源，其中包含中央所属的高校、科研院所、企业，等等。就中央科技资源与北京地方科技资源的比例而言，有一条比较陈旧的信息显示："2000年全国R&D清查数据表明，北京地区60%以上的科技资源集中在中央单位。"[1]在二十多年以后的今天，这样的比例关系可能已经发生了某些变化，但是，这个过时的数据依然具有一定的参考价值。

针对这样的比例关系，已有论者提出建议："探索两种资源合作的市场机制，并制定相关政策。只有建立在市场机制基础上的合作才能可靠、稳定和长久，为此，我们必须加大研究和分析力度"，

---

[1] 张士运：《北京地区中央和地方科技资源的比较研究》，载中国软科学研究会：《第四届中国软科学学术年会论文集》，北京，2003年12月15日，第133页。

"找出中央科技资源和市属科技资源有机结合、协同合作的新机制"。有论者还建议:"北京要利用好中央在京科技资源就必须研究它的优势,分析两种资源在创新链上的'接口'问题。这对于充分利用好中央在京科技资源、对于加快科技成果向现实生产力的转化至关重要。"[1]除此之外,还有研究者提出了更加具体的建议:"通过地方科技投入指南加强区域科技资源的整合是协调中央政府与地方政府科技资源配置重复、沟通科技体制条块分割模式、整合中央和地方科技资源的重要工具之一。"[2]

这些关于中央科技资源与地方科技资源统筹整合的思考与建议,对于北京市推进国际科技创新中心立法来说,具有一定的参考价值。譬如,通过市场机制,实现中央科技资源与地方科技资源的整合;通过衔接机制,促成中央和地方科技资源的对接;通过政策机制,也就是通过地方发布科技投入指南,推动中央和地方科技资源按照国家战略的相关要求实现整合,等等。北京市在推进国际科技创新中心立法的进程中,有必要适当考虑这几种机制,因为它们有助于加强中央和地方科技资源的统筹整合。

应当看到,北京市正在建设的国际科技创新中心,既是北京市的科技创新中心,但它也是国家的科技创新中心,它属于北京,但它更属于国家,因此,在北京市国际科技创新中心建设的过程中,通过北京市推进的科技立法,推动中央科技资源与地方科技资源的整合,是极为必要的,也是北京市推进国际创新中心立法应当考虑的一个目标。

(二) 实现北京科技资源与其他省、自治区、直辖市科技资源的统筹整合

北京市在推进国际科技创新中心立法的进程中,应当在中央的统一领导下,注意统筹整合北京市与其他省、自治区、直辖市的科技资源,促成科技资源在全国范围内的横向整合。

---

[1] 张士运:《北京地区中央和地方科技资源的比较研究》,载中国软科学研究会:《第四届中国软科学学术年会论文集》,北京,2003年12月15日,第133页。

[2] 张文霞、李正风、乔冬梅:《浅谈地方与中央科技资源整合的必要性及途径:以北京为例》,载《中国科技论坛》2007年第8期。

进一步看，加强北京市与其他省、自治区、直辖市科技资源的统筹整合主要有三个层次：一是面向京津冀协同发展这个国家战略，在京津冀协同发展的框架下，实现京津冀三省市科技资源的整合、互补与互动。当前正在建设的雄安新区，可以为三省市科技资源的整合提供一个有效的载体。因而，北京市推进国际科技创新中心立法，有必要回应京津冀协同发展在科技创新层面上的需要。二是面向全国其他省、自治区、直辖市，实现科技资源的整合。从全国范围来看，虽然在北京聚集了相对丰富的科技资源，但是，其他省、自治区、直辖市在某些特定的科技领域，也保持着各自的优势地位，这就为包括北京在内的全国各地之间相互取长补短、互通有无提供了依据，这也是北京市推进国际科技创新中心立法应当考虑的一个重要维度。更具体地说，北京市的国际科技创新中心立法，应当为全国范围内的科技资源的互补，创造更多的制度空间。三是注意对革命老区、民族地区、边远地区、欠发达地区科技事业的带动作用。应当看到，北京市致力于建设的国际科技创新中心虽然设在北京，但它毕竟是国家战略，归根到底，它属于整个中华民族，它应当在中华民族的科技进步事业中发挥某种带动作用，它应当为中华民族伟大复兴提供助力。对于北京市作为国际科技创新中心的这种地位和作用，北京市在推进国际科技创新中心立法的进程中，应当有所回应。概而言之，就是要注意体现北京作为国际科技创新中心在中华民族伟大复兴进程中的使命担当。

（三）实现北京科技资源与国外科技资源的统筹整合

北京市既然要建设国际科技创新中心，就要注意整合国外的科技资源，要立足北京、面向全球，体现北京的科技创新中心在全球范围内的应有地位、应有作用。从立法的角度来说，这就是前文已经提到的"涉外领域"立法。

根据党的二十大报告提出的"统筹推进国内法治和涉外法治"这一目标任务，北京市推进国际科技创新中心立法，既要回应国内法治的要求，也要回应涉外法治的需要。这就是说，北京市推进国际科技创新中心立法，既要考虑国内外科技资源的整合，还要考虑国内法治与涉外法治的统筹。显然，这就需要北京市国际科技创新中心立法在法治中国建设领域承担更大的责任。

事实上,如果要统筹推进国内法治与涉外法治,科技领域的立法比其他领域的立法,可能还有一些先天的优势。因为,现代科技基本上是世界通用的,人们常说的"科学无国界",已经指出了科学技术的这种属性。从构建人类命运共同体的要求来看,推动科技进步、实现科技创新既是中国人民的愿望,同时也是世界人民的共同愿望。因而,科技领域的地方立法既是国内法治的一个环节,也很容易成为涉外法治的一个环节。更何况,北京市正在推进的科技创新中心立法还是"国际科技创新中心立法",这就更加突出地显示了这个立法项目所包含的涉外法治的因素。

因而,在立法进程中,从加强北京科技资源与国外科技资源统筹整合的角度,积极回应"统筹推进国内法治与涉外法治",是北京市推进国际科技创新中心立法的题中应有之义。

四、国际科技创新中心立法对地方立法新趋势的回应

北京市国际科技创新中心立法属于地方立法的范围,更具体地说,属于地方立法中的科技立法。因而,北京市在推进国际科技创新中心立法的进程中,还有必要积极回应地方立法的一些新趋势。

近年来的地方立法呈现出一些什么样的新趋势?经过观察者的梳理,地方立法的新趋势主要体现在以下几个方面:一是区域协同立法,这种立法广受欢迎,已经陆续结下硕果;二是流域共同立法,它注重求同存异,别出"新"裁;三是"小切口"立法,它注重量体裁衣,已在全国范围内"多点开花";四是人民群众有序参与立法,它注重由点及面,旨在践行全过程人民民主;五是成立"立法专班",这种立法方式已经蔚然成风,是"急重难"立法的首选;六是"1+N"立法,它注重全新探索,注意打好立法的"组合拳";七是备案审查和法规清理,它坚持有错必纠,旨在维护国家法治统一。[1]这七个方面,是对地方立法新趋势的系统总结与全面概括。此外,还有论者专门论及设区的市立法活动的若干新趋势:从追求

---

[1] 李小健、周誉东:《地方立法的新探索新趋势》,载《中国人大》2021年第24期。

数量向追求质量转变,从模仿立法向创制立法转变,从综合立法向专项立法转变,从专注立法向"立、改、废"相结合转变。[1]这些已有的观察、概括与研究,描述了地方立法在当下的新趋势、新态势。这些新趋势、新态势,为北京市推进国际科技创新中心立法提供了某些参照。根据这些新趋势、新态势,北京市推进国际科技创新中心立法,应当注意以下几个方面的要求:

(一) 体现立法的创新性

回顾数十年来的地方立法史,可以看到一个明显的现象:早期的地方立法,模仿或照抄上位法的现象比较突出。譬如,有论者专门针对21世纪初期上海地方立法的情况指出:"近几年来,在本市的地方立法中,特别是在依据法律、行政法规制定和修改本市地方性法规的过程中,始终存在着重复、照抄上位法相关条文的现象,既影响立法质量的提高,也影响立法效率的提高。"[2]即使经历了近二十年的发展,这样的现象或问题依然在不同的地方程度不同地存在着。

甚至直到2017年,还有地方立法机构的人士指出:"地方立法中的照抄重复上位法的问题,是我国地方立法三十多年来长期存在的顽疾。对照抄重复上位法的弊端,理论界和实务界多有诟病:降低上位法的位阶,曲解、肢解上位法规定,地方人大越权审议上位法条款,给执法、司法、学法、用法造成障碍","为此,甘肃在解决这个问题上,进行了有效探索"。[3]在这样的背景下,北京市推进国际科技创新中心立法更应当对此有所防范。

具体地说,北京市推进国际科技创新中心立法,应当体现出更强的创造性、创新性。在立法进程中,应当在遵循《科学技术进步法》的前提下,统筹推进国内法治与涉外法治,按照国际科技创新

---

[1] 任兰:《设区的市地方立法活动及发展趋势分析——以安徽省为例》,载《人大研究》2019年第8期。

[2] 王宗炎:《地方立法不应重复照抄上位法条文》,载《上海人大月刊》2004年第12期。

[3] 邹通祥:《甘肃在解决照抄重复上位法问题上发挥人大主导作用的探索》,载《人大研究》2017年第2期。

中心建设的预期目标，全面研究北京市国际科技创新中心建设涉及的各种法律关系，包括上文分述的中央和地方关系、地方与地方关系、国内与国外的关系，以及政府机构、科研机构、科研人员、企业之间形成的彼此交错的各种法律关系，要以地方立法的方式，以地方立法作为载体，科学精准地界定与国际科技创新中心有关的各种法律关系，在创造性、创新性方面，为地方立法做出表率。

（二）强化立法的针对性

所谓立法的针对性，就是上文提到"量体裁衣"。所谓"量体"，就是要测量国际科技创新中心的各种"尺寸"；所谓"裁衣"，就是要针对国际科技创新中心的"尺寸"制作"合身"的法律外衣。简而言之，就是要针对国际科技创新中心的科技创新实践展开立法活动，提高地方立法的针对性。

从应然层面上看，在二元立法体制中，与中央立法相对应的地方立法，应当体现出浓厚的地方性特征，应当满足地方对立法的语境化需求。北京市推进国际科技创新中心立法，更应当满足北京市建设国际科技创新中心对立法的特殊需求。北京作为首都，是全国的政治中心、文化中心、国际交往中心、国际科技创新中心。这样的定位，突出了北京与全国其他省、自治区、直辖市的差异，同时也蕴含了北京对于地方立法的特殊需求。"四个中心"中的政治中心、文化中心、国际交往中心，这里暂且不论。从国际科技创新中心的要求来看，加快建设国际科技创新中心既然已经成为北京市的一个重要使命，那就意味着，为了完成这个使命，应当为北京市建设国际科技创新中心提供更加精准的法治保障与制度支撑。

北京市推进国际科技创新中心立法，虽然必须把《科学技术进步法》作为上位法，虽然要严格遵循《科学技术进步法》的已有规定，但是，从供给与需求的关系来看，这个立法项目的主要任务，还是在于满足国际科技创新中心的法治需求。因而，在立法进程中，进一步强化立法的针对性，既可以回应地方立法的新趋势，也可以满足北京市在国际科技创新中心建设进程中的内在需要。

（三）立法工作的"专班"化

从立法过程来看，有必要考虑成立"立法专班"，有序推进北京市国际科技创新中心立法。在这个方面,在北京市的地方立法实践中,已经积累了比较丰富的经验。据调查,"在北京,街道办事处条例、物业管理条例、促进科技成果转化条例、文明行为促进条例、生活垃圾管理条例等多部法规获得通过,立法专班的作用举足轻重。2019 年,北京市人大常委会聚焦首都治理急需、群众期盼强烈的重要立法事项,探索'专班制'推进地方立法,配置'双组长',最大程度缩短立法周期,制定务实管用的法规"。[1]

就国际科技创新中心立法的实际需要来看,在"立法专班"中,应当包含各个方面的专业人员。其中既要有立法技术专家,也要有科技管理方面的专家。除此之外,还要有科技人员的代表。科技人员参与地方的科技立法,不仅可以为地方的科技立法提供行业性、专业化的智力支持,也可以满足人民群众有序参与立法的需要,同时,还可以满足地方立法坚持全过程人民民主的需要。

小 结

北京市推进国际科技创新中心立法,是北京市建设国际科技创新中心的一个重要环节,是法治与科技相互促进的一个重要载体,它以地方科技立法的方式,既展示了地方立法的新视野,又为科技立法拓展了新的空间。

上文分述的几个方面旨在表明,为了推进国际科技创新中心建设,法治应当先行;在法治建设中,立法应当先行;在立法过程中,理论准备应当先行。上文讨论的几个问题,就试图为这个正在推进的立法项目提供一些理论方面的准备。

上文的研究发现,在推进北京市国际科技创新中心立法的进程中,要注意从国家的需要、北京的需要、科技的需要、法治的需要、时代的需要等几个角度综合衡量,促成这项正在拟议中的地方科技立法全面回应各种需求,能够凝聚更多的共识,是北京市推进国际科技创新中心立法的必要前提。

---

[1] 李小健、周誉东:《地方立法的新探索新趋势》,载《中国人大》2021 年第 24 期。

第二章

城市法

第一节 城市立法的概念[*]

在我国现行的法学理论及法律实践中,城市立法这个概念一直没有受到足够的关注。与城市立法相似、相近、相关的概念是地方立法(或地方性立法,下同)。作为传统法学的一个基本范畴,地方立法与中央立法相对应,并与中央立法结合起来共同支撑了当代中国的二元立法体制。此外,地方立法还可以彰显不同法律文件的效力等级,譬如,全国人大及其常委会立法效力最高,国务院的行政立法次之,地方立法再次之,等等。

一、城市立法概念的正当性

在既有的地方立法概念的基础上,为什么要提出并讨论城市立法概念,并以之作为一个独立的法学范畴?对此,可以从形式上来解释:城市立法代表了一种事实,它是指依法享有立法权的各城市,按照法定权限和程序,制定、修改和废止法规或规章的活动。当然,我们要刻意提出城市立法这个概念,主要还是基于以下几个方面的实质性的理由:

首先,城市立法这个概念可以代表当代中国立法实践中应当大力倡导、然而又极度欠缺的一种立法精神或立法理念,那就是,有

---

[*] 本节内容,以《论城市立法的概念与理念》为题,发表于《四川大学学报(哲学社会科学版)》2002年第1期,修订后收入本书。

立法权的城市立法机关在立法活动中，立法的重心应该直接指向城市、特别是为市场经济提供支撑的市场。换言之，我们所要讨论的城市立法，其主要目的在于强调这种立法直接回应市场需要的本质特点和立法理念，并通过城市立法这个特定的切入点，进一步寻找城市、市场与法律三者之间的内在联系，从而为我国城市立法的进一步合理化、市场经济的有序发展探寻一种新的可能性。这既是城市立法区别于地方立法的关键之处，同时也是城市立法概念相对于传统的地方立法概念所具有的特殊价值。

其次，提出城市立法这个概念，还想从理论上回应或者梳理一个基本的法律现象，从 20 世纪 80 年代以来的数十年间，我国的城市立法得到了快速发展，各个依法享有立法权的城市立法机关先后创制了数量众多的法规、规章以及其他规范性文件，有效地调整着城市社会中各种主体之间的权利与义务。特别是从 20 世纪末期以来，随着市场经济的发展，随着国家城市化进程的加快，城市立法已经全面而广泛地介入人们的社会生活，其影响也越来越大。但是，从 20 世纪 80 年代到 90 年代，法学界专门针对城市立法问题的专题研究还比较少见。造成这种状况的主要原因在于：无论是现有的法学理论还是现行的法律实践，都没有对城市立法与地方立法做出适当的区分，而是认为，城市立法就是地方立法。这种习焉不察的法律观念引发的主要后果是抹杀了城市立法不同于地方立法的特殊性，忽视了城市立法概念可能产生的对于法学理论和法律实践的积极意义。

再次，提出城市立法这个概念，是想把它从传统的地方立法概念的遮蔽下突显出来，恢复或进一步挖掘这个极具理论潜力与实践功能的法学概念。因为，城市立法确实不应当混同于地方立法。但是，从法律层面上看，我国现行宪法、立法法以及地方组织法在做出立法授权时，都只是一般性地规定了省、自治区、直辖市和省、自治区人民政府所在地的市（以下简称"省会市"）、经济特区所在地的市和国务院批准的较大的市以及设区的市、自治州有权制定地方性法规和地方政府规章。依照这种授权，直辖市的立法与省、自治区的立法，除地名不同之外，没有任何实质性的差异；省会市和其他城市的立法，除了行政级别可能存在一些差异、立法权限可能受到一定限制之外，与省、自治区的地方立法也没有什么本质上的区别。换言之，我国现行法律并没有注意到城市立法与地方立法之间的区别。

最后，把城市立法作为一个独立的法学概念来研究，还因为省、自治区（以及自治州、自治县、盟、旗等等，下同）与城市是两种不同的地理概念。从幅员上看，前者主要指国土上的一个面，后者仅仅指国土上的一个点。反映在立法上，省、自治区的立法针对的应该是一片幅员较大的国家领土，其中的行政、经济、社会、文化以及农业、工业、牧业、渔业、科技等各种性质不同的事务都需要立法的调整，而城市立法主要是为城市本身的正常运转提供规则，两者针对的范围和对象从直观上看，都存在显著的差异。当然，一个省或自治区内也有城市，一个省或自治区的立法也需要考虑所管辖的城市，但是，城市立法从理论上看，却应该主要着眼于城市，甚至应当着眼于市场。因此，从形式上看，尤其是从体制上看，城市立法尽管可以归属于"地方立法"，但却与针对一片较大行政区域的"地方"立法存在显著的差异，极端一点说，城市立法的重心与特质，应当是针对市场经济的"市场"立法。在这个意义上，也有必要把城市立法作为一个相对独立的法律问题，予以更有针对性的研究。

以上几个方面的实质性理由，为我们提出城市立法概念提供了正当性依据。

二、欧洲中世纪的城市法与当代中国的城市立法

如前所述，改革开放以来，尽管我国的城市立法异军突起，已经成为一种巨大的社会存在，但是，城市立法的"实践"却没有得到应有的"理论"梳理，以至于城市立法这一概念还较少出现在相关的法学著述中，更没有进入立法实践者的视野。[1]为了弥补这样的疏漏，有必要从更广泛的角度考察有关城市立法的实践与理论。其中，西方历史上的城市法正好为我们提供了有关城市立法的一种经验。

西方历史上的城市法是指中世纪西欧城市中形成、发展、适用

---

[1] 本节文字，写于2001年，20多年来，这种情况已有较大的改观。

的法律体系。至于城市法的主要内容，我们可以根据历史学家皮雷纳（Henri Pirenne，1862—1935年）的《中世纪的城市》一书，从以下几个方面来理解。

第一，特许状。"市民阶级之所以在几个世纪中以特别关切的心情守护着这些特许状，藏诸保险柜加上三道锁，而且以一种近乎迷信的尊敬对待它们，那是因为特许状是他们的自由的保护神，如果出现违反的情况，特许状可以为他们的反叛辩护，而不是因为特许状包括了他们的全部法律。"[1]这样的特许状，大体上相当于城市法体系中的宪法性文件。

第二，行政法方面的法律制度。其中，城市公社主要是为了城市治安的需要而设立，"既然治安扩及全城居民，那么他们也就在建立一个公社。许多地方的城市长官的称号本身——在凡尔登被称为'治安的护卫者'，在里尔被称为'友谊的护卫者'，在瓦朗西安、康布雷和其他很多城市称为'治安的管事'——使我们看到治安与公社之间存在着多么紧密的关系。城市公社的诞生自然还有其他的原因。其中最重要的原因是市民阶级很早就感到需要有一项税收制度"。[2]不仅如此，"从12世纪初期，有的甚至在11世纪末，好几个城市似乎已拥有自己的特别法庭"。"作为一个公社，城市由一个市政会管理。市政会常常与法庭相叠合，同样一些人既是市民阶级的法官又是他们的行政官。市政会也常常独立存在。市政会成员所掌握的权力受之于公社。他们是公社的代表，但是公社并非大权旁落于他们之手。他们的任期很短，不可能篡夺委托给他们的权力。直到相当晚的时候，当城市组织发展了，管理工作复杂了，他们才形成一个名副其实的最高权力机构，人民对之只有微弱的影响。"[3]

---

[1] [比利时] 亨利·皮雷纳：《中世纪的城市》，陈国樑译，商务印书馆2011年版，第121页。

[2] [比利时] 亨利·皮雷纳：《中世纪的城市》，陈国樑译，商务印书馆2011年版，第127页。

[3] [比利时] 亨利·皮雷纳：《中世纪的城市》，陈国樑译，商务印书馆2011年版，第129页。

第三，民法方面的法律制度，包括实体法与程序法。"如同人的身份、土地制度和税收制度一样，法律的内容本身也在发生变化。错综复杂和形式主义的司法程序，宣誓保证人、神意裁判、裁判决斗，所有这些常常任凭偶然和欺诈决定案件的判决的原始作证方法，不久就该轮到它们来适应城市环境的新情况了。""最后，审判时限原来很长，也大大地缩短了。不仅司法程序修改了，法律内容本身同时也在演变。为着讨论婚姻、继承、动产抵押、债务、不动产抵押，特别是讨论商业法的问题，一个全新的立法机关正在城市中形成，而且城市法庭的判例越来越丰富和精确，产生了民事习惯法。"[1]

第四，刑事方面的法律制度。"我们发现，正是治安这同一个词，在12世纪时用来称谓城市的刑法。这种城市刑法是一种特别法，比农村的刑法更加严厉和残酷。它大量使用肉刑：绞刑、斩首、宫刑、肢解。它极其严格地应用同等报复法：以眼还眼，以牙还牙。显然企图通过恐怖手段压制不法行为。"虽然比较严厉，"但是刑法也是城市实现统一的强有力的工具。因为它凌驾于分割这片土地的各种审判权和领主权之上，迫使所有这些审判权和领主权服从于它的无情的法规。它比利益和居住的一致性更有助于使定居在城墙内的所有居民人人平等"[2]。这就是城市刑法的精神。

以上几个方面的内容，大体上可以反映西方历史上的城市法及其体系。按照伯尔曼（Harold J. Berman，1918—2007年）的概括，西欧中世纪城市法的主要特点可以"从它的共有特征、世俗特征、宪法特征、发展能力以及它作为一种体系的完整性这些角度来进行分析"。其中，"城市法的共有特征自身是由契约、参与和阶级这三面构成的"。至于城市法的世俗特征，"在如下事实里反映出来：每个城市都有它自己的各种各样的城市法，而且，城市法仅仅是包括王室法、封建法、庄园法和商人法在内的各种类型世俗法中的一种，

---

[1] [比利时] 亨利·皮雷纳：《中世纪的城市》，陈国樑译，商务印书馆2011年版，第125页。

[2] [比利时] 亨利·皮雷纳：《中世纪的城市》，陈国樑译，商务印书馆2011年版，第126页。

各种类型的世俗法并存共处乃是其世俗特征所固有的"。接下来，"城市法律制度的第三个主要特点是它的宪法性特征。'立宪主义'一词创始于18世纪后期和19世纪初期，主要用来指美国的成文宪法高于制定法的原理。然而，在这个词的完整意义上，近代立宪主义的实际存在却首先出现于11、12世纪西欧的城市法律制度"。譬如，"城市法律在大多数场合是根据成文的特许状建立起来的，这些既是政府组织的特许状，又是市民权利和特权的特许状，在实效上，它们是最早的近代成文宪法"。"城市法律体系的第四个特征是它的发展能力，即它不仅趋向于变化，而且自觉地趋向于连续而有组织地发展。"最后，"城市法的发展能力和它走向发展的趋势是与它作为一种法律体系的特征是相联系的"。[1]

在中世纪的西欧，城市的普遍兴起是一个独特的历史现象。在解释这种历史现象时，伯尔曼认为："皮雷纳将11、12世纪近代欧洲城市的出现首先归因于商业的复兴"，"皮雷纳还把11、12世纪整个欧洲数以千计新城镇的建立归因于新兴商人阶层的压力"。这些解释仅仅指出了近代城市兴起的原因之一，全面地看，有"几种因素促成了近代城市的兴起：经济因素、社会因素、政治因素、宗教因素和法律因素"，[2]城市的兴起是这些因素共同作用的结果。西欧中世纪的城市法原本是西欧城市兴起的产物，然而，城市法的完善反过来也促进了城市的发展。城市和城市法之间的有机结合、共生共荣，孕育了西欧中世纪相对繁荣的市场经济。把欧洲中世纪的城市法与我国当代的城市立法相比较，可以发现以下几个方面的差异。

第一，西欧中世纪的城市法主要源于一个个的自治城市。这些城市与我国单一制国家结构形式下的城市存在着本质上的差异。但与此同时，我们也应该看到，我国的城市立法是伴随着改革开放发展起来的，中央立法机关对各个城市授予了较大的立法权，从授权意图上看，就是要提高各个城市的主动性、积极性和创造性。这就

---

[1] [美] 哈罗德·J. 伯尔曼：《法律与革命——西方法律传统的形成》，贺卫方等译，中国大百科全书出版社1993年版，第475~482页。

[2] [美] 哈罗德·J. 伯尔曼：《法律与革命——西方法律传统的形成》，贺卫方等译，中国大百科全书出版社1993年版，第436页。

是说，在为城市特别是市场提供更大的活动空间这一点上，中西方在授权各城市自主立法方面存在一定的共性和可比性。

第二，西欧中世纪的城市法是真正针对城市特别是市场的法律。城市法的主要内容，无不与城市经济或市场经济的发展相联系。相比之下，我国到目前为止，还没有形成相对独立的城市立法概念。由于我国的城市被更多地定位为"一个地方的行政管理中心"，长期以来，城市的行政管理职能高于、先于、重于城市的市场职能，导致我国的城市立法对"市场"缺乏应有的关注与回应，较多地体现为"地方"立法。

第三，在西欧中世纪的城市法体系中，习惯法占有较大的比重。而且，城市法体系中的习惯法是一个城市的市民在长期的共同生活中逐渐形成的，大多数成文法在形式上也是基于城市市民的共同意志而制定出来的。相比之下，当代中国的城市立法尽管立法数量较大，但是，它们跟城市居民的法律意识、主观意志的关联尚需加强，对市场经济法律秩序的支撑作用，也尚需加强。

有鉴于此，有必要批判地汲取欧洲中世纪城市法的若干经验，从市场主体及市场经济的角度，重新思考我国的城市立法理念。

三、当代中国城市立法应当注意的若干问题

改革开放的过程其实也就是城市立法兴起与发展的过程。依照宪法、立法法及其他相关法律的规定，我国的直辖市、省会城市、自治区首府城市、国务院批准的较大的市、经济特区城市、设区的市，等等，都获得了大小不等的立法权，这些城市的立法机关在立法数量上都取得了有目共睹的成就（详见本章第四节的讨论），但是，当代中国的城市立法也面临着一些问题，归纳起来，主要表现在两个方面：

一方面，对于城市立法在社会主义市场经济法制建设中的特殊作用，城市立法机构以及法学理论界都没有给予足够的关注。

从实践中看，各个城市的立法就像具体而微的中央立法，基本上仅仅满足于"一个面向"，即面向这个城市所管辖的、包括广大的农村在内的行政区域中的各项事务，而对于城市立法为市场经济提

供"市场规则"这一功能的重视尚需加强。

所谓市场经济，简单地说，就是围绕"市场"建立起来的经济形态。特别是在市场经济发展的初期，没有"市场"这个物质载体、基础平台，就谈不上市场经济。然而，市场的存在和发展又离不开城市。在中国传统社会里，城市虽然也有经济功能，但是，传统中国的城市主要承担政治、军事、文化等方面的功能。在市场经济条件下，城市主要是商品的集散地，中心城市往往是经济中心、商业中心、贸易中心。在市场经济的背景下，为无形的市场经济提供有形的市场，就成为城市的主要功能。西方国家市场经济的发展史，换个角度来看，也可以解读为一部商业城市逐渐走向兴旺的历史。

但是，只有城市提供的市场，还不足以保障市场经济的有序运转。如果要实现持续不断的市场交易，还必须辅之以一套交易各方都能接受的交易规则。如上所述，在西欧中世纪市场经济发展的初期，除了城市的发展，还伴随着城市法的广泛兴起。城市法调整和规范着城市组织、司法制度、市民权利、商业贸易、市场交换、财产与契约、劳役与赋税等方面的事项，从而满足了市场经济运转的客观要求。西欧中世纪城市法的经验表明，只有城市提供的有形的市场，没有相应的法律规则（特别是市场交易规则），要发展市场经济是不可想象的。

当代中国全面发展的社会主义市场经济，既依附于城市及市场，也需要规范市场交易的法律规则。尽管市场交易的法律规则在我国受到了高度的重视（譬如，我国制定的《民法典》，对坚持和完善社会主义基本经济制度、促进社会主义市场经济繁荣发展就具有十分重要的意义），但是，由于我国的城市数量众多，各个城市在经济总量、交易频率、地理位置、文化传统等方面都存在着较大的差异。如果各城市所适用的交易规则普遍来自中央的统一立法，从积极的方面看，当然有利于促进全国法制的统一及全国市场乃至全球市场的发展。不过，凡事有利必有弊，过度强调法律规则的一致性，也可能造成对各城市之间差异的照顾不够，不能完全满足各个具体的市场在某些方面的特殊需要。

因此，有必要在充分尊重中央统一立法的前提下，适当强调各个特定的城市立法在市场经济法制建设中的特殊作用。因为,每个城市都存在若干其他城市以至中央政府都无法替代的特殊经验。潜伏于每个城市中的"地方知识",也许只有这个城市才可能有亲切而详尽的把握。

另一方面,城市立法的质量还有待进一步提高。近年来,既有的关于地方立法质量的相关讨论,大体上都可以借用于对城市立法质量的诊断。

首先,城市立法中的地方保护主义及部门保护主义,损害了城市立法的公正性。2002年,全国人大常委会时任副委员长姜春云指出:"目前在立法工作中,影响法制统一的主要问题是部门利益倾向和地方保护主义比较突出。法律是调整社会关系的,立法涉及各个方面的利益,特别是在市场经济条件下,不同的利益群体、阶层,都会通过立法来反映或维护其自身的利益。出现部门利益倾向和地方保护主义往往成为立法的难点。这个问题,地方立法有,国家立法也有,是个'老大难',要下决心解决好。"[1]需要解决好的这个"老大难"问题,自然也见于城市立法。我们强调每个城市的特殊性,旨在指出城市立法事关某个城市的市场特点、市场优势,以及在市场经济建设中有特殊的作用,绝不能为地方保护主义与部门保护主义张目,更不能借此阻碍市场规则的推行。

其次,城市立法照抄上位法(即中央立法或省、自治区立法)的现象较为常见,没有很好地反映各个城市市场经济的特殊需要,损害了城市立法的科学性。当代中国的城市立法机关如果能创造性地开展立法活动,把本城市的市场特点、市场优势及时地、准确地提炼成为城市立法,既是中央授予各城市立法权的目的所在,又可以满足各个城市发展市场经济的自身要求。

再次,城市立法中人大立法与政府立法之间的界限尚需划清,哪些事务应由城市的人大作出规定,哪些事务属于城市政府行政立法的调整范围,应当作出适当的划分,以维护城市立法的系统性。

---

[1] 姜春云:《地方立法要防止和克服部门利益倾向和地方保护主义——姜春云副委员长在四川调研时的讲话(摘要)》,载《中国人大》2002年第9期。

正如有论者所指出的:"在我国现行的两级多层次立法体制中,省级和较大市的地方立法包括了该级人民代表大会及其常务委员会制定地方性法规和该级人民政府制定行政规章两个层次。地方性法规和行政规章都是调整本行政区域内一定社会关系并具有普遍约束力的规范性文件,但究竟哪些社会关系的调整应当由人大制定地方性法规,哪些社会关系的调整应当由政府制定行政规章,这在地方立法工作的实践中,却是一个需要研究解决而又长期未得解决的问题。"[1]

为了进一步提高城市立法的质量,城市立法机关有必要更多地吸纳一些法律专家参与立法,以提高立法的公正性、科学性、系统性。尤其是在立法规划、法案起草、立法草案论证诸方面增强立法理性,防止立法随意性现象、立法腐败现象在城市立法中的滋生和蔓延。与此同时,还要注意立法调研,要把所在城市的市场优势、市场特点尽可能充分地反映出来。

当前,由于我国建制城市与相应的省、地区或县在管辖幅度、人口规模等方面已不存在实质上的差异(譬如重庆市与海南省相比,更多的情况是由"地区"改建的"市"),导致了目前从理论思维层面到实践操作层面,都把城市立法与地方立法完全等同起来,这就意味着城市立法不需要特别针对所在城市(尤其是市场),而仅仅需要针对一片广大的行政区域。这种混同的后果是:城市立法为市场经济提供市场规则的特殊功能,至少从立法理念上被抹掉了;即使后退一步,起码也是对城市立法的市场功能没有予以足够的回应。造成这种后果,尽管有体制上的原因,但是,城市立法过程中缺乏面向市场的立法观念恐怕也是其中的重要根源之一。有鉴于此,有必要形成这样的共识:市场经济离不开城市提供的市场,更离不开直接面向市场的相对完善的城市立法。

四、面向城市与市场的城市立法个案

笔者曾在 2000 年提出倡议:要重视城市法的研究。[2]没想到倡

---

[1] 梁国尚:《地方人大和政府的立法职权究应如何界定》,载《行政法学研究》1995 年第 1 期。

[2] 参见喻中:《重视城市法的研究》,载《社会科学报》2000 年 10 月 12 日。

议之声甫歇，一部典型的面向城市和市场的立法就在北京诞生了。这就是北京市第十一届人大常委会第二十三次会议于2000年12月8日通过、并于2001年1月1日正式施行的《中关村科技园区条例》（已失效，本节以下简称《条例》）。该《条例》分8章，共80条。其中，第一章为总则，第二章为市场主体和竞争秩序，第三章为促进和保障，包括风险投资、资金支持、人才引进、知识产权保护、规划和环境建设等，第四章为国际经济技术合作，第五章为政府行为规范，第六章为管理体制，第七章为法律责任，第八章为附则。北京市立法机关制定的这个条例，正是一部比较典型的城市立法。我们称之为一部面向城市和市场经济的城市立法典范，是因为这个条例在以下几个方面比较深切地契合了市场和市场经济的内在需要。

首先，从立法内容上看，《条例》第4条明确指出："中关村科技园区是推动科教兴国战略、发展市场经济的综合改革试验区；是国家科技创新示范、科技成果孵化和辐射、高新技术产业化以及创新人才培养的基地。"为了实现这个目标，条例从总则的安排到具体内容的设计，无不与市场以及市场经济密切相关。特别是市场运作过程中的主体制度、竞争制度，市场经济的促进制度、保障制度，以及经济合作制度等方面的规定，构成了条例的主要内容。在第7章关于"法律责任"的条款中，首先规定的也是行政机关违法行政应该承担的法律责任，然后才是市场主体的法律责任。这种条文上的安排，充分体现了条例以市场主体为中心的立法宗旨。

其次，从立法原则上看，《条例》比较完整地构建了中关村法治环境的系列新原则，特别是在国内首次以城市立法的形式确立了"法无明文规定不为过"的原则。《条例》第7条规定：①中关村园区的组织和个人应当遵守法律、法规和规章；②组织和个人在中关村园区投资的资产、收益等财产权利以及其他合法权益受法律保护，任何组织和个人不得非法占有或者实施其他侵害行为；③组织和个人在中关村园区可以从事法律、法规和规章没有明文禁止的活动，但损害社会公共利益、扰乱社会经济秩序、违反社会公德的行为除外。这三款规定，特别是其中的第3款，为中关村园区市场经济的发展与科学技术的创新拓展了较为广阔的空间，为中关村的建设和可持续发展提供了制度上的保障。

最后,从立法理念上看,《条例》的制定者突破了若干旧有观念和实践的束缚,充分体现了尊重市场主体的立法理念,使《条例》更好地适应了市场经济的规律性要求。譬如,《条例》第 11 条关于"以高新技术成果作价出资占企业注册资本的比例,可以由出资各方协商约定"的规定;第 15 条关于离岗、兼职的创新、创业人员可以与原单位以合同约定保留其与原单位的人事关系的规定,关于在读学生创新、创业者保留学籍的期限由学校或科研机构与学生以合同约定的规定;第 44 条关于保守商业秘密等内容中有关"约定"的规定,都意味着相关的市场主体可以按照自己的意愿来形成协议,并通过协议来处理自己的权利与义务。

《条例》作为一个城市立法的个案,无论在制度创新还是在立法理念方面,都有一个显著的特征,那就是从中关村的实际情况出发,尊重市场经济的运作规律,尽可能为市场的建设和可持续发展提供制度上的保障和支撑。这与我们倡导的"城市立法"理念完全是一致的,希望这部条例能在全国的城市立法领域产生一定的示范作用。

小 结

关注城市立法,全面研究城市立法的概念与理念,具有多个方面的意义。

第一,研究城市立法有助于提高立法的针对性。任何一次立法都应当是对某一特定社会需要的回应。至于那些远离社会需要的立法,即使有漂亮的文本,也可能被这个社会束之高阁,不但达不到立法者的意图,还可能导致明显的有法不依、执法不严现象,从而败坏法律的声誉、权威与公信力,进而损害各种社会主体对法律的信心。当前,我国有数量众多的城市立法机关,但尚未形成相对系统的、相对完整的城市立法理论。深入地研究城市立法,促使我国的城市立法自觉地、紧密地贴近城市的需要、市场的需要,将会在较大程度上提高我国城市立法的针对性和实效性。

第二,研究城市立法有助于促进中国传统的农耕社会更好地向现代的工商社会转变。城市与工商业之间的关系宛若水与鱼。只有城市，才可能孕育发达的工商业，进而促成与政治国家相对应的工商社会的生长。城市立法通过为广大的工商市民提供各种规则，既满足了工商社会的内在需要，反过来也可以塑造工商社会的基本品格。当前，我国享有国家授予立法权的城市除了中央直辖市，还有各种类型的城市。如果这些遍布全国的城市在立法过程中都注重对市场观念、工商社会的培育，一个中国特色的工商社会将会得到健康有序的发展。

第三，研究城市立法是完善市场经济法律制度的重要途径。以前，我们一般认为，市场经济法制建设主要应该从民商法、经济法、社会法、行政法、刑事法等各个部门法着手，或者市场经济的法律制度应该包括主体制度、行为制度、责任制度等。这样一些既有的认识和理解市场经济的方式虽然已经从不同的角度描述了市场经济对法制的需要，但却忽视了另外一种相当重要的视角：市场经济法制建设需要发挥中央、地方和城市三个方面的积极性，其中，尤其不能忽视的是城市的特殊作用。因为中央（以及省、自治区）立法主要在于为市场经济提供相对宏观的基础性的规则，至于保障市场经济正常运行的数量巨大的各类具体规则，在中央的统一立法之外，还需要由各个城市来提供。考察我国的"地方立法"，除了20多个省、若干民族自治地方之外，其他的"地方立法"，其实都是城市立法。

第四，研究城市立法还有助于打破现有法学分支学科之间的壁垒，有可能成为法学研究中一个较新的知识增长点。一方面，我国现有的法学研究的一个逻辑起点是国家，我们习惯于考虑"国家与法"，习惯于认为法律都是国家意志的体现，很少有人考虑法律是否也可以是某个城市意志的体现（像西欧中世纪的城市法那样）。因此，研究城市立法可能给我们的法学研究带来一个新的视角：尝试着从城市与市场出发，从城市与市场的角度看待法律问题。另一方面，城市立法研究还可能对现有的法学学科割据格局产生若干积极而微妙的影响，因为，包括城市立法在内的城市法制建设，并非现有法学分支学科中的任何一门学科可以单独完成的。

第二节　城市立法的原则[*]

2000年12月8日，北京市人大常委会通过了《中关村科技园区条例》（已失效，本节以下简称《北京中关村条例》），该条例已于2001年1月1日起开始施行；三个月之后的2001年3月22日，深圳市人大常委会通过了《深圳经济特区高新技术产业园区条例》（本节以下简称《深圳高新区条例》），该条例已于2001年5月1日开始施行。[1]在新千年的起点上，北方的中国首都与南方的特区城市先后推出的这两个条例，依照2000年通过的《立法法》第63条的规定，属于我国法律渊源中的"地方性法规"。但是，指出这一点，仅仅只是标明了这两个条例外在的形式上的特征。如果反复研读这两个法规，可以发现，它们与其他成千上万的"地方性法规"相比，其显著的立法个性又相当引人注目。它们属于地方性法规，但又不仅仅是地方性法规，毋宁说，它们是"地方性法规"这个大家族中相对特殊的一个分支，在现行《立法法》还没有作出制度上的区分、还没有给出正式名称以前，可以从学理上称之为"城市法"。城市法的制定，则可以称之为城市立法。当代中国正在萌生和崛起的城市立法作为一种立法理念、立法旨趣，在《北京中关村条例》与《深圳高新区条例》中，已经得到了具体而生动的表现。

对于《北京中关村条例》的制度建置、法治原则以及涉外制度、管理体制等各方面、各层次的问题，法学界已有学者给予了相当的关注。《北京中关村条例》以及稍后出台的《深圳高新区条例》，固然包含了多方面的制度创新，但是，它们对当代中国法学理论可能

---

[*]　本节内容，以《论城市立法的基本原则——以北京中关村条例、深圳高新区条例为个案的研究报告》为题，发表于《城市发展研究》2002年第6期，修订后收入本书。

[1]　随着社会的发展与时代的变迁，2000年通过的《中关村科技园区条例》已被2010年12月23日北京市第十三届人民代表大会常务委员会第二十二次会议通过的《中关村国家自主创新示范区条例》所取代，2001年通过的《深圳经济特区高新技术产业园区条例》已于2006年、2019年经过两次修正。但是，鉴于这两个条例在我国城市立法史上的标志意义以及本书相关章节的写作背景，本书对这两个条例相关法律条文的引用，一仍其旧，特此说明。

作出的主要贡献,则是给我们提供了两个典型的城市立法实例,进而展示了中国特色的城市立法的魅力。在这里,希望在上一节已经论证的城市立法概念的基础上,以《北京中关村条例》和《深圳高新区条例》为个案,探讨适合当代中国国情、同时又具有普遍意义的城市立法所应该具有的基本原则。

通过初步的考察,可以发现,《北京中关村条例》和《深圳高新区条例》所体现出来的城市立法的基本原则应该包括:可持续发展原则、制度创新原则、激励原则、法无明文规定不为过原则、不作为即为过原则、促成合作原则、促进信用原则、保护财产所有权原则,等等。对于城市立法应当坚持的这一系列原则,可以分述如下。

一、可持续发展原则

自 1992 年联合国环境与发展大会制定《21 世纪议程》以来,可持续发展的观念与原则已经得到全世界的普遍认可。1994 年,我国制定了世界首部国家级可持续发展战略《中国 21 世纪议程》,意味着可持续发展已经成为中国政府和中国人民的一项基本共识。不过,如果要真正实现可持续发展的原则,还需要将人类社会中一切有利于可持续发展的观念、行为进行制度化、规则化的表达,从而将可持续发展的基本条件长期保持和不断完善。从法律、法治的角度来看,在立法过程中坚持可持续发展原则,将可持续发展原则运用于立法实践,把可持续发展原则进行制度化、规则化的表达,必将有助于长期保持和不断完善可持续发展的基本条件。

至于如何在立法过程中坚持可持续发展原则,《北京中关村条例》和《深圳高新区条例》已经作出了有效的探索。其中,《北京中关村条例》第 1 条即指出,本条例的制定是为了"促进和保障中关村科技园区的建设和可持续发展"。《深圳高新区条例》第 1 条也有相应的规定:"为了促进和保障深圳经济特区高新技术产业园区(以下简称高新区)的可持续发展,规范高新区管理,为高新区企业提供良好的法治环境和优质高效服务……,制定本条例。"两个条例的立法目的和宗旨都被设定为保证"可持续发展",标志着可持续发展已经成为这两个条例制定过程中的一项基本原则。为了把这项原则变成可操作的法律规则,两个条例分别从园区定位、人才储备、环境质量等方面,作出了若干具体规定。

譬如,《北京中关村条例》第6条规定,中关村科技园区重点发展高新技术产业以及其他智力密集型产业;第31条至第38条为中关村园区的人才引进制定了一系列鼓励性规范;第47条规定,市、区人民政府应当采取措施,对中关村科技园区的道路交通、市容环境、社会治安和垃圾、污水、噪声以及其他危害环境的因素进行治理;中关村科技园区的开发建设应当在规划和建设阶段实施环境影响评价;并禁止在中关村科技园区设立污染环境以及其他有碍可持续发展的企业和机构。

《深圳高新区条例》第4条规定的高新区的发展目标是,建设成为高效益的高新技术产业基地、科技成果孵化和辐射基地、创新人才的培养教育基地;高新区重点发展高新技术产业以及其他智力密集型产业。在人才引进和储备方面,该条例第8条至第10条规定了各方面的便利条件;在社区环境方面,该条例第22条第2款规定:"高新区的公共设施用地面积应当占高新区总面积的百分之三十以上,其中绿地面积应当占高新区总面积的百分之十以上。"

所谓可持续发展,按照1991年国际生态学联合会和国际生物科学联合会共同举行的可持续发展专题研讨会上的定义,主要是保护和加强环境系统的生产和更新能力。这种能力的实现离不开科技因素、人才因素和环境因素。因为,"科学技术是第一生产力"。[1]没有科学和技术作为支撑,就不可能提高生产能力,更新能力也将无从谈起;科技的创新又离不开人才,可持续发展的关键还在于高素质人才的持续涌现。此外,良好的社会生态环境也是不可缺少的重要条件之一。无论是《北京中关村条例》还是《深圳高新区条例》,在这几个方面都作出了比较具体的规定,这对于北京中关村、深圳高新区的可持续发展创造了相对完善的法制空间。

---

[1] 邓小平:《科学技术是第一生产力》,载《邓小平文选》(第3卷),人民出版社1993年版,第274页。

二、制度创新原则

一项城市立法如果要成为"良法",应当考虑的一个基本原则是制度创新。可以看到,《北京中关村条例》在制度创新方面,取得了一些引人注目的成绩。譬如,它规定了高新技术成果作价出资占资本的比例可由出资各方自行约定,规定了市场主体可以实行股份期权和智力要素参与分配,规定了比较全面的反垄断行为和滥用经济力行为的制度,规定了风险投资可采取有限合伙的制度,规定了境外经济组织或个人可以与境内组织或自然人合资、合作的制度,等等。

在《北京中关村条例》的基础之上,《深圳高新区条例》又作出了进一步的制度创新,主要表现为:对行政管理机构的办事效率和工作职责作出了更具体、操作性更强的规定;确立的法治环境比北京高新区条例更为宽松(下文还将进一步论述),等等。这些制度创新虽然已经超越了以前的一些法律观念、法律原则、具体制度,但却并不是立法者无中生有想象出来的。事实上,与其说这些较新的制度来自这两个条例的立法者,还不如说是立法者及时地反映、总结了市场中已经出现的新现象、新经验。因为,作为城市立法背景的市场本身,就是制度创新的摇篮。

"德意志的谚语说:'城市的空气使人自由'(DieStadtluft macht frei),这条真理适合于所有的地方。从前自由为贵族所垄断;普通的人只在例外的情况下才享有自由。由于城市,自由恢复了它在社会中作为公民的天赋属性的地位。从此以后只要居住在城市的土地上就可以获得自由。"一个人,"出身如何无关紧要。无论婴儿在摇篮之中带着什么烙印,这种烙印在城市的空气中消失"。[1] 自由促成了生产财富的新方式,也促成了政治制度、社会制度、法律制度的创新。在西方历史上,中世纪城市曾经是欧洲制度创新的重要策源地。

中国的城市在数千年间经历了巨大的变化。时至今日,中国城

---

[1] [比利时]亨利·皮雷纳:《中世纪的城市》,陈国樑译,商务印书馆2011年版,第122页。

市的形态、功能也发生了根本性的变化。通过当代中国城市立法者的不懈努力，当代中国的城市立法不但可以，而且应该为我们这个时代的制度创新作出相应的贡献。进一步看，不断地进行制度创新，既是城市立法应该确立的一项基本原则，同时它本身也应当是城市立法所蕴含的一种内在品格。

三、激励原则

传统的法学理论在研究法律对社会的调整机制时，普遍立足于通过规定相关主体的权利与义务，以之建立和形成预期的社会生活秩序，实现法律的目的。在此基础上，法学理论对法律规范的结构分析大多建立在"假定—处理—后果"的框架之内。与此相对应，传统的立法原则也是重约束、重管理、重制裁。在这样的立法原则指导之下，大量的法律规范都表现为"应该""必须""不得"等禁止性、义务性、惩罚性规范。这种法律规范的积极意义在于：有助于维护一定的法律秩序，方便国家机关的"管理"活动。但它更值得注意的负面后果是：对权力的约束不够，以至于每一个市场主体甚至整个社会的积极性、创造力都缺乏足够的发挥空间。

为了能在市场经济条件下，充分发挥人的主观能动性，把人这种市场经济中最活跃的因素从诸多"不准、禁止"等法律禁锢中解放出来，应当在面向市场的城市立法中确立激励优先的立法原则。《北京中关村条例》和《深圳高新区条例》在实践这个原则方面，已经迈出了一大步。其中，《北京中关村条例》第三章专门规定"促进和保障"，分别对风险投资、资金支持、人才引进、知识产权保护等方面规定了一系列激励性法律机制。《深圳高新区条例》第二章的标题就叫"鼓励与保障"。两个条例针对市场主体的行为规范，大都以"鼓励""支持""可以""不受……的限制"等立法表达方式出现。在当代中国的立法史上，在科技进步奖励条例、见义勇为条例等单纯的奖励性法律规范之外，在一个综合性的条例中设定如此大规模、普遍性的激励性规范，具有明显的开创意义。

这是一种值得进一步张扬的新趋势。从一定意义上看，所谓城市，既是市场特别是大市场的大本营，同时也是现代科学革命和技术革命的根据地。[1] 无论是市场经济的发展,还是科学技术的创新,都离不开有效的激励机制。身处市场和城市这个大背景中的城市立法,如果由此确立起激励优先的立法原则,将会对发展市场经济、促进科技进步起到雪中送炭和锦上添花的双重效果。

四、法无明文规定不为过原则

法无明文规定不为过原则,也可以称为"法无禁止即自由"的原则或"一般允许型"原则。

长期以来,我国在刑事诉讼中一直保留着类推原则。随着1997年《刑法》的生效,"法无明文规定不为罪"的原则得到了全面的实践。但是,在刑法之外的其他法律领域,仍然存在着这样的法律观念:凡是法律没有明确授权的,都是不被允许的。市场主体的很多市场行为,都需要特定法律法规的授权,以及相关行政主体的审批或许可。[2] 在这种背景下,《北京中关村条例》在国内第一次突破了传统的立法观念,确立了法无明文规定不为过的新原则。该条例第7条第3款规定:"组织和个人在中关村科技园区可以从事法律、法规和规章没有明文禁止的活动,但损害社会公共利益、扰乱社会经济秩序、违反社会公德的行为除外。"依照这条规定,市场主体的选择空间几乎是无限的。因为,法律、法规和规章明文禁止的行为总是有一个相对固定的范围,总是有限的,除此之外的行为,只要不属于损害社会公共利益、扰乱社会经济秩序、违反社会公德等例外事项,都属于合法行为,都应当受法律保护。

在《北京中关村条例》之后,《深圳高新区条例》对这条新原则作出了进一步的拓展。依照《深圳高新区条例》第6条第2款的规定:"组织和个人在高新区内可以从事法律、法规和规章没有明文禁止的活动,但损害社会公共利益、违反社会公德的行为除外。"在重申法无明文规定不为过原则的同时,深圳高新区条例把这条原则的

---

[1] 参见林毅夫:《制度、技术与中国农业发展》,上海三联书店1992年版,第268页。
[2] 这种状况,在《行政许可法》于2003年通过、2004年实施之后,已经得到了根本性的改善。

例外事项削减为两条:"损害社会公共利益、违反社会公德。"至于"扰乱社会经济秩序",则不再作为法无明文规定不为过原则的例外。这就是说,《深圳高新区条例》的制定者在《北京中关村条例》的基础上,进一步扩大了市场主体的自由度和选择空间,更加强调了市场主体的权利,进一步限制了政府机关可能出现的以"经济秩序"为名,对市场主体行为进行过度的干预,甚至是不当的干扰。

确立法无明文规定不为过的原则,意味着立法者对自己的预见性存在着保守的、理性的认识:再高明的立法者也不可能以立法的方式,穷尽所有的合理的市场行为;只有承认不计其数的市场主体都有发现、实践甚至"试错"各种新制度、新模式的权利和自由,才能最大限度地发挥市场主体的能动性和创造性,才可能建立起一整套创新体系。

北京和深圳两个城市的立法机关通过自己的立法实践,所确立的法无明文规定不为过的新原则,还只是一种刚刚开始萌芽的新生事物。这样的立法原则如果能在众多城市的立法实践中得到积极的回应,必将对当代中国的法治理论与法治进程产生深刻而持久的影响。

五、不作为即为过原则

法无明文规定不为过的原则,主要适用于市场主体。与市场主体相对应的是行政主体。对行政主体进行法律调整应该适用什么原则?《北京中关村条例》和《深圳高新区条例》已经作出了自己的回答:不作为即为过的原则。

对于行政主体不作为应当承担什么样的法律责任?我国立法史上一直没有明确的规定。虽然根据1989年制定的《行政诉讼法》第11条的规定,公民、法人或其他组织只要认为行政主体有法定的不作为的情况,譬如,认为符合法定条件申请行政机关颁发许可证和执照,行政机关拒不颁发或不予答复的;申请行政机关履行保护人身权、财产权的法定职责,行政机关拒绝履行或不予答复的;认为行政机关没有依法发给抚恤金的,等等,都可以提起行政诉讼。

在市场需要和法律短缺的共同呼唤下,《北京中关村条例》第一次对行政主体不作为应当承担什么法律责任作出了明确而具体的规定。与行政主体的法定责任相对应，该条例第71条规定了行政机关及其工作人员违反该条例第23条、第60条第1款、第63条第1款、第64条第1款、第65条，所应当承担的法律责任；第72条规定了行政主体没有依法保护市场主体的合法权益或因不作为行为让市场主体未能享受应有的权利和利益，所应承担的法律责任；第73条规定了行政主体不履行该条例第61条、第62条、第66条、第67条第2款规定的法定职责，所应当承担的法律责任；第75条规定了行政机关不履行法定职责，对该条例规定的违法行为不处罚，所应当承担的法律责任，等等。《深圳高新区条例》第55条也规定了行政主体不履行职责，致使市场主体应当受到保护的合法权益没有受到保护或应当享有的权利而未能享有，所应当承担的法律后果。

通过不作为即为过的立法原则，两个条例把行政主体的权力和责任一一对应起来，建构了没有履行职责就有过错、就是违法、就必须承担相应的消极法律后果的新机制，让"有权力就有责任"的法律原则具体地从理论变成了当代中国的立法实践。

六、促成合作原则

如果把法律看作是一种促成自愿合作的事业，这深切地契合了市场经济的本质需要。因为，市场经济就是平等地交换、自由地流转、自愿地合作的经济形态，促成合作、促进契约的形成，实际上就是在促进市场的繁荣和市场经济的发展。《北京中关村条例》与《深圳高新区条例》，在促成市场主体的相互合作方面，已经作出了有效的探索。

譬如，《北京中关村条例》第11条规定，"以高新技术成果作价出资占企业注册资本的比例，可以由出资各方协商约定"。第14条规定，"职务科技成果的完成人自行创办企业转化该项成果的，本单位可以依法约定在该企业中享有的股权或者出资比例，也可以依法以技术转让方式取得技术转让收入"。第55条第1款规定："鼓励中关村科技园区的企业和科研机构在境外投资、融资，开展跨国经营和研究开发活动，进行国际经济、技术、人才的交流与合作。"

《深圳高新区条例》第17条第3款规定："有限合伙的合伙人应

当签订书面合同。合伙人的出资比例、分配关系、经营管理权限以及其他权利义务关系,由合伙人在合同中约定。"第21条规定:"鼓励高新区的企业在境外进行投资、融资、经营、研发和国际经济、技术、人才的交流与合作。"第50条第1款规定:"市政府实行高新区重大决策听证制度。有关高新区改革、发展的重大决策事项,涉及高新区组织和个人利益的,决策机关应当举行听证。"等等。

这些规定说明,两个条例不但允许市场主体进行各种形式的合作,而且还进一步为市场主体的有效合作提供了制度、资金上的鼓励和支持;不但致力于促成国内企业之间的合作、产学研之间的合作、政府与市场主体之间通过听证程序等方式所展开的合作,同时也支持全球领域内的经济和技术合作。

以促成合作原则指导城市立法,不仅会对市场和市场经济产生积极的推动作用,而且还会对所在城市甚至整个国家的法律观念产生潜移默化的积极影响。

七、促进信用原则

"不仅是中国的作家,连很多西方学者,直到最近才彻底体会到,商业大规模展开,所依赖的不是货币,而是信用。"[1]因为信用特别是商业信用体系,本身就是市场经济的伴生物。

在西方历史上,大规模地运用信用制度以促进商业契约的形成,大致始于11世纪,信用制度是对那个时代兴盛起来的商品经济的一种反映。有学者注意到,在中世纪的城市,"继银行存款业务开始后创立了便利信用延伸的另一些制度。头脑精明的人不仅发明了募集和偿付这些贷款的机制,而且发明了各种汇票和为长距离交易负担费用的直接贷款形式"。[2]不过,要大规模地使用信用手段,是有前提条件的。试想,如果一个市场主体没有信用,或者说不信任组成市场的社会共同体的将来,那就不会有信用票据等各种信用手段,

---

[1] 黄仁宇:《资本主义与二十一世纪》,生活·读书·新知三联书店1997年版,第83页。

[2] [美] 道格拉斯·诺思、罗伯特·托马斯:《西方世界的兴起》,厉以平、蔡磊译,华夏出版社1989年版,第71页。

毕竟，信用意味着信任或信赖某人或某物。假如对于所有债权人和债务人所属的社会共同体的完整性和持久性缺乏一种高度的信任或信赖，那么，把债务人将来的义务从一个债权人转到另一个债权人的制度就无法产生和维持了。其结果是，市场上的短期行为、商业诈骗将层出不穷；所谓市场经济，将沦为"骗与被骗"的游戏。从这个意义上看，城市立法如果要促进市场经济，必须重视对信用制度的建立、完善与创新。

信用作为一项法律原则，可以追溯至罗马法中的契约制度，在一部罗马法史著作中，我们可以看到这样的记载："耐克逊至迟于《博埃特里亚法》（lex Poetelia，公元前326年，第66页）所规定的禁止给执行债务人佩戴锁链规则的生效而失效，要式口约成为最为重要的创设债权关系的方式。但是，债权人和债务人只有同处一地时，才可以进行要式口约，因为要式口约要求口头问答的交换。"[1]这样的"要式口约"，可以视为一种以信用为核心的法律制度。因此，诚实信用的契约体现了市场经济对法律的一般要求。

为了回应市场经济对信用的需求，《北京中关村条例》和《深圳高新区条例》的立法者不约而同地强化了信用机制的法律地位。《北京中关村条例》第30条规定："鼓励企业和其他市场主体在中关村科技园区依法设立信用担保机构，为中小企业提供以融资担保为主的信用担保。中关村科技园区建立信用担保机构风险准备金制度和财政有限补偿担保代偿损失制度。"《深圳高新区条例》第15条也规定："市政府设立的信用担保机构应当为高新区中小企业提供以融资担保为主的信用担保。"两个条例分别建立的信用担保机构准备金制度和财政有限补偿担保代偿损失制度，体现了立法者对信用机制的重视，特别是通过政府的积极引导和主动参与，对于市场经济条件下信用制度的健康发展，其促进作用是不言而喻的。

八、保护市场主体财产所有权原则

《北京中关村条例》第7条第2款规定："组织和个人在中关村

---

[1] [德]孟文理：《罗马法史》，迟颖、周梅译，商务印书馆2016年版，第60页。

科技园区投资的资产、收益等财产权利以及其他合法权益受法律保护,任何组织或者个人不得非法占有或者实施其他侵害行为。"《深圳高新区条例》第6条第1款规定:"组织和个人在高新区投资的资产、收益等财产权利以及其他合法权益受法律保护,任何组织或者个人不得非法占有或者实施其他侵害行为。"两个条例在总则部分都写上了对市场主体财产所有权的保护条款,这也是一条重要的立法成果。

毫无疑问,保护财产所有权一直受到中外立法者的关注,其重要意义也经常被强调。《北京中关村条例》和《深圳高新区条例》已经迈出了第一步,即专门强调了对市场主体私人财产所有权的保护。但必须指出,这仅仅只是一个开始。要真正实现对市场主体私人财产所有权的有效保护,还有待于这项立法原则在所有的城市立法以及其他立法中得到有效的贯彻,从而促成整个国家立法也朝着这个方向发展。

小　结

城市立法应当坚持的基本原则也许不止以上数端,也许经过更好的归纳和总结,还会得出更加精练的结论。上文初步分述的几项原则,源于对《北京中关村条例》《深圳高新区条例》这两起极具市场意识的立法个案的观察和体会。

从市场经济的发展规律来看,贯穿于《北京中关村条例》《深圳高新区条例》的立法原则,大致可以代表城市立法的基本原则,至少也可以代表城市立法原则的发展方向。正是由于这几项原则的有力支撑,才赋予了这两个条例与其他众多"地方性立法"相比可以称得上是焕然一新的内在品质。站在新世纪、新千年的历史节点,放眼当代中国数量庞大的地方性法规、地方政府规章,具有上述八项原则的立法还不多见,这正是《北京中关村条例》《深圳高新区条例》的新意所在。其最大的贡献,就在于对市场经济所需要的法律机制作出了一些创造性的新探索。如果说,中国现代法治的建构需要有一个突破口的话,那么,北京、深圳这两个城市的立法个案所确立的一系列新原则就有可能成为潜在的突破口。虽然现在它还只是星星之火,但终有希望燃成燎原之势。

第三节 城市立法的价值选择[*]

2001年3月22日,深圳市人大常委会审议通过了《深圳经济特区高新技术产业园区条例》(本节以下简称《深圳高新区条例》),并于2001年5月1日起开始施行。这是继北京市人大常委会2000年12月8日制定《中关村科技园区条例》(已失效,本节以下简称《北京中关村条例》)之后,又一部比较典型的专门针对高新区(包括开发区、科技园区)的城市立法。

与北京、上海等城市立法机关近年来制定的一系列有关城市建设、城市发展的法规规章相类似,深圳高新区条例的立法宗旨,同样在于为高新区市场主体提供良好的法治环境。该条例对于在深圳湾设立的园区和深圳市政府划定的其他经济性区域的可持续发展,作出了比较全面的规定和设计,其基本内容涉及高新区的行政、经济、科技、教育、执法、人事、环境、社区等诸方面。深圳市立法机关出台的这个条例,不仅会对深圳市高新区的现在和未来产生若干积极的影响,而且还可能为我国其他城市特别是中西部地区的城市立法,提供一定的借鉴意义和参考价值。

正如本书前面的相关章节所主张的,从城市、市场与法律的关系来看,城市立法机关在立法过程中,应当尽可能回应城市特别是市场的内在需要,树立一种面向市场的城市立法理念。近年来,在我国北京、上海等城市的立法活动中,确实也出现了一些面向市场的法规与规章,展示了一种具有中国特色的城市立法。考虑到《深圳高新区条例》的系统性,以及条例所降生的地方又是我国改革开放和制度创新的重要窗口,对这个条例反映出来的城市立法的价值问题进行专门的分析,就带有"解剖麻雀"的性质,这不仅仅关系到《深圳高新区条例》以及深圳高新区的法治环境,同时还期待通

---

[*] 本节内容,以《论城市立法中的价值冲突与价值选择——以"深圳高新区条例"为个案的几点评析》为题,发表于《同济大学学报(社会科学版)》2003年第1期,修订后收入本书。

过下文的分析和解剖,能够对当代中国城市立法的价值冲突、价值选择以及历史使命,做出某些一般性的提炼和总结。从这个意义上看,《深圳高新区条例》是一起值得认真对待的城市立法个案。

一、城市立法的价值要素

通常认为,价值以人为中心。所谓法的价值,主要立足于人与法的关系,主要体现为法对人的需要的满足。因此,《深圳高新区条例》的价值,可以理解为:以这个条例与高新区市场主体的关系为基础,反映了条例对市场主体的意义,满足了高新区市场主体的需要。那么,条例从哪些方面满足了高新区市场主体的需要呢?这就涉及法的价值的基本要素了。

要全面把握法的价值的基本要素,有必要引入法的价值的等级体系。因为,法的价值的各个准则或各种要素,并不是一堆杂乱无序、随意放置的马铃薯,而是一个有着内在逻辑关系的有机体。在法的诸多价值准则或价值要素中,有一些价值要素具有基础性的地位,必须优先得到尊重。另一些价值要素相对来说,则只能处于从属地位。做出这种比较与判断,主要是基于以下两个方面的原因:一方面,从哲学层面上看,矛盾存在于一切事物之中,其中既有主要矛盾,也有次要矛盾,不可能所有的矛盾都处于同等地位。法的价值的准则或要素也不可能脱离矛盾运动的这一基本规律。因此,在各个具体的价值要素中也有主次之分,不可能全部等量齐观。另一方面,从人的需要来看,有些需要是基本的,甚至是不可缺少的。相比之下,有些需要只能以其他需要的满足为基础。流传广泛的马斯洛关于人的需要的"五层次说",也可以为上述判断提供有力的佐证。

基于以上分析,在法的价值的等级体系中,处于基础地位的价值要素主要是秩序、自由、公正、效率四个方面。法的其他价值要素,基本上都可以从这四个要素中引申出来。譬如,秩序可以引申出安全,自由可以引申出人权,公正可以包含平等、公平,效率可以包含效益等等。在这四种基本价值要素中,秩序与自由构成了一对矛盾,其中,秩序主要在于回应人的群体本性,自由主要在于回应人的个体本性，应当看到，任何人都有两重本性，群体性与个体性，前者需要秩序，后者需要自由。在公正与效率之间也存在着这样的矛盾关系，其中，公正主要解决"分蛋糕"的问题，效率主要解决"做蛋糕"的问题。在孔子提出的"不患寡而患不均"[1]这个命题中，"寡"的问题主要是一个效率问题，"均"的问题主要是一个公正问题。在孔子看来，"均"或公正的问题比"寡"或多少的问题更加重要。对此，亚里士多德亦有大致相似的观点，他说："公正常常被看作德性之首，'比星辰更让人崇敬'。还有谚语说，'公正是一切德性的总括。'公正最为完全，因为它是交往行为上的总体的德性。它是完全的，因为具有公正德性的人不仅能对他自身运用其德性，而且还能对邻人运用其德性。"[2]

以上两种矛盾关系，既是下文分析《深圳高新区条例》价值取向的基本工具，同时也可以作为观察城市立法及其价值选择的两种基本视角。在这两种视角之外，借用作为法学基本范畴的权利与权力，也可以为我们进一步认识城市立法及其价值选择提供另外一种分析工具。

二、拓展自由与保障秩序

全面考察《深圳高新区条例》，有一个显著的特点是对法的自由价值的张扬。具体地说，是给市场主体尽可能拓展出更多的自由选择空间。这一特点集中体现在该条例第6条第2款的规定："组织和个人在高新区内可以从事法律、法规和规章没有明文禁止的活动，但损害社会公共利益、违反社会公德的行为除外。"此前的《北京中关村条例》第7条第3款虽然在国内第一次确立了"法无明文规定不为过"的全新原则，但是，它却附加了三项例外："损害公共利益、扰乱社会经济秩序、违反社会公德的行为除外。"《深圳高新区条例》在重申"法无明文规定不为过"原则的同时，尽管也规定了例外，但却只有两项："损害社会公共利益"与"违反社会公德"；

---

[1] 杨伯峻译注：《论语译注》，中华书局2012年版，第241页。
[2] [古希腊] 亚里士多德：《尼各马可伦理学》，廖申白译注，商务印书馆2003年版，第130页。

至于"扰乱社会经济秩序",则没有出现在"法无明文规定不为过"原则的例外事项之中。对于《深圳高新区条例》的这种规定,当然不能解释为深圳高新区条例有意支持、纵容或鼓励"扰乱社会经济秩序"的行为,而只能说,相对于《北京中关村条例》,《深圳高新区条例》在秩序与自由的矛盾和冲突中,更多地选择了对自由价值的维护功能。这在一定程度上,也可以说是反映了国际社会关于自由贸易经济区立法的新趋势和新经验。

《深圳高新区条例》第 5 条还规定:"高新区享受国家、广东省以及深圳市扶持高新技术产业发展的各项优惠政策。高新区的高新技术企业可以根据企业的实际情况,选择适用前款对自己最优惠的政策。"按照这条规定,高新区的市场主体到底应该适用什么样的优惠政策,并不是由政府管理机构说了算,而是授权企业自主选择。换言之,在中央、广东省和深圳市三级政权机构出台的优惠政策中,不同的企业可以根据自己的比较优势选择适用对自己"最优惠"的政策。随着这种选择空间的拓展,市场主体在确定行业、规模、经营方式等方面都获得了更多的自主权。这就像在同一个柜台上,几个销售商同时准备了好几种不同款式的商品,可供顾客任意挑选,这款不行还有另外一款,总有一款符合顾客的心意。在通常情况下,有一定的挑选机会与毫无挑选机会相比,成交的可能性总要大得多。

《深圳高新区条例》对自由价值的偏好还体现为"意思自治"的私法精神出现在众多的条款之中。譬如第 8 条第 2 款规定:"拥有《人才工作证》的人员可以在子女接受义务教育、购买住房等方面享受本市户籍人员的同等待遇。"第 9 条规定:"留学人员受聘在高新区担任专业技术职务的,不受聘用单位指标的限制;留学人员在国外取得专业执业资格,其所在国与我国有互认协议的,可以在本市办理相应的执业资格证。"第 14 条第 2 款规定:"创业服务机构(孵化器)可以享受本市扶持高新技术产业的优惠政策。"第 16 条规定:"风险投资机构可以采取有限合伙的形式。……合伙人的出资比例、分配关系、经营管理权限以及其他权利义务关系,由合伙人在合同中约定。……"此外,条例还专门辟出第二章来设置"鼓励与保障"措施,对高新区的人才引进、资金支持、风险投资等方面作出了一系列激励性规定,等等。在这些条文中,"可以""鼓励""不受……的限制""由……约定"等授权性法律规范随处可见。

当然,该条例在为市场主体拓展自由空间的同时,也注意维护市场经济健康运行所需要的基本秩序。譬如,该条例第6条在确认"法无明文规定不为过"的原则的同时,规定了市场主体不得损害社会公共利益、不得违反社会公德。第33条规定了进入高新区的企业或项目必须具备的条件。第34条规定,申请进入高新区的企业或者项目,应当向高新区行政管理机构提交企业或者项目入区申请书、项目可行性报告、企业营业执照原件及复印件或者企业名称预先核准通知书、企业董事会或者股东会作出的有关决议、章程、合同等材料,以便于高新区行政管理机构对进入高新区的市场主体进行最低限度的监管。这些必要的限制性规定,有助于消除无序竞争,有助于确立健康的市场秩序。

从以上分析可以看出,《深圳高新区条例》在进行制度设计时,既注重维护法律的自由价值,同时也没有忽视与选择自由相对应的法律秩序。不过,立法者在权衡自由与秩序相互关系的过程中,更多地关注、偏向了自由。这种法律价值的选择可以满足相关主体特别是以深圳高新区为代表的众多高新区市场主体的内在需要,它不但可以形成强烈的法律激励机制,还可以在相当程度上促成众多的关系性契约,降低交易费用。[1]由此看来,以这样的价值选择为基础,城市立法可以最大限度地激发市场主体的积极性和创造力,可以形成中国传统法律中相对缺乏的激励机制,[2]并进而促进科技进步与市场繁荣。

三、维护公正与提高效率

在几乎所有的法律部门中,都可以看到公正与效率这两种法律

---

[1] 参见[美]威廉姆森:《交易费用经济学:契约关系的规制》,载陈郁编:《企业制度与市场组织——交易费用经济学文选》,上海三联书店、上海人民出版社1996年版,第24页。

[2] 在先秦时期,以商鞅为代表的先秦法家人物,注意到了法律的激励机制,注重通过法律激励"耕战",以实现富国强兵。但是,从汉至清,两千年间,法家的核心主张长期得不到主流意识形态的支持。这是一个需要另行讨论的问题,这里不再展开。

价值之间的冲突。譬如，在刑事诉讼过程中，如果取消了批准逮捕、审查起诉、法庭调查、法庭辩论、证人出庭作证等看起来非常"繁琐"的诉讼环节，肯定可以提高"办案"效率（无论是时间效率还是经济效率），但与此同时，司法的公正性就得不到保障，刑讯逼供、冤假错案将层出不穷。因而，刑事诉讼法既要维护司法公正，又不能不考虑维护这种公正的成本。这就需要立法者在公正与效率之间保持适度的平衡。自20世纪以来，以瑞典为代表的北欧国家强调从自由主义的资本主义转向所谓的福利国家，出台了大量的福利立法，实质上也是在法律的公平价值与效率价值之间，更多地倾向于维护社会公平特别是分配公正，但与此相伴随的负面效应则是投资积极性不足，经济发展速度减缓。由此可见，公正与效率是一对广泛存在且相互矛盾的法律价值准则。那么，《深圳高新区条例》又是如何处理二者之间的矛盾关系的？

就追求公正而言，《深圳高新区条例》摆脱了"平均主义"或"大锅饭"式的旧模式，体现出一种较新的公正理念：追求可持续发展。该条例在总则部分的第1条明确提出的立法宗旨和目的是：促进和保障深圳经济特区高新技术产业园区的可持续发展，规范高新区管理，为高新区企业提供良好的法治环境和优质高效服务。为了实现可持续发展的目标，该条例规定了一系列保障可持续发展的具体制度。其中，第4条第1款规定了高新区发展的具体目标：把高新区"建设成为高效益的高新技术产业基地、科技成果孵化和辐射基地、创新人才的培养教育基地"。第4条第2款规定："高新区重点发展高新技术产业以及其他智力密集型产业。"第7条规定："高新区的组织和个人的知识产权受法律保护，任何组织和个人不得侵犯；鼓励高新区的企业、高等院校、科研机构及相关人员进行专利申请、商标注册、软件著作权登记，取得自主知识产权，并对自主知识产权采取保护措施。"第15条规定："市政府设立的信用担保机构应当为高新区中小企业提供以融资担保为主的信用担保。"类似的规定还有很多。以资金、政策等各种手段保护知识产权、培养创新人才、鼓励风险投资、创建信用担保等相关法律措施，为高新区实现可持续发展的目标奠定了坚实的基础。

可持续发展的法理基础正是公正。深圳高新区条例对可持续发展的制度设计，反映了一种已经成为世界各国广泛接受的法律思潮。本章上一节已经提到，自1992年联合国环境与发展大会制定《21世纪议程》以来，我国已于1994年制定了世界上首部国家级可持续发展战略《中国21世纪议程》，并在其中设置专章规定了"与可持续发展有关的立法与实施"。通过立法实现经济社会的可持续发展，需要将社会中一切有利于可持续发展的理论付诸实践，需要不断完善可持续发展的经济、社会、文化制度。深圳高新区条例所体现出来的可持续发展的立法理念，为法律的公正价值的实现形式作出了新的尝试和探索。

该条例把对公正价值的追求通过"可持续发展"这一符合时代特征的新形式体现出来，从而巧妙地避开了与效率价值的冲突。但是，为了实现法律的效率价值，尤其是为了提高行政管理机构的办事效率，该条例也在诸多环节作出了明确而具体的规定。譬如，第26条第1款规定："……高新区管理机构应在十个工作日内对企业或者项目的申请提出用地位置与面积的初审意见，报高新区领导机构批准。"第37条第1款规定："高新区管理机构应当在受理申请之日起五个工作日内作出准予、不予或者暂缓入区的决定。"第48条规定："市有关门应当简化行政审批手续。有关行政审批的条件、标准、时限和程序应当公开。"第49条规定："市税务、人力资源保护等部门可以对高新区的高新技术企业的年度检验等事项实行信誉免检。"这些规定都体现了条例对法律的效率价值的追求。

此外，为了真正保证行政管理机构的工作效率，条例还在"法律责任"部分专门规定了对于管理机构及其工作人员失职、不作为的追究制度。体现了立法者对责任政府、高效行政等现代立法观念的践行。该条例通过这样的制度设计，不仅把法律价值体系中原本可能相互冲突的公正准则与效率准则有机地协调起来，同时还实现了公正和效率的最大化，体现了《深圳高新区条例》在价值选择方面的创新品格。

四、权力本位与权利本位

代表政府的高新区行政管理机构所享有的是权力，高新区内各个市场主体所享有的是权利。作为规范深圳高新区诸方面事务的一部"基本法"，该条例如何处理二者的关系？换言之，该条例的价值选择是权力至上还是权利优先？是以权力为本位还是以权利为本位？对这个问题的探讨，也可以成为评析该条例价值取向的一个有效的切入点。

在中国传统的法律文化中，在"兵刑同义"[1]的背景下，历代律典主要是刑律或刑法。在西方，19世纪兴起的以英国法学家奥斯丁等人为代表的实证分析法学，主张法律就是主权者的命令，这样的"命令说"与传统中国的"兵刑同义"观念结合在一起，共同助长了权力本位的法律价值观。相比之下，《深圳高新区条例》在很大程度上摆脱了这种以维护行政权力为本位的法律价值观，较多地体现了权利本位的法律价值观。具体地说，这种转变主要体现在以下两个方面：

第一，深圳高新区条例对于市场主体地位的张扬。在以往的法律法规中，其主要内容较多地侧重于授权政府机关如何管理相对人，自然人、法人等市场主体基本上是被政府机关管理的对象。但是，在深圳高新区条例中，市场主体的活动空间扩大了，法律地位上升了。市场主体可以直接在条例设定的范围内相对自由地活动，而不像以前那样，主要是在政府的管理下活动。这就是说，市场主体从过去的较多地受政府管理开始转向现在的较多地受法律约束（两者之间虽然不能楚河汉界地分割开来，但是，两者之间的差异毕竟还是可以予以分辨）。譬如，在第15条至第20条的内容中，条例规定了投资主体如何进行风险投资，意味着投资主体可以直接按照条例的规定来运作，第52条规定了重大决策听证制度，意味着市场主体将与政府机关一起参与重大事项的决策。

第二，依照《深圳高新区条例》的界定，高新区行政管理机构

---

[1] "兵刑同义"出于鲁国人臧文仲的一句名言："大刑用甲兵，其次用斧钺，中刑用刀锯，其次用钻笮，薄刑用鞭扑，以威民也。故大者陈之原野，小者致之市朝，五刑三次，是无隐也。"黄永堂译注：《国语全译》，贵州人民出版社1995年版，第166页。

承担的是"职责"(第46条),提供的是"服务"(第1条)。为此,条例第四章第二节专门规定了"政府行政规范"。其中,第46条规定:"高新区行政管理机构和市政府有关行政管理部门应当为高新区的高新技术企业提供优质、高效、便捷的服务,并确立高新区有关高新技术企业的业务优先办理的原则。市政府有关行政管理部门可以在高新区设立办公窗口,高新区行政管理机构应当为市政府有关行政管理部门在高新区设立办公窗口创造条件。"第47条规定:"高新区管理机构和市政府有关行政管理部门应当依法行政,公开有关高新区的政务和服务承诺及信息。"第48条规定:"市有关部门应当简化行政审批手续。有关行政审批的条件、标准、时限和程序应当公开。"第50条规定:"市政府实行高新区重大决策听证制度。有关高新区改革、发展的重大决策事项,涉及高新区组织和个人利益的,决策机关应当举行听证。市政府制定的规章和有关行政管理部门制定的规范性文件,其中行政审批、行政处罚、强制措施等事项涉及高新区组织或者个人的,制定机关应当举行听证。"第51条规定:"高新区管理机构和市有关部门应当为高新区的企业引入风险投资、金融、电信、邮政、运输、供电、供水、设备租赁、中介等配套服务提供方便条件。"等等。通过这些规定,政府机关由权力的拥有者转化成为责任(或义务)的承担者。行政管理机构"应当"做什么,成为"政府行政规范"的主要表达方式,标志着深圳高新区条例已经实现了从权力型政府的观念向责任型政府的观念、服务型政府的观念的初步转变,从权利与权力的关系来看,则是实现了从权力本位向权利本位的初步转变。

小 结

按照我国现行的立法体制,深圳高新区条例由深圳市人大常委会制定,在法律渊源中属于"地方性法规",而依照全国人民代表大会常务委员会《关于授权深圳市人民代表大会及其常务委员会和深圳市人民政府分别制定法规和规章在深圳经济特区实施的决定》和《广东省经济特区条例》的规定,它也可以看作是经全国人大和广东省人大特别授权而制定的单行立法。但是,这两个方面仅仅说明了

《深圳高新区条例》外在的形式特征。《深圳高新区条例》内在的本质特征在于，它是一部典型的面向市场的城市立法，体现了中国特色的城市立法的发展方向。

首先，《深圳高新区条例》是一部城市立法。深圳高新区条例来自一个城市的立法机构，条例所针对的事项是一个城市特定区域内的技术发展和市场运作。欧洲中世纪的城市法有封建领主颁发的有关城市自治的"特许状"作为依据——"这种情况是千真万确的，所以许多特许状本身就预见到并且预先承认城市法的发展"，[1]深圳的立法也有中央立法机构及广东省立法机构的明确授权，至少从立法依据的形式上看，《深圳高新区条例》与西欧中世纪的城市法具有一定的可比性。而且，两者的目的都在于促进市场经济的繁荣和发展，立法的基本目的都在于保障市场主体的合法权益和自由空间。从这个意义上看，该条例体现了"城市法"的立法旨趣。

其次，《深圳高新区条例》具有鲜明的中国特色。在西方法律发展演变史上，城市法是西方法律传统的一个重要源头。在欧洲中世纪，在城市法之下，"自由在开始时仅为商人在事实上所享有，而现在则成为全体市民依法享有的共同权利"，在这样的背景下，"市民和自由民成为同义词。自由在中世纪是与一个城市的公民资格不可分割的属性，正如今天是与一个国家的公民资格不可分割的属性一样"。[2]这就是说，自由、平等之类的价值准则及其制度表达，都在城市中得到了培育，在一定意义上，可以说是经历了一个城市法的阶段。与之作为对照，以《深圳高新区条例》为代表的当代中国的城市立法，是以"依法治国、建设社会主义法治国家"为背景，是在国家积极推动下的一种新型的城市立法现象，是国家正在努力实现的经济繁荣、技术进步、法制现代化大业中的一个重要的组成部分。从这个意义上看，制定深圳高新区条例并非深圳市立法机关的"一厢情愿"，而是中央政权、广东省政权、深圳城市政权和众多

---

〔1〕 [比利时] 亨利·皮雷纳：《中世纪的城市》，陈国樑译，商务印书馆2011年版，第121页。

〔2〕 [比利时] 亨利·皮雷纳：《中世纪的城市》，陈国樑译，商务印书馆2011年版，第122~123页。

市场主体合力推进的结果。这一特点,与欧洲中世纪的城市法存在显著的区别,体现了城市立法的中国特色和时代特色。

最后,《深圳高新区条例》以维护市场主体的权利、约束行政机构的权力为宗旨,体现了一种新型的权利本位的立法理念。尽管条例并没有达到尽善尽美的程度,某些条款的安排还有待于进一步斟酌,但在自觉挣脱以维护权力为基本价值的传统立法理念的努力中,它是一次比较成功的尝试,标志着我国的城市立法正在走向"权利立法"时代与"权利本位"时代。从这个意义上讲,深圳高新区条例的价值取向和价值选择,代表了当代中国城市立法乃至于其他立法领域的发展方向。

第四节 城市法的体系*

在众多的学术文献中,"城市法"这个概念都是专指欧洲中世纪出现的,并且是与封建领主、"特许状"等事物相关联的一种历史现象。比利时历史学家皮雷纳在论及城市法时写道:"1127年授予圣奥梅尔的特许状可以视为佛兰德尔市民阶级的政治纲领的终极。该特许状承认城市为独特的司法地区,拥有为全体居民所共有的特别法律、特别的执行吏法庭和充分的公社自治。12世纪时另一些特许状承认该伯爵领地的所有主要城市享有类似的特许状,从此以后城市的地位得到书面证书的保证和认可。然而必须注意不要夸大城市特许状的重要性。无论是佛兰德尔或欧洲任何其他地区,特许状并不包括全部城市法。"[1]这就是欧洲中世纪的城市法。因此,只要提及"城市法",一般都会觉得,无论是在时间上还是在空间上,城市法都是一个西方的、而且是中世纪的历史现象,距离当代中国非常遥远。如果我们仅仅从历史学的角度来看,这种感觉无疑是有充分依据的。

---

* 本节内容,以《论当代中国城市法的体系——一个比较法上的考察》为题,发表于《社会科学研究》2002年第3期,修订后收入本书。

[1] [比利时] 亨利·皮雷纳:《中世纪的城市》,陈国樑译,商务印书馆2011年版,第120页。

但是，如果我们把视野从尘封已久的欧洲中世纪切换到当代中国的法律实践与社会现实，就会发现，在当代中国的法律领域中，也存在着一种中国特色的城市法。由于时代、国情不同，在当代中国的城市法与欧洲中世纪的城市法之间，当然存在着一些区别甚至是重大的差异。譬如，在城市立法权的正当性依据、城市法的体系、城市法的具体内容尤其是城市法的政治文化背景等方面，都有各自的特点。但是，两者都形成了一个相对完善的城市法体系，在这一点上，它们又具有一定的可比性。正是由于这个缘故，我们才大胆地，然而也是小心谨慎地把欧洲中世纪出现过的城市法概念，用来概括当代中国社会中的一种正在孕育、正在生长的法律现象。

欧洲中世纪城市法的体系，主要是以"特许状"为中心的法律规范体系。"特许状"的功能相当于城市法体系中的宪法，"主要限于确定城市法的主要轮廓，提出城市法的某些主要原则，解决某些特别重要的争端。在多数情况下它们是特定环境的产物，只考虑到草拟时正在争论的问题。它们不能看作是例如像近代宪法那样经过有步骤的工作和立法的讨论而产生的"。但是，"可以说特许状只不过是他们的法律的框架。围绕着特许状的条款存在着并且将继续不断地发展起大量的习惯法、惯例和不成文的然而必不可少的特权"。[1]这就是欧洲中世纪城市法的大致情况——本章前几节对此已有相关的描述。以欧洲中世纪的城市法作为参照，我们可以尝试着对中国当代城市法的体系做一个初步的梳理。

一、当代中国城市法的概况及特点

我国当代城市法的体系，简单地说，是指以当代中国城市为中心建立起来的一整套相互关联的规则体系。从构成上看，我国当代城市法的体系大致可以分为以下几个部分：其一，中央立法机构、省（自治区）立法机构针对城市的立法权所做出的授权性法律和法规。需要特别说明的是，这里所说的"中央立法机构"，主要是指全

---

[1] [比利时] 亨利·皮雷纳：《中世纪的城市》，陈国樑译，商务印书馆2011年版，第121页。

国人大及其常委会、国务院及其各部委。虽然，最高人民法院和最高人民检察院以司法解释的名义制定的规则也可以归属于中央机构制定的规则，但在通常情况下，不会涉及城市的立法权问题。各省（自治区）立法机构是指各省、自治区人大及其常委会，以及省、自治区人民政府。其二，中央立法机构以及省（自治区）立法机构制定的直接调整城市秩序的法律、行政法规、地方性法规和规章。其三，有立法权的城市立法机构依法制定的法规和规章，这里的城市立法机构是指有立法权的城市人大及其常委会、城市政府。为简便起见，这部分法规和规章可以称为"城市立法"。其四，城市工商企业、事业单位和社会团体制定的机构内部规则。其五，城市社区讨论约定或自发形成的社区规则。其六，城市习惯和市场惯例，等等。归纳起来，这个规则体系具有以下几个方面的特点：

第一，制定主体多元化。当代中国的城市法既来源于有立法权的直辖市、省会城市、较大的市、设区的市，也来源于各个省、自治区立法机构以及中央立法机构。此外，城市中的企业、事业单位、社会团体和城市社区也是城市法的重要源头；甚至城市中盛行的习惯和市场惯例也可以纳入城市法的体系之中。在这里，暂且打破制定法和习惯法、中央立法与地方立法之间的界限，进而做出如此宽泛的界定，目的在于充分反映我国当代城市法体系的全貌。

第二，从纵向上看，当代中国城市法体系中的各个组成部分的法律效力具有层级差异性。其中，中央立法机构制定的宪法、法律和行政法规效力更高，接下来是省级立法机构制定的法规和规章，再往下是各个省会城市及其他城市制定的法规和规章，效力最低的是各单位的内部规则、市场惯例以及社区规则等。按照下位法不能与上位法相冲突的原则，众多错落有致的规则构成了一个金字塔形的城市法体系。

第三，从横向上看，各个城市在城市立法的发达程度上具有不平衡性。下文的分析还将进一步揭示，城市立法是一种与市场经济发展水平密切相关的文化现象和法律现象。东南沿海城市由于市场经济发展相对较快，城市立法的发展也明显快于西北内陆城市。

在勾画出当代中国城市法体系的概貌的基础上，可以对这个城市法体系的若干组成部分作出进一步的分析。

二、上级立法机构向城市授予立法权的宪法法律和法规

在当代中国城市法的体系中，有一些性质不同但功能相似的宪法、法律和法规，这些宪法、法律和法规既包括中央立法机构制定的，也包括省、自治区立法机构制定的，其基本内容和主要功能是授予当代中国的一些城市制定法规和规章的权力。在城市法体系中，它们不但位阶更高，而且还构成了城市法体系中的其他几个组成部分的合法性依据。具体地说，这些授予各城市立法权的宪法、法律和法规主要包括以下几种情况：

第一，宪法。1982年《宪法》第100条规定："省、直辖市的人民代表大会和它们的常务委员会，在不同宪法、法律、行政法规抵触的前提下，可以制定地方性法规，报全国人民代表大会常务委员会备案。"依照这条规定，北京、上海、天津、重庆四个直辖市获得了"制定地方性法规"的权力。2018年修正后的《宪法》第100条第2款规定："设区的市的人民代表大会和它们的常务委员会，在不同宪法、法律、行政法规和本省、自治区的地方性法规相抵触的前提下，可以依照法律规定制定地方性法规，报本省、自治区人民代表大会常务委员会批准后施行。"依此，设区的市具有"制定地方性法规"的权力。

第二，立法法。全国人民代表大会2000年制定的《立法法》第63条第2款规定："较大的市的人民代表大会及其常务委员会根据本市的具体情况和实际需要……，可以制定地方性法规……"第4款进一步明确规定："本法所称的较大的市，是指省、自治区人民政府所在地的市，经济特区所在地的市和国务院批准的较大的市。"第73条第1款规定："省、自治区、直辖市和较大的市的人民政府，可以根据法律、行政法规和本省、自治区、直辖市的地方性法规，制定规章。"2015年修正后的《立法法》对原《立法法》第63条、第73条规定作出了较大修改。就地方性法规的制定问题，《立法法》（2015年）第72条第2款规定："设区的市的人民代表大会及其常务委员会根据本市的具体情况和实际需要，在不同宪法、法律、行

政法规和本省、自治区的地方性法规相抵触的前提下，可以对城乡建设与管理、环境保护、历史文化保护等方面的事项制定地方性法规，法律对设区的市制定地方性法规的事项另有规定的，从其规定。……"第 72 条第 4 款规定："除省、自治区的人民政府所在地的市，经济特区所在地的市和国务院已经批准的较大的市以外，其他设区的市开始制定地方性法规的具体步骤和时间，由省、自治区的人民代表大会常务委员会综合考虑本省、自治区所辖的设区的市的人口数量、地域面积、经济社会发展情况以及立法需求、立法能力等因素确定，并报全国人民代表大会常务委员会和国务院备案。"就地方政府规章的制定问题，《立法法》（2015 年）第 82 条第 1 款规定："省、自治区、直辖市和设区的市、自治州的人民政府，可以根据法律、行政法规和本省、自治区、直辖市的地方性法规，制定规章。"

第三，组织法。1995 年修正的《地方各级人民代表大会和地方各级人民政府组织法》（以下简称《地方组织法》）第 7 条第 2 款在重申了 1982 年《宪法》第 100 条的内容之外，还进一步规定："省、自治区的人民政府所在地的市和经国务院批准的较大的市人民代表大会根据本市的具体情况和实际需要，在不同宪法、法律、行政法规和本省、自治区的地方性法规抵触的前提下，可以制定地方性法规……"依照这条规定，我国的省会和自治区首府共 27 个城市、国务院批准的"较大的市"获得了"制定地方性法规"的权力。《地方组织法》第 60 条又规定，上述 4 个直辖市、27 个省会或自治区首府城市、若干"较大的市"的政府，有权制定地方规章。该法后来经过多次修改。2015 年修正后的《地方组织法》第 7 条第 1 款规定："省、自治区、直辖市的人民代表大会根据本行政区域的具体情况和实际需要，在不同宪法、法律、行政法规相抵触的前提下，可以制定和颁布地方性法规，报全国人民代表大会常务委员会和国务院备案。"第 2 款规定："设区的市的人民代表大会根据本市的具体情况和实际需要，在不同宪法、法律、行政法规和本省、自治区的地方性法规相抵触的前提下，可以制定地方性法规，报省、自治区的人民代表大会常务委员会批准后施行，并由省、自治区的人民代表大会常务委员会报全国人民代表大会常务委员会和国务院备案。"

第四，全国人大常委会的特别规定。1982年以来，我国先后建立了深圳、珠海、汕头、厦门和海南五个经济特区。1992年，全国人大常委会出台了《关于授权深圳市人民代表大会及其常务委员会和深圳市人民政府分别制定法规和规章在深圳经济特区实施的决定》等一系列特别规定，分别授予深圳、厦门、汕头、珠海等城市制定单行经济法规的权力。

第五，行政法规。1984年，国务院发布具有行政法规性质的文件，明确授权唐山等城市为"较大的市"，同意这些城市拥有制定地方性法规和规章的权力。

第六，省级立法机构针对城市的立法权作出的更具体的授权性法规。譬如，1980年由广东省人大常委会通过的《广东省经济特区条例》就属于这种情况，虽然这个条例经过了全国人大常委会的批准，但它毕竟是省级立法机构制定通过的，它为深圳、珠海、汕头三个经济特区城市的立法权提供了一定的依据。

就以上几种情况来看，全国人大及其常委会、国务院制定的针对我国城市立法权的若干授权性规定，构成了我国城市法体系中的重要组成部分。正是由于这些宪法法律和法规的授权，各个城市才获得了相应的立法空间。

三、上级立法机构为建构城市秩序制定的法律法规和规章

上级立法机构为确立城市秩序而制定的法律法规代表了我国城市法体系的第二种类型。这种类型的法律法规主要包括四种情况：

第一，中央立法机构专门针对城市秩序制定的法律法规。譬如，全国人大常委会制定的《城市居民委员会组织法》《关于在沿海港口城市设立海事法院的决定》《城市房地产管理法》《城市维护建设税法》等。还有国务院制定的一些行政法规，譬如《城市供水条例》《城市道路管理条例》《城市绿化条例》《城市居民最低生活保障条例》等。这些在标题中就已经包含了"城市"一词的法律或行政法规，专门针对城市秩序，可以归属于当代中国城市法的体系。

第二，中央立法机构主要针对城市秩序制定的法律法规。譬如，针对金融、商贸、海关等领域的法律法规，虽然在标题中并没有

"城市"一词，但是，这些领域、这些行业的活动，主要发生在城市，或者说，城市是这些活动的中心。这些法律法规中的大部分内容，也可以归属于城市法体系。

第三，在中央立法机构制定的其他法律法规中，如果包含了涉及城市的部分，这个特定的部分也可以归属于城市法的体系。在我国现行的中央立法中，可以分为民商法、刑法、行政法、经济法、诉讼法、社会法等多个法律部门，各个部门的法律法规在制定的过程中，尽管不会专门考虑城市与乡村的差异，但是，其中的部分内容、部分条款，如果与城市或市场不可分，也可以作为我国城市法体系中的一个组成部分。

第四，各省、自治区立法机构制定的地方性法规与地方规章，通常都会涉及本省、自治区管辖范围内的城市，因而，在这一类地方性法规与规章中，凡是可以适用于城市的部分，也可以归属于城市法的体系。

四、城市立法机构制定的法规和规章

当代中国的城市立法机构制定的法规和规章，即为城市法体系中的城市立法。这部分法规和规章涉及的范围极其广泛。譬如，2001年1月1日开始生效的北京市人大常委会制定的《中关村科技园区条例》，就涉及行政、民商、经济、科技、教育、文化、社区、涉外、人事、执法及其他多个方面的事项，以至于可以称之为"中关村基本法"。然而，这个条例只是北京这个城市制定的数千件法规和规章之一。由于市场化进程的加快，城市发展的日新月异，当代中国城市立法的数量，几乎每天都在刷新。因此，要收集准确的城市立法数据，是一件比较困难的事情。不过，有关当代中国的城市立法，已经形成了不少数据资料。其中，2001年推出的"中国大法官法律事务支持软件"，[1] 内容翔实，给我们提供了一些新的数据。

---

〔1〕《中国大法官法律事务支持软件》由武汉工业大学出版社2001年出版，它比1998年出品的"国家法规数据库"内容更丰富，本节内容中的相关数据，主要根据《中国大法官法律事务支持软件》而得出。

这个"支持软件"对1949年至2000年之间的每一个省市的立法都进行了收集,通过输入城市名称进行检索,可以获得若干重要城市的立法数据。根据这些数据,笔者整理了以下几份统计表。[1]

表1 各直辖市立法数量历年统计 （单位：件）

年份	北京	上海	天津	重庆
1949—1980	35	36	11	0
1981	25	6	26	0
1982	21	18	108	3
1983	35	23	22	2
1984	59	29	115	8
1985	65	39	13	1
1986	189	50	16	5
1987	194	61	98	4
1988	220	80	89	0
1989	174	62	58	0
1990	166	54	79	0
1991	138	60	73	2
1992	289	52	67	2
1993	263	68	95	30
1994	435	159	127	60
1995	459	118	56	76
1996	560	72	70	25
1997	380	102	147	114

---

[1] 本节文字写于2001年,相关数据截至2001年。2023年9月,在把这几份统计表纳入本书之际,分别任教于西安财经大学、成都中医药大学的张青卫博士、阳李博士先后对相关数据进行了增补和更新。2001年至2023年的数据来源于北大法宝（https://www.pkulaw.com/law/adv）,其中,2023年的数据截至2023年9月20日。特此说明,并向张青卫博士、阳李博士致谢。

续表

年份	北京	上海	天津	重庆
1998	235	51	116	98
1999	168	46	54	45
2000	388	54	37	64
2001	73	57	34	57
2002	67	99	45	47
2003	45	79	30	35
2004	41	73	140	30
2005	26	34	60	71
2006	38	29	32	26
2007	95	39	34	27
2008	13	22	24	28
2009	14	30	16	25
2010	63	250	76	95
2011	25	51	29	58
2012	10	54	43	35
2013	11	18	16	17
2014	32	40	29	26
2015	10	70	29	20
2016	23	55	40	38
2017	12	39	35	18
2018	48	82	45	52
2019	32	27	36	33
2020	28	65	50	30
2021	62	76	48	43
2022	27	70	38	52
2023	9	21	6	30

续表

年份	北京	上海	天津	重庆
合计	5302	2620	2412	1432

表2 部分省会（自治区首府）城市立法数量历年统计 （单位：件）

年份	广州	贵阳	杭州	成都	沈阳	武汉	西安	太原	乌鲁木齐	郑州	银川	西宁	拉萨
1949—1980	5	0	1	0	0	0	0	0	0	0	0	0	0
1981	3	0	0	0	0	0	0	0	0	0	0	0	0
1982	2	0	0	0	1	0	1	0	0	0	0	0	0
1983	6	1	2	3	3	1	1	3	0	3	0	0	1
1984	9	1	2	0	3	1	4	0	0	0	0	0	0
1985	32	4	0	0	7	2	5	0	0	0	0	0	0
1986	36	10	0	1	14	2	4	0	0	1	0	1	2
1987	46	6	4	4	30	1	11	3	3	2	0	1	0
1988	46	9	1	5	26	2	8	6	2	4	1	4	0
1989	45	8	0	0	14	2	4	2	1	0	0	3	0
1990	39	2	4	1	3	5	1	7	2	6	3	1	1
1991	28	14	5	20	10	5	1	5	0	4	2	1	2
1992	70	8	4	25	13	6	5	9	2	5	1	3	1
1993	35	6	5	24	36	1	8	1	2	1	6	1	0
1994	44	20	14	23	22	13	8	7	4	11	1	2	0
1995	71	24	21	30	12	12	7	8	8	6	2	4	1
1996	82	16	24	25	13	14	9	7	7	5	6	18	3
1997	68	22	17	34	46	26	10	5	4	11	7	20	3
1998	82	22	24	20	29	70	4	5	6	6	17	20	0
1999	73	17	18	12	26	51	3	8	12	10	6	12	1
2000	43	7	12	6	1	6	4	7	10	15	17	5	1

续表

年份	广州	贵阳	杭州	成都	沈阳	武汉	西安	太原	乌鲁木齐	郑州	银川	西宁	拉萨
2001	26	5	23	18	13	12	8	17	12	12	10	21	2
2002	14	31	42	17	15	20	13	15	18	24	14	11	2
2003	20	12	33	8	20	23	27	14	13	27	17	7	4
2004	12	35	59	10	28	33	77	15	17	17	14	7	8
2005	12	27	14	14	20	17	16	21	16	38	19	9	6
2006	12	12	16	47	25	14	14	12	18	16	20	6	2
2007	15	9	10	12	21	12	10	13	7	18	9	6	4
2008	28	6	20	21	12	13	31	13	9	10	7	4	8
2009	14	14	25	15	9	13	8	8	7	11	10	10	9
2010	39	23	20	9	18	54	13	22	6	17	14	9	10
2011	21	21	46	9	17	14	7	13	8	8	16	8	9
2012	52	34	29	28	14	21	9	10	8	8	26	8	12
2013	15	41	10	9	9	19	17	12	8	3	7	13	5
2014	24	17	16	10	11	17	18	7	5	3	7	12	2
2015	201	16	20	27	12	22	6	12	8	11	6	13	4
2016	14	18	23	9	12	15	6	17	6	6	4	7	2
2017	17	12	23	14	14	14	65	12	5	5	3	5	8
2018	30	20	21	24	10	23	17	4	4	5	11	21	4
2019	62	18	8	15	10	26	10	4	2	10	3	4	14
2020	54	78	8	17	14	17	54	14	3	24	12	6	3
2021	30	91	20	18	8	40	78	2	14	2	14	17	1
2022	16	48	10	17	11	60	21	6	6	24	1	2	1
2023	13	0	13	3	6	5	3	4	5	7	14	3	7
合计	1606	785	666	604	638	724	625	349	269	393	330	305	143

表3　部分特区城市与较大市立法数量历年统计　　　（单位：件）

年份	深圳	青岛	厦门
1949—1980	0	5	5
1981	1	4	2
1982	0	6	8
1983	2	0	4
1984	7	4	8
1985	0	10	15
1986	8	15	22
1987	10	24	15
1988	4	36	7
1989	10	31	16
1990	15	36	20
1991	24	47	24
1992	26	47	36
1993	59	68	59
1994	103	70	52
1995	50	77	49
1996	125	44	56
1997	84	43	53
1998	85	50	24
1999	55	39	49
2000	21	32	17
2001	31	33	11
2002	56	24	33
2003	34	14	22
2004	116	48	30
2005	21	19	31

续表

年份	深圳	青岛	厦门
2006	31	7	23
2007	35	28	15
2008	42	8	9
2009	31	6	20
2010	20	18	17
2011	26	17	19
2012	48	15	11
2013	27	10	10
2014	29	13	14
2015	20	16	13
2016	16	13	23
2017	68	22	15
2018	61	38	16
2019	137	10	17
2020	76	31	17
2021	33	19	22
2022	34	17	12
2023	32	6	7
合计	1713	1120	948

表4　部分城市立法数量汇总统计（1949—2023年）　（单位：件）

序号	城市名称	立法总量
1	北京	5302
2	上海	2620
3	天津	2412
4	深圳	1713
5	广州	1606

续表

序号	城市名称	立法总量
6	重庆	1432
7	青岛	1120
8	厦门	948
9	杭州	666
10	武汉	724
11	沈阳	638
12	贵阳	785
13	成都	604
14	西安	625
15	郑州	393
16	太原	349
17	银川	330
18	西宁	305
19	乌鲁木齐	269
20	拉萨	143

需要说明的是，在选择相关城市制作以上统计表的过程中，主要考虑了以下几点：其一，有必要关注四大直辖市的立法数据。北京、上海、天津在我国城市群落中地位突出，重庆自1997年成立直辖市以来，加快了城市立法的进程，可以体现西部城市与新兴直辖市的立法状况（见表1）。其二，在4个直辖市之外，中国还有27个省会城市（包括自治区首府），这些城市的立法代表了当代中国城市立法的主体和重心。由于宪法、立法法已经向这些城市一并授予了相同的立法权限，所以可以把它们归为一类进行考察。但是，考虑到这类城市数量较多，我们没有全部统计，只是根据地域分布选择了有代表性的省会城市共计14个，希望能借此反映这一类城市制定法规与规章的基本状况（见表2）。其三，在前两类城市之外，具有

立法权的城市还包括国务院批准的较大的市，以及经济特区城市，还有设区的市。这样的城市数量较多，这里只选择了深圳、厦门、青岛3个城市作为代表，因为它们有一个共同的特点：都是沿海城市（见表3）。希望以这三个城市作为代表，反映出沿海商贸中心城市的立法状况。其四，通过搜索发现，当代中国城市立法的兴起，主要开始于20世纪80年代初期。从1949年至1980年，除了北京、天津、上海、广州、青岛、厦门等几个城市之外，其他城市几乎都没有制定什么法规规章。但是，为了比较全面地描绘城市立法变迁的历史，我们对1949年以来部分城市的立法数据都做了相应的统计（见表4）。通过以上4个统计表反映出来的概貌，可以发现，中国当代的城市立法存在着以下几个方面的特点：

第一，在时间维度上，以1982年《宪法》的诞生为界，当代中国的城市立法大致可以分为两个阶段。从1949年至1981年为我国城市立法的第一阶段。在这33年期间，城市立法从数量上看，绝大多数城市几乎都是一片空白。只有北京、上海和天津三个直辖市的立法数量达到了两位数，分别是60件、42件、37件。接下来是青岛、广州、厦门，分别有9件、8件、7件，杭州与新设立的深圳市各有一件。至少在我们选择的20个有代表性的城市中，其他12个城市在1981年之前的城市立法基本上都是一片空白。但是，自1982年以后，城市立法开始在各大城市全面启动，且发展极为迅速，到20世纪90年代，城市立法开始进入高潮。在一些新兴城市和商贸中心城市，城市立法的速度提升较快。

第二，从空间分布上看，城市立法数量的分布极不平衡。一个较为突出的现象是，东南沿海城市的立法数量远远高于西北内陆城市的立法数量。譬如，西藏自治区的首府拉萨市，从1981年至2000年，20年间的立法总数为16件，平均每年不到一件；北京市仅1996年的立法数量就达560件，20年间的立法总数达4463件，几乎是拉萨市立法总数的300倍，当然，这是比较极端的例子。再看同为省会城市的广州与太原，从1981年至2000年，50年间的立法数量分别是865件与82件，相差也在10倍左右（当然，2000年以后，差距有所缩小）。有一些沿海城市，譬如青岛、厦门，尽管并非省级政府驻地，但它们的立法数量也明显高于绝大多数省级政府所在地城市。这说明，不少省级行政区域的行政中心城市在立法的主动性与积极性方面并不突出，其立法数量低于一些特区城市或"较大的市"的立法数量。在省会城市中，只有广州是一个例外，在中国所有城市的立法数量中居第五位，紧靠在京沪津深之后。

第三，从城市的法律地位来看，我国的城市大致可以分为三类，其中的第一类是中央直辖市，第二类是省会城市和自治区首府城市，第三类是经济特区城市、国务院批准的较大的市与设区的市。在这三类城市中，3个老牌直辖市京津沪的立法数量明显多于其他城市。北京作为首都，其立法总量达到了5302件，当然是一个特例。上海和天津分别是2620件、2412件。1997年成立的直辖市重庆，在直辖以后，立法数量也得到了迅速的增长，达到了1432年（截至2023年9月，见表1）。其次是一些特区城市和较大的市，譬如青岛、厦门等，立法的积极性也比较高。至于其他省级政府所在地的城市（广州除外），特别是西北内陆地区的城市，从立法的绝对数量来看，都比较少。

第四，尤其值得注意的是深圳，作为改革开放的"前沿阵地"，这个城市存在着比较发达的市场经济，对法律规则产生了巨大的需求，成为刺激这个城市立法数量迅猛增长的主要动因。而广大的内陆省区，特别是众多的省会城市，尽管也有大致相同的创制法规规章的权力，但是，由于其市场经济有待进一步发展，这些城市对法律规则的需求量相对较小。由此看来，各个城市立法数量的不平衡分布，也许可以在一定程度上反映各个城市市场经济的发达程度。

五、城市企业、事业单位及社会团体制定的内部规则

欧洲中世纪城市法的渊源之一是各种行会规则。"开始阶段，中世纪行会向现存的强权（国王、大贵族或城市市民团）购买在一定区域进行一定贸易的专有权。这些行会的会员作为早期的垄断者利用他们为全体会员谋得地位，常常一起为流动资金贷款的安全担保，规定质量标准，（常常）限制产品的数量。行会会员所能做的工作越

是有限和专门，它出售其商品的市场区别便越大。"[1]正是在这样的背景下，行会规则兴起了。相比之下，当代中国的城市法体系中并没有正式的行会规则。但是，城市中形形色色的企业、事业单位和社会团体已经制定了数量极为庞大的内部规则。

按照流行的法概念，法是反映统治阶级意志的国家意志。从这个标准来看，这些机构内部规则不是国家立法机构正式制定的，因而不属于法的范围。但是，确有必要把这些规则纳入城市法的体系中，主要理由包括以下几个方面：

第一，按照主流的理论，法不但是国家机关"制定"的规则，法也可以是国家机关"认可"和"解释"的规则。当代中国的企业、事业单位和社会团体的内部规则，恰恰得到了国家的"认可"，其中有些"认可"属于"明示认可"，还有更多的"认可"可以归属于"默示认可"。除此之外，有一些正式的法规或规章，譬如《乡镇煤矿安全规程》，还明确规定，相关企业必须建立健全内部管理规则。由此可见，制定内部规则不但是各单位的权利，而且还是它们的义务和责任。

第二，正如马克斯·韦伯（Maximilian Karl Emil Weber，1864—1920年）所言："当我们谈及法律、法律秩序或法律陈述时，我们必须特别注意法学着眼点和社会学着眼点的区别。"当我们从社会学的角度来理解法律秩序时，"它指涉的并不是一套逻辑上正确无误的规范，而毋宁是指关于人类行为的各种现实规约的一套复合体"[2]。换言之，如果我们采取法律社会学的立场，从"人类行为的各种现实规约"的角度来看，各单位的内部规则都可以纳入城市法的体系。

第三，法学理论界长期关注的民间法或习惯法，主要着眼于乡村社区，尤其是那些比较偏远的乡村社区。相对说来，对城市社会中丰富多彩的民间法或习惯法有所忽视。其实，与乡村社会中的民间法或习惯法一样，城市社会也是民间法或习惯法生长的沃土。有

---

[1] [美]道格拉斯·诺思、罗伯特·托马斯：《西方世界的兴起》，厉以平、蔡磊译，华夏出版社1989年版，第75页。

[2] [德]马克斯·韦伯：《经济、诸社会领域及权力》，李强译，生活·读书·新知三联书店1998年版，第1页。

鉴于此，为了让民间法或习惯法的概念更加饱满，有必要从学理上重视城市社会中的民间法或习惯法，譬如城市中的单位内部规则，它与偏远乡村中的宗族规则，具有明显的可比性。

也许还有其他理由，这里不再展开论述。这里仅拈出两个例子来说明这类规则的发达程度：例证之一是民营的深圳华为公司1998年3月23日制定的"华为基本法"。该"基本法"共分6章，总计103条，主要内容涉及公司的宗旨、基本经营政策、基本组织政策、基本人才资源政策、基本控制政策、接班人与基本法修改等。例证之二是国有的深圳华侨城集团于2000年1月制定的"华侨城集团宪章"。该"宪章"在序言部分写道："本宪章是各级管理人员的行为纲领；是指导各项经营管理工作的基本准则；是统领其他管理制度、政策、规范、战略、对策等的基础法则。本宪章来源于实践智慧的长青之树，将指引、帮助华侨城人推开新世纪的成功之门。"整个"宪章"共分8章，总计43条，其主要内容包括集团定位、文化品格、运行机制、管理体制、持续成长、人才资源、管理方略、附则等。

这两家企业分别制定的这两件内部规则，仅仅是我国当代城市法体系中同类规则的两件代表性作品，类似的企业内部规则可以说是成千上万、不胜枚举。然而，对这些规则的学理研究，尚待进一步展开。这些企业内部规则，既是一种"企业文化"，但它们同时也是民间法规则，反映了当代法律和社会生活秩序的一个重要领域。它们当中有成功的或比较成功的，譬如上述两家企业制定的内部规则，但也有受到媒体批评和指责的，譬如平顶山食品城制定的告密制度。[1]还有一些事业单位制定的内部规则甚至被诉诸司法审查，譬如，有的大学的博士毕业生起诉自己所读的大学，要求法院审查大学内部的相关规则。[2]

形形色色的单位内部规则虽然良莠不齐、品类各异，但无论如

---

[1] 参见赵牧：《现代版的"告密文化"》，载《南方周末》1998年8月28日。
[2] 吴伟：《"刘燕文诉北京大学案"应寻求立法解释》，载《中国律师》2000年第7期。

何，这一类规则的广泛存在无疑是一个值得重视的基本事实，它们体现了当代中国城市法体系中的一种类型。

六、城市社区规则

就像乡村社区中的村规民约一样，城市社区中也存在着大量的社区规则。我国1989年制定的《城市居民委员会组织法》第15条规定："居民公约由居民会议讨论制定，报不设区的市、市辖区的人民政府或者它的派出机关备案，由居民委员会监督执行。居民应当遵守居民会议的决议和居民公约。"该法第19条第1款还规定："机关、团体、部队、企业事业组织，不参加所在地的居民委员会，但是应当支持所在地的居民委员会的工作。所在地的居民委员会讨论同这些单位有关的问题，需要他们参加会议时，他们应当派代表参加，并且遵守居民委员会的有关决定和居民公约。"这里所说的"居民公约"，就是我国法律对城市社区规则的一种正式表述。

近年来，随着市场经济体制的逐渐完善，在城市社会中，原有的"单位体制"一枝独秀的局面被打破，城市中新的社区开始形成，与传统的"单位体制"下的"单位"相比，新的城市社区存在三个显著不同的特点：其一，它的居民不从属于同一个"单位"，在社区内部，居民之间不存在上下科层式的领导与被领导关系。社区内的居民，有做工的、经商的，有公务员、教师，还有其他各种各样的情况。他们只是"共同居住"在同一社区而已，彼此之间没有特别、特殊的利害关系。其二，由于不从属于同一"单位"，他们之间没有经济上的共同利益纽带，没有较强的归属感和文化上的趋同性，与其他社区居民之间也较少有"内外"的区别。同一社区内的居民只是邻居而已。其三，一个社区内部的居民之间，联系较为松散，在通常情况下，相互之间甚至没有联系。

这些新的城市社区作为城市中复合型的经济、政治、文化和社会单元，构成了一种新的社会组织系统。这种社会组织系统不同于上文提到的企业、事业单位。这种社会组织系统以社区内各种服务机构和居民的某些利益为纽带，形成相应的有机联系，使得城市社区内的居民在共同的区域范围、共同的日常生活的基础上，逐渐形成了各具特色的社区共同体,其中既包括相互理解的行为规范、生活方式,也包括共同的社区意识、社会归属感。在这个过程中,各个城市社区为了完成整合、服务和管理的基本功能,为了形成相对稳定的社区秩序,就必须依赖一套相对完整的社区规则。这些正在成长中的社区规则,也构成了我国城市法体系的一个组成部分。

七、城市习惯与市场惯例

在西方,在中世纪西欧城市的社会生活和商业交往中形成且为广大市民所承认的各种习惯和城市法院的判例,也是欧洲中世纪城市法的渊源。城市法的许多实体内容就是当地的习惯法以及若干判例的记录。有学者注意到:"现今完成的大多数商法发端于商人习惯,并随着当时文化水平的提高才逐渐编纂成文。"[1]甚至到了当代,城市习惯和市场惯例仍然得到了各国法律的明确认可。譬如,美国《统一商法典》第1—102条规定:"使商业做法能够通过习惯、行业惯例和当事方协议不断获得发展。"日本《票据法》第41条规定:"外国通用货币之价格依付款地习惯定之。"法国《民法典》第1159条规定:"有歧义的文字依契约订立地的习惯解释之。"英国《商标法》第49条要求,裁判官要考虑商业习惯,等等。

当代中国不承认判例的法律效力(我国香港地区除外),但是,各个城市还是存在着若干规范市民生活和交往的习惯,以及各种各样的市场惯例。2023年9月29日,笔者检索"国家法律法规数据库"发现,在全文中包含了"习惯"一词的法律法规达1737条,其中多数条款都表达了对习惯和惯例的尊重,而在这些习惯中,就包括了大量的城市习惯和市场惯例。[2]

城市习惯与市场惯例尽管不是由中央、地方和城市的立法机构正式制定的法律法规和规章,但它们作为城市法体系的一个组成部分,自有其不可替代的价值和意义。因为,从制度变迁的理论来看,

---

[1] [美]道格拉斯·诺思、罗伯特·托马斯:《西方世界的兴起》,厉以平、蔡磊译,华夏出版社1989年版,第73页。

[2] 本书第三章专门讨论的市场自发规则,也可以归属于这里的"市场惯例"。

无论是社会发展还是法治发展，基本模式大致可以分为两种：一是有计划的变法模式，二是自生自发模式。前者主要依赖立法机构通过制定颁布相应的法律法规强制性地实现社会变革，后者倾向于强调发挥市场的作用、发挥经济规律的作用、发挥市场主体亦即理性的"经济人"的作用，以自然演进的方式，逐渐形成新的制度与规则。市场惯例、市场自发规则以及非正式的契约安排对于制度变迁的意义，经济理论界已有充分的讨论。[1]这些已有的讨论意味着，以城市习惯和市场惯例的名义，把城市中自发形成的行为模式及其规则化表达，尽可能纳入当代中国城市法的体系中，以补充制定法的不足和缺陷，是必要的。

小 结

在当代中国的法律体系中，城市法是一个值得认真对待的法律领域。为了推进关于城市法的研究，上文仅仅对城市法的体系做出了初步的讨论，目的在于给当代中国正在生长的城市法描绘出一个大致的轮廓。随着当代中国城市化进程的加快，受城市法调整的自然人一天比一天增多，这在某种程度上也可以说是城市法的地盘越来越大，因而也越来越重要。但是，无论是当代中国的城市科学还是法律科学，对于城市法体系的关注都是不够的，期待本节及本章的一得之见，能够引起对于当代中国城市法及城市立法的更多关注。

---

[1] 参见陈郁：《制度变迁、市场演进与非正式的契约安排》，载张曙光执行主编：《中国制度变迁的案例研究》（第1集），上海人民出版社1996年版，第30页。

第三章

民间法

第一节　制定法变迁过程中的民间法[*]

国家与社会二元划分的认识原则由来已久。正如黑格尔（G. W. F. Hegel，1770—1831年）在讨论国家概念时所说："从直接伦理通过贯穿着市民社会的分解，而达到国家——它表现为它们的真实基础——这种发展，这才是国家概念的科学证明。"[1]也许正是建立在这个认识原则的基础之上，制定法与民间法的二元划分才获得了相应的正当性依据。以至于这些年来，关于制定法、民间法及其分别对应的秩序问题，在中外学者的著述中都得到了较深入而广泛的讨论。只是，无论是在法学界还是在社会学、人类学领域，学者们集中关注的，大多在于强调这样一个事实，那就是，在源于国家立法机关的制定法之外，还存在着一种影响不小的民间法；这些存在于民间社会的民间法规则，不但自有其生长、发展和演变的历史，而且还形成了一种相对独立甚至还可能是相对封闭的民间秩序。

仅仅就民间法而谈论民间法，虽然有助于纠正法律概念的褊狭，有助于提醒人们注意：在法律的世界里，在出于国家的制定法之外，还有一种生于社会的民间法。然而，正是这种就事论事的思维模式，

---

[*] 本节内容，以《民间法在制定法变迁过程中的功能——以制度变迁理论为分析视角》为题，发表于《四川师范大学学报（社会科学版）》2003年第5期，修订后收入本书。

[1] [德]黑格尔：《法哲学原理》，范扬、张企泰译，商务印书馆1961年版，第262页。

在拓展了法学视野的同时,却可能人为地在制定法和民间法之间划出一道鸿沟,把一个原本是有机联系的法律世界割裂成彼此分离的两大部分。也许正是有鉴于此,黄宗智在一项关于清代民事司法制度的研究中,提出了制定法与民间法之外的"第三领域"概念。他的意思是,在制定法与民间法之间,存在着一个"第三领域",其基本形态是通过官方和民间相互博弈的方式解决纠纷,"正是在这里,国家与社会展开交接与互动。"[1]黄宗智提出的这一概念自有其不容忽视的理论意义,至少指出了在制定法与民间法之间存在着极为密切甚至是相互交融的联系。但是,在黄宗智所讨论的"第三领域"概念中,这种联系的基本功能又仅仅局限于解决民事纠纷。然而除此之外,这种联系还有没有其它方面的功能和作用呢?这显然构成了一个极具诱惑力的问题。

一、制度变迁理论视野中的制定法与民间法

就像海底世界中,一种生物与另一种生物之间到底发生了什么关联总是会让我们着迷一样;在社会生活中,制定法与民间法之间到底发生了什么样的关联?尤其是,那些正在发生的动态关联过程对于法律制度的变迁有何意义?同样是一个值得进一步追问和探究的社会之谜、法律之谜。然而,要解开这个谜底,或者说要真正理解民间法与制定法之间的内在联系,就必须找到一些有用的分析工具。这样的工具也许不止一个。目前经济学理论中日渐成熟的制度变迁理论,正好可以给我们提供这样一件工具。

制度变迁理论起源于诺思(Douglass C. North)在经济史研究中的发现。作为美国"新经济史"学派的代表人物,诺思通过他的一系列著作,诸如《西方世界的兴起》(华夏出版社1989年版)、《经济史中的结构与变迁》(上海三联书店1991年版)、《制度、制度变迁与经济绩效》(上海三联书店1991年版)等,不但已被中国经济理论界所熟知,而且还获得了诺贝尔经济学奖,成了名噪一时的制

---

[1] 黄宗智:《清代的法律、社会与文化:民法的表达与实践》,上海书店出版社2001年版,第107页。

度经济学的领军人物。

归纳起来,制度变迁理论的要旨是:分析变化了的自然环境、技术水平、人口结构、产权、道德文化、意识形态等诸多因素如何向人们提供了新的获利机会,从而提供了变革旧制度、创造新制度的动机;为了获得更大的收益或节约某些交易成本,人们必须进行制度创新。分而述之,这种理论的演进基本上依据以下三条线索而展开。

首先,在需求方面,科斯创立的一个基本观点是,制度是在变迁所获收益超过变迁所需成本时实现的,他特别强调了交易成本在制度变迁中的重要性。诺思、托马斯(Robert P. Thowmas)等人继承和扩展了科斯对制度变迁的需求分析,提出了需求导致制度变迁的理论观点,他们构造了一个需求分析框架:在现有制度结构下,由外部性、规模经济、风险和交易成本所引起的收入的潜在增加不能内在化时,一种新制度的创新可能应运而生,并使获取这些潜在收入的增加成为可能。

其次,在供给方面,拉坦(Vernon W. Ruttan)等人特别强调了影响制度供给的诸因素。他们认为,制度变迁的供给依赖于两个因素:知识基础和与收益相关的创新成本,并进而断言,如果我们拥有的社会科学的知识越多,我们设计和实行制度变迁就越顺利。沿着拉坦等人的思路,诺思在《经济史中的结构与变迁》一书中,对其以前的需求分析框架作了进一步补充和发展,把制度变迁的供给方面纳入其理论视野之中,认为国家的目标、意识形态等等都可能影响到制度的供给。

最后,到了20世纪80年代末期,D.菲尼立足于诺思等人已有的著述,力图把制度的需求方面与供给方面结合起来,建立了制度变迁的实证模型,并提出了一个分析制度变迁的启发式框架。该框架将比较静态方法与演进观点融为一体,旨在反复考察制度安排的演变。其基本思路是:从时间和空间的特定一点开始,最初阶段上的制度创新成为随后几个阶段中各种要素的组成部分,制度安排的某种起始的均衡由于有一个或几个外部因素的变化而受到冲击,为此,可以采用比较静态分析方法来分析外部冲击对制度安排的均衡所产生的影响。[1]

通过制度变迁的需求与供给的分析，特别是菲尼建立的综合需要和供给的分析模型，把比较静态与演进观点融为一体，以考察制度结构和制度变迁，不但可以构成一种有效的经济学分析框架，它同时也可以成为法学研究的一种重要方法或进路。因为，法律也是一种制度性构架，法律的变迁也离不开制度变迁的一般规律，事实上，制度变迁本身就包括了法律制度的变迁。

根据制度变迁的一般理论，制度安排可以分为两类：一类是基础性制度安排，另一类是第二级制度安排。在一个渐进性的历史变革过程中，在基础性制度变迁之前，很有可能发生的是第二级的制度安排。按照诺思和托马斯的看法，这种背离、修改或者绕开现存基础性制度安排的变化将会不断地产生压力，从而导致对基础性制度安排进行更根本性的修改。在此基础上，陈郁还作出了进一步的发挥，他认为，由于基础性制度安排具有公共物品的性质，第二级制度安排具有私人契约的性质，所以，具有公共选择性质的制度安排的确需要多个人之间的一致同意，或需要由政府来推进，它比两个人之间达成契约性安排要困难得多。因此，与基础性制度安排相伴随的变革所需要的费用，要大大超过以契约形式为代表的第二级制度安排所需要的费用。政府制定的法律规章制度和私人的市场契约安排，可以非常类似地对应于基础性制度安排和第二级制度安排。[2]

其实，政府制定的规章制度和私人作出的契约安排，并不能完全地对应于制度变迁理论中的基础性制度安排和第二级制度安排。因为，政府制定的规章制度有两类：第一类是立足于长远的规章制度，完全可以对应于"基础性制度安排"。譬如，微观或中观的基础性制度安排有下文将要讨论的上海证券交易所制度，相对宏观的基础性制度安排有家庭联产承包责任制度等。第二类主要是应急性的

---

[1] 参见邹薇、庄子银：《制度变迁理论评述》，载《国外社会科学》1995年第7期。
[2] 参见陈郁：《制度变迁、市场演进与非正式的契约安排》，载张曙光执行主编：《中国制度变迁的案例研究》（第1集），上海人民出版社1996年版，第30页。

措施，譬如下文将要讨论的中国人民银行上海市分行代表政府发布的关于价格管制的文件、政府在紧急时期发布的戒严令等，把这些临时性的、应急性的政府文件类比于制度变迁理论中"基础性制度安排"，则不甚恰当。

相比之下，制定法和民间法之间的二元划分更加类似于基础性制度安排和第二级制度安排。因此，有必要借用这样的制度变迁理论，来分析制定法与民间法的相互联系，尤其是其中的关联方式。不过，我们虽然借用了制度变迁理论的分析框架，但我们的分析角度与陈郁等人还是有所不同，主要表现在：陈郁等人从制度经济学出发，强调的是私人契约安排对于基础性制度变迁的意义，我们从法学视角入手，考察民间法如何与制定法结合在一起，共同塑造了一项新的法律制度，从而促成了法律制度的变迁。

当代社会和经济生活中已经涌现了许多这样的案例，即通过制定法与民间法的共同参与，特别是，通过制定法与民间法之间的冲突式合作，最终促成了某种旧的法律制度向新的法律制度的转化和演变。为了证明这样一个"法学猜想"，同时也使下文的分析有所依附，不至于太过空泛，我们将借用陈郁曾经描述过的一段上海股票交易制度发生和演变的历史为例。[1]

二、股票交易制度变迁过程中的制定法与民间法

历史上的股票交易曾经出现过两种形式：证券交易所内进行的交易和柜台交易。证券交易所内的交易高度组织化和制度化。相比之下，柜台交易不同于前者的地方主要有三点：一是交易柜台分散，规模大小不一；二是成交价格是协议价格，即由证券自营商与客户协商确定，而交易所的价格是拍卖价格；三是柜台交易适宜于小额零散的投资者，对交易数额没有任何限制；证券交易所的交易一般要达到一定数额才能进行。

1984年11月14日，上海第一家公开发行股票的企业——飞乐

---

[1] 陈郁：《制度变迁、市场演进与非正式的契约安排》，载张曙光执行主编：《中国制度变迁的案例研究》（第1集），上海人民出版社1996年版，第32~41页。

音响公司发行股票50万元,并由工商银行上海分行静安信托分部(以下简称"静安信托")首次代理发行业务。此后,股票持有人就开始提出转让要求,并进行了一些自发的实际转让。对此,中国人民银行上海市分行及时作出的相应规定是:持有人如果要转让股票,需自找对象,并到代理发行者那里办理相应的转让手续,其转让价格为中国人民银行上海市分行统一规定的票面金额加银行活期储蓄利息。据考证,这是那个时期最早的股票转让活动。显然,这种股票转让活动是极受约束的:一是转让价格受到限制;二是要完成转让只有到唯一的原代理发行者那里办理过户手续。原代理发行者只是一个过户机构,还起不到交易中介的作用。

政府为了对逐渐出现的股票交易需求作出回应,1986年9月26日,经中国人民银行上海市分行批准,"静安信托"首次成立了证券业务部,开始公开挂牌代理买卖股票,由此出现了最早的股票柜台交易活动。对于转让价格,中国人民银行上海市分行仍然作出了规定:票面金额加上至成交时预测的股息和红利。在此之后,在不到一年的时间里,开设股票交易柜台的机构从"静安信托"增加到交通银行、农业银行等9家机构。

随着柜台交易的兴起,中国人民银行上海市分行于1987年1月5日制定了《证券柜台交易暂行规定》。该规定的第7条指出:"经营证券柜台交易的金融机构受托后,根据委托人委托日期先后予以登记,通过公开挂牌等方式帮助物色对象。对象落实后,按价格优先和时间优先原则填具成交单予以成交。"这项规定表明了政府的态度:放开股票交易价格,实行随行就市。由此,交易的当事人各方可以利用个人掌握的知识或信息来形成对自己有利的协议价格,再加上交易场所分散导致的市场的不完全,为股票的私下转让创造了一定的条件。

股票的私下交易在1987年已有一定的规模。据《新闻报》1987年7月28日报道:"'黄牛'活动猖獗,已经从开始时的躲躲闪闪的'门外交易',发展到现在公然截住来此出售证券的顾客,强行收购。"股票私下交易的出现,"黄牛起了很大的作用",因为,他们对各个证券交易点每天的牌价十分清楚,他们利用价格的差异倒卖倒买，获取利益。尽管政府多次动员力量对这种以"黄牛"为代表的私下交易活动进行打击、取缔，但是，这类活动总是"死灰复燃"，其个中原因是："柜台交易分散后，各家自订收入价和卖出价，难于体现（证券交易）一个时点一个竞争价的原则。信息不灵，流通不畅，价格难称公开。"（《新闻报》1987年10月3日）

到1990年，由于深圳出现人人争购股票的热潮，股票严重供不应求。当年5月至6月间，深圳"冲击波"冲到了上海。7月，上海股市终于被炒热，场外股票私下交易异常火爆，上海的股票私下交易达到了顶点。据《新闻报》1990年7月28日报道："这几天，上海股票市场热得出奇，仅本月25日一天，静安证券业务部成交的股票就达90万以上，相当于今年上半年股票交易总量的十分之一。"

股票的暴涨以及由此导致的私下交易，引起了政府的注意。1990年8月3日，中国人民银行上海市分行向各家开有股票交易柜台的单位下达了《关于加强股票市场管理的通知》，该通知立足于价格干预和取缔场外交易，指望以此遏制股票暴涨局面，杜绝股票私下交易。具体措施是："各柜台每天代理买卖的成交价格，必须在金管处加权平均价格上下3%的幅度内浮动……，所有未经柜台办理的场外交易，柜台一律不予接受，不得办理过户。"

政府的这番努力效果如何？不妨先看价格。8月3日"通知"下达后，各柜台的成交价均执行3%的浮动范围。由于这时股票上涨势头强劲，在每天3%的上涨幅度的限制下，绝少有人愿意以柜台挂牌价抛售股票，结果只会是"有行无市"。譬如，在1990年11月至12月《新闻报》刊登的"上海股票行情"栏中，只有各种股票的买入价，而没有卖出价数字。不过，此时场外的私下交易却依然火爆：远道而来的深圳客商与上海本地"黄牛"一拍即合，相互合作，四下搜刮股票，各得其利。股票私下交易的双方是这样来对付3%的限价措施的：买卖双方先在场外谈好了价格，然后大模大样地去柜台按限定挂牌价合法地办完了手续，出了门，再由买方私下将差价贴给卖方。

再看取缔场外交易的情况。1990年8月22日，中国人民银行上海市分行为打击股票私下交易颁布了新措施，其中规定：私下成交或指定卖出对象的股票，证券机构一律不准办理过户手续；11月21日，中国人民银行上海市分行、上海市工商行政管理局和上海市公安局联合发布了《关于取缔有价证券非法交易活动的通知》，该通知措辞之严肃、立场之鲜明，为数年来有关证券市场的地方规章中之最。然而，在高额利润的诱引下，过户虽难，但总有些神通广大的人操起了过户的行当。"过户专业户"甚至"过户公司"应运而生。各种按照正式规定都不能过户的股票一到"过户专业户"手中，便能起死回生：通过内部疏通实现过户。

1990年12月19日，上海证券交易所成立，结束了上海股票柜台交易的历史，股票的私人交易从此开始销声匿迹。上海股市由一个柜台交易伴随着"黑市"交易的阶段走向了"白市"交易。

三、制定法与民间法的冲突式合作在制度变迁中的作用

在上海股票交易法律制度的变迁过程中，我们可以发现，有两种规则一直难分难舍地搅和在一起，第一种规则是政府出台的正式规则，为简便起见，我们可以将其称之为制定法规则。第二种规则是民间自发出现的非正式规则，与制定法规则相对应，我们可以称之为民间法规则。1990年12月19日上海证券交易所的正式出现，作为一种新的法律制度（即基础性制度安排）与这两种规则都有至为密切的渊源关系，不妨说，正是发生在制定法规则与民间法规则之间的一系列冲突性合作关系，共同塑造了今日上海乃至全国的证券交易法律制度。分而述之，发生在制定法与民间法之间的这个既冲突又合作的过程，大致经历了三个阶段，不妨称之为三次冲突式合作。

第一次冲突式合作的起点是1984年11月14日，代表政府一方的中国人民银行上海市分行批准飞乐音响公司发行股票，尽管这不过是一次行政审批行为，但却可以看作是政府出台的有关股票制度的第一个制定法文件。正是这个制定法文件，为社会公众提供了一个可能获得巨额利益的潜在机会，并造就了最初的一批股票持有人。只是，政府虽然批准了发行股票，但股票发行之后，社会公众会出现什么样的制度需要，政府并没有作出进一步的规定。这时候，民间社会将会出现的不可避免的现象是：一些股票持有人由于对股票

的远期收益信心不足，或因为其他种种原因，希望转让手中的股票；而另一些没有买到股票的人则可能因为相反的收益预期而要求投资股票。于是，股票转让制度就成了一种难以遏制的社会需要。在政府出于各种成本的考虑，没有提供正式的转让制度和规则的情况下，伴随着一些自发的股票转让活动的出现，民间社会为这种转让活动提供了相关的非正式的制度和规则。

为什么会出现这种由民间替代政府供给股票转让制度和转让规则的现象？从制度变迁理论来看，最主要的原因还在于成本与收益的对比。只要在民间自发的股票转让者之间相互协商，形成一定的转让规则，就能实现自己的利益最大化。这些没有经过政府认可的转让规则当然包含了一定的风险，但这些可以采取一定方式加以控制的潜在风险与眼前巨大的现实收益相比，已处于次要位置。而对于政府来说，情况则正好相反：在股票转让者还没有达到一定规模之前，投入巨大的人力、物力和财力，建立一整套股票转让的规则、机构和人员，很可能是一件成本大于收益的选择；而且，除了经济成本过高这个因素之外，在改革开放初期，把"资本主义的"股票交易搬到社会主义的中国来，还可能存在一定的政治意识形态方面的风险和成本。正是对政府来说综合成本大于整体收益的形势下，由民间社会而不是政府提供了股票转让的最初的制度和规则。

由于资料的限制，虽然我们无法细致地描述或再现这些自发的股票转让的具体规则，但可以推测，伴随着自发的股票转让行为，必然会在股票转让人和被转让人之间产生一些行为规则，形成自发的转让秩序，否则，自发转让根本就不可能实现。这些自发产生的股票转让规则，就属于民间法规则。具体到这个案例，我们可以说，这是民间法第一次与制定法进行接触，其基本方式是，民间法规则填补了制定法规则的不足。不过，制定法很快对此作出了回应，那就是，中国人民银行上海市分行及时作出了相应规定：持有人要转让股票需自找对象，并到代理发行者那里办理转让手续，并进一步规定了转让价格为中国人民银行上海市分行统一确定的票面金额加银行活期储蓄利息。

政府提供这样的转让制度当然也是出于成本与收益的考虑：由

于民间社会已有自发的股票转让行为，如果不进行一定的管理，很可能导致无序和混乱，从而影响金融秩序和社会稳定；而"管理"的成本又非常低廉，只需要股票的原代理发行者增加一项相对简单的业务即可，不费一兵一卒，甚至不增一草一粮，就可以实现对股票转让的有效"管理"，既顺应了股票转让者的要求，又可得到社会秩序方面的回报，当然是收益远大于成本。

制定法与民间法第一次冲突式合作导致的结果，虽然让股票转让行为有了"制定法"可依，促进了证券交易制度发生了一点变化。其中最主要的一点当然是方便了政府的管理，但是，它却不可避免地限制了股票转让行为者的自由：转让价格不但受到制定法规则的严格约束，不能自由协商；而且转让过户也只能到指定的唯一的原代理发行机构。而原发行代理机构只是一个过户机构，并不起到股票交易中介机构的作用。

从股票交易者的角度看，政府提供的股票转让的正式规则过于苛刻。如果严格按照政府的规则去做，在经过一番折腾或者说付出一笔交易费用之后，可能收获甚小，甚至除去成本已没有什么收益可言。正是出于这种计算，虽然有政府提供的转让制度，但大量的股票交易者还是选择了私下交易。

面对社会上自发的、私下的股票交易过程中形成的交易秩序及其相应的民间法规则，政府第二次作出了回应：批准"静安信托"等九家机构公开挂牌代理买卖股票。柜台交易由此产生。而且，在政府随后制定的《证券柜台交易暂行规定》中，还放开了股票交易价格，实现了随行就市。这些措施的出台，可以看成是制定法与民间法之间的第二次冲突式合作的结果：政府提供了股票通过柜台自由交易的制度。支撑政府作出这个决定的原因是，政府可能认为提供一个股票交易的中介机构，不但可以满足人们自由交易股票的愿望，还可以有效地推进金融体制改革的试验，在成本与收益的权衡中，还是值得的。

随着柜台交易制度的出现，反而刺激了相应的民间法规则的迅速滋生。因为，在九家各自分散的场所进行直接交易，各家自定交易价格，使得交易不再是一种非人格化的交易，而是一种人格化的交易，交易的当事人各方可以利用个人掌握的知识或信息来形成对自己有利的协议价格，这种市场不完全不可避免地促成了大量的私下转让和地下交易。[1]特别是熟悉各交易点牌价的"黄牛"，他们善于收集利用各交易点的价格差，更是占尽优势。这时候，收集各个交易点的价格信息，构成了一个巨大的获利机会，成为一件有利可图的事。谁能更加快捷、更加准确地收集到各交易点的价格，谁就能够依靠这种"信息"获得更大的收益，而所需成本，仅仅就是各个交易点牌价的信息搜寻成本（主要是时间成本）。正是其中的收益大于成本，孕育了支配"黄牛"（及其他交易者）参与股票私下交易的民间法规则。

在政府看来，这些依靠价差信息和私下交易迅速获利的民间法规则，损害了政府的利益（譬如政府着力维护的社会秩序、金融秩序等），因此政府迅速地作出了回应，制定了《关于加强股票市场管理的通知》，该规则立足于价格干预（3%的浮动范围）和取缔场外交易、私下交易。而此前曾经出台的价格自主规则亦被取消。由此造成了制定法与民间法之间的第三次冲突式合作，只不过，重心已从合作转变为比较尖锐的冲突："黄牛"和来自深圳等地的炒手奉行的是私下交易规则，政府则明令要求严厉处罚私下交易。但是，在获利动机的鼓动下，冲突中也有合作，因为炒手们私下交易的股票所代表的权利，必须获得政府的确认，否则，这些权利将得不到有效的保障。所以，炒手们奉行的民间法规则还必须在制定法规则中寻找生存与获利的空间，其结果是产生了两种基本的民间法规则：其一，针对制定法规则中3%的限价规定，民间法规则是由买方私下里将协商而成的价差贴给卖方。其二，针对私下交易不能过户的制定法规则，民间法又提供了"过户"规则，只要你愿意付出"过户规则"中规定的价码，总有些人能帮你实现顺利过户。[2]

不过，这些民间法规则与制定法规则之间的冲突式合作并没有

---

[1] 参见陈郁：《制度变迁、市场演进与非正式的契约安排》，载张曙光执行主编：《中国制度变迁的案例研究》（第1集），上海人民出版社1996年版，第34页。

[2] 参见喻中：《法律文化视野中的权力》（第2版），法律出版社2013年版，第153页。

持续太久,因为,数月后的1990年12月19日,上海证券交易所就成立了。这一事件,可以视为制定法与民间法之间冲突性合作的阶段性结果。因为在政府看来,改革开放已经十多年了,提供一套证券交易所制度已不必再考虑"姓资姓社"等意识形态方面的成本了,证券交易所会产生巨大的融资效果,会带来丰厚的财税收入,有利于促进就业率的提高,有利于与国际经济接轨……诸如此类的收益,已经远远大于建立证券交易所制度所需要的综合成本。换言之,上海证券交易制度变迁的一系列动态过程,直至正式交易所制度的最终出现,都可以在制度变迁理论的分析框架中找到合理的解释。

与此同时,在证券交易法律制度的变迁过程中,我们还可以看到另一条线索,那就是政府的制定法规则与社会的民间法规则之间,反反复复地相互补充、合作、冲突、抗争,正是二者的冲突性合作,终于促成了现在的证券交易法律制度的诞生。在形成这项"基础性制度安排"的变迁进程中,政府的决心、意图以及金融改革乃至全球经济一体化的大趋势,可以说起到了决定性的主导作用,或者说,在中国的某一个城市建立证券交易所制度,已是大势所趋,不容逆转。但是,民间社会中自发形成的民间秩序、民间规则,对于尚在孕育中的证券交易所在何时、何地、以什么样的姿态降生,对于证券交易所这种"基础性制度安排"的形成,都起着不可忽视(但常常又被我们忽视)的重要作用。

四、民间法在法律制度变迁过程中的功能

在法学理论上,与"非正式的契约安排"相对应的民间法在法律制度变迁过程中的功能与意义,可以初步地概括为以下几个方面:

首先,民间法为法律制度的变迁提供了需求信号。一个社会在特定的时间范围和空间范围中,到底需要什么新法律、新制度?这是任何一个中央立法机关、地方立法机关和城市立法机关在制定立法规划时首先必须考虑的问题。换言之,国家要通过制定规则的方式来推进法律制度的变迁,必须事先确定往哪个方向"变"、往何处"迁",要解决这个问题,更为根本的信息也许隐藏在本国特定的社会群落之中,特别是流行于其中的民间法,其可以为正式法律制度

的"供给"提供最为真实的需求信号。举个例子,在改革开放之初,安徽凤阳的小岗村自发兴起的"包产到户",就是一个典型的,而且还与当时的国家制定法规则完全对立的民间法规则,但它提供了整个中国农村对正式法律制度的一个需求信号。改革开放之初的国家立法者及时捕捉到了这一信号,最终为中国的农村社会提供了后来的家庭联产承包责任制度。可见,从民间法中寻找法律制度变迁的需求信号,是一个值得重视的有效路径。如果参考上文提及的诺思的意见,承认基础性制度安排是第二级制度安排压力作用乃至引致作用的结果,我们不难想象,民间法在引导、促成正式法律制度的变迁中可能会发挥多么巨大的作用。

其次,民间法为法律制度的变迁降低了供给成本。按照制度变迁理论,法律制度的供给成本将是多方面的,其中最主要的当然是经济成本。譬如,如果政府在批准一家或数家企业发行股票的同时就建立起股票交易所的规则和制度,考虑到这项制度较高的投入成本(生产这种公共产品的成本较高),较小的参与股票交易的人群(消费者太少),对于政府来说,无论如何都将是一种得不偿失的选择。但是,由于股票私下交易中存在巨大的经济利益和较多的获利机会,促成了"私下交易规则""过户规则"等民间法规则的涌现,这就形成了有"法"——哪怕是民间法——可循的局面。在民间交易规则的约束下,大量的交易者比较放心地进入股票私下交易的行列。这时候,政府如果再来建立一套股票交易所制度,消费这个制度的顾客(参与股票交易者)就大大增加了。再加上与民间法博弈过程中逐渐积累起来的知识和经验,也会大大降低政府提供一套股票交易所制度所需要的知识成本或"信息搜寻成本"。再者,民间法也是一种社会规范,也在调整着一定范围内的经济秩序和社会生活秩序,正式法律制度的变迁如果充分考虑到民间法的规则和原则,将可能造成一个秩序更多而混乱更少的社会。从这个意义上看,尊重民间法规则还可能降低法律制度变迁中的安全风险、秩序风险。

再次,如果不局限于制度变迁理论,我们还可以发现,民间法由于存在比较广泛的民意基础,可以为一项新的法律制度增添更多的合法性基础。不妨还是以上海股票交易制度的建立为例:尽管政府曾多次明令要求取缔场外交易和私下交易，也曾严格规定了股票交易价格的浮动范围，至于内部疏通非法过户，更被列为禁止、打击的活动。但是，股票的私下交易之风依然盛行，价格管制也被交易者"成功"地规避。这些现象说明，在民间法的范围内，要求自由交易、自由过户的呼声已极为强烈，甚至可以说是代表了大多数社会公众的普遍意愿。政府于1990年12月19日设立上海证券交易所，建立自由交易的正式法律规则的尝试，自然就不会缺少民意基础，因而可以比较容易地实现"政府满意"和"社会满意"的"双赢"效果，从而使法律制度变迁的社会阻力降到了最低点。

最后，从上海股票交易短短六年间一波三折的变迁史可以看到，民间法与制定法之间反复博弈的过程，实际上反映了政府的主观愿望与社会公众意志一直都在不停地试探、交流、妥协甚至讨价还价，最后终于达成了皆大欢喜的一致。在这个过程中，由于民间法规则受到重视，制度变迁所带来的社会震荡被减缓。更重要的是，政府原先的一些过于强烈甚至是不切实际地干预社会的制度设计，譬如价格管制、柜台交易等，得到了一定程度的修正。从这个意义上，我们还可以把制定法与民间法之间的二元划分，类比为经济体制中的计划和市场：制定法体现的是政府自上而下地、积极地规制社会，在经济领域，计划的功能也大致如此；民间法反映了自发形成的社会生活秩序，与市场机制自动地配置资源也极为相似。如果我们承认计划有其不可避免的缺陷，需要市场来弥补；那么我们同样可以说，要实现一项法律制度的变迁，单单凭借制定法的构建也是有缺陷的。民间法由于贴近社会，是某个特定社会的历史传统、风俗习惯、社会意识的综合反映，应该成为校正制定法的可能存在的偏差的有效工具。

小 结

更加全面地看，民间法规则作为一种自发形成的规则群落，自然是良莠相杂，"良"的那一部分自然不用说了，立法者通过"认可"这道工序，就能把它们加工成新的正式的法律制度或"基础性制度安排"。至于"莠"的那一部分，譬如曾经在各地盛行的传销规则，以及"黄赌毒"领域的交易规则，尽管可以称之为"负面规则"，必须予以取缔或加以遏制。但如果换个角度我们又会发现，正是由于这些负面的民间法规则的广泛存在，才使得改革和更新现行法律制度成了必需之事、迫切之事。从这个意义上看，那些危害社会的民间法规则，也许还可以充当法律制度变迁的压力和动力。

第二节　作为民间法的市场自发规则[*]

在关于制度变迁的经济学理论中，有诱致性制度变迁与强制性制度变迁，其中，"诱致性制度变迁指的是一群（个）人在响应由制度不均衡引致的获利机会时所进行的自发性变迁；强制性制度变迁指的是由政府法令引起的变迁"。[1]虽然自发性制度变迁通常也需要政府行动来加以促进，但为了便于分析起见，将这两种变迁从类型上加以区分，依然是必要的。

与这种经济学关于诱致性制度变迁与强制性制度变迁的两分法相对应，在法学理论中也出现了一种两分法：政府推进型法治与自然演进型法治。[2]其中，政府推进型法治强调政府（广义的）通过理性的设计，积极主动地设立一套适应市场经济需要的法律制度，其哲学基础可以概括为理性主义。自然演进型法治强调本土经验在法治进程中的意义，其哲学基础可以概括为经验主义。就像前文提到的"自发性制度变迁通常也需要政府行动来加以促进"一样，政府推进型法治与自然演进型法治其实也是相互交叉的，并不能斩钉截铁地切割开来，但是，把"政府推进"与"自然演进"作为两种类型的法治进路，同样是必要的。

---

[*]　本节内容，以《民间法视野中的市场自发规则》为题，发表于《民间法》（第2卷），山东人民出版社2003年版，修订后收入本书。

[1]　林毅夫：《关于制度变迁的经济学理论：诱致性变迁与强制性变迁》，载[美]罗纳德·H.科斯等：《财产权利与制度变迁：产权学派与新制度学派译文集》，刘守英等译，格致出版社、上海三联书店、上海人民出版社2014年版，第263页。

[2]　参见郭德德：《试论中国的"政府推进型"法治道路》，载《中共中央党校学报》2001年第2期。

法学理论中虽然区分了法治发展的两种进路，但针对这两种进路的研究却显得"冷热"不均。大体上说，关于政府推进型法治的研究成果较为丰硕。相比之下，关于自然演进型法治的研究较为薄弱。由此导致的知识格局是：虽然我们知道市场经济法律制度存在着自然演进的可能，也知道在遵守国家制定法之外，还要服从自发形成的市场规则、市场惯例甚至国际惯例，但是，众多自发形成的市场规则是如何形成的？又是怎样变迁的？甚至更进一步，为什么要遵守这些自发形成的市场规则？诸如此类的问题，在法学理论中都还没有得到全面展开。

在法学理论中，尤其是在法社会学或社会学法学中，立足于国家法与民间法的二元划分，针对国家法之外的民间法的研究日渐繁荣。研究者广泛吸纳社会学、人类学、文化学等相关学科的研究方法，已经在民间法的研究领域拓展出一片较为广阔的空间。但是，阅读关于民间法的众多研究文献，我们又可以发现一个比较明显的倾向，那就是，研究者关注的民间法及其秩序，大多聚焦于乡土社会特别是边远地区，似乎民间法主要就是边远地区的民间法。

其实，"民间"主要是一个与政府或官方相对应的概念。乡村社会、边远山区固然是"民间"，城市中的市井其实也是"民间"。在物质条件、生活方式、行为规范乃至价值准则等方面，乡村和城市当然存在着各种各样的差别，但是，相对于官方，二者又同属于"民间"。因此，民间法既应该包括乡村社会中的民间法，同时也应该把城市社会中的市场自发规则和自发秩序纳入民间法的理论视野之中。

在以上分述的经济学与法学分别奠定的理论基础之上，有必要针对民间法研究领域中不为人所重视的另一面，即城市社会中的民间法，作一些基本的考察。不过，正如乡村社会中的民间法极为纷繁复杂一样，城市社会中的民间法也是一个丰富多彩的规则群落，在这里，只对其中的一种形态，即民间法视野中的市场自发规则，作一些初步的讨论。

这里所说的市场自发规则，主要是指在市场经济中"随经验而演化的规则"。[1]以此为基点,下文的基本思路:首先考察市场自发规则的基本特征;其次,借助一些典型案例,从制度经济学的理论视角,考察市场自发规则如何产生、变迁和演化;最后,略述市场自发规则在市场秩序形成过程中的作用。

一、市场自发规则的基本特征

市场自发规则的基本特征可以从各种不同的角度来描述。一种相对简便的方式,是把市场自发规则的基本特征划分为实质特征与形式特征两个方面。其中,实质特征也可以称为内在特征,形式特征也可以称为外在特征。

(一)市场自发规则的实质特征

顾名思义,市场自发规则的实质特征就是自发性。市场自发规则是一种自发形成的市场规则,它对应于一种自发形成的市场秩序。市场自发规则的自发性集中体现为:这是一种没有事先设计与规划的市场规则。在市场上,已经形成了某种规则,各方主体都承认这种规则的存在。但是,各方主体都很难找出这种规则的具体制定者或具体设计者。我们也许可以说,是某个市场的所有参与者以不同的方式共同促成了这种规则的形成,相关的各种主体(包括政府在内)都为这种规则的形成做出了贡献、发挥了作用,但是,各种具体的主体都可以置身事外。如果这个规则是一个"不好"的规则,没有人为它负责或承担相应的消极后果;反之,如果这个规则是一个"好"的规则,也没有人能够"独享"其功。这就是市场自发规则的自发性。

关于市场自发规则的自发特征,哈耶克(Friedrich August von Hayek,1899—1992年)的一些论述具有一定的参考价值。譬如他说:"一种秩序之所以最初是以自发的方式形成的,乃是因为个人所遵循的规则并不是刻意制定的产物,而是自发形成的结果。"不过,"就我们所熟悉的这种社会而言,在人们所实际遵循的规则中,只有

---

[1] [德]柯武刚、史漫飞:《制度经济学:社会秩序与公共政策》,韩朝华译,商务印书馆2000年版,第119页。

一部分是刻意设计的产物,如一部分法律规则(但是即使是法律规则,它们也不都是刻意设计的产物),而大多数道德规则和习俗却是自生自发的产物。即使是那种以人造的规则为基础的秩序,也可能会具有自生自发的特征。"〔1〕这就是说,"自发性"的对立面主要是"刻意制定"或"刻意设计"。从源头上说,最初的规则都是自发形成的;哪怕就是在现代的文明社会中,人们遵循的大多数规则也是自发形成的。由此看来,"自发性"还可以解释一切规则的起源。

哈耶克还运用自然现象来解释自生自发的规律与秩序,他说:"在许多情况中,我们还是必须依赖于个别因素间自生自发的调适以形成一种物理秩序。如果我们试图凭靠我们自己的力量将每个个别的核子或原子置于与其他核子或原子相互关系中的恰当位置上,那么我们就永远不可能形成一结晶式的或复合式的有机混合体。我们必须依赖于这样一个事实,即在某些条件下,这些核子或原子会将自己排列进一个具有某些特征的结构之中。让这自生自发的力量发生作用,在这些情形中可以说是我们达致所欲求结果的唯一手段,因此让这种力量发生作用也就意味着,在创设这种秩序的过程中,有诸多方面实是我们控制力所不及者。"这只是一个比方,"同理,我们能够为社会秩序的型构创造一些条件,但是我们却无力为各种社会要素安排一确定的方式,以使它们在恰当的条件下有序地调适它们自己"。〔2〕哈耶克从自由主义立场出发对自生自发秩序的论证,有助于我们理解市场自发规则的自发属性。

(二) 市场自发规则的形式特征

一方面,市场自发规则数量庞大、内容丰富。无论是市场交易规则还是市场主体内部规则,从数量上看,都是数不胜数的。一般而论,任何两个不同的市场,其自发形成的交易规则总是存在着各种各样的差异。任何两个市场主体,在其内部形成的规则也不可能完全相同。由此看来,市场自发规则就像一片蓬勃生长的野生丛林,

---

〔1〕 [英] 弗里德利希·冯·哈耶克:《法律、立法与自由》(第1卷),邓正来、张守东、李静冰译,中国大百科全书出版社2000年版,第67页。

〔2〕 [英] 弗里德利希·冯·哈耶克:《自由秩序原理》,邓正来译,生活·读书·新知三联书店1997年版,第200~201页。

多姿多彩，五花八门。

市场自发规则虽然是一个芜杂的规则群落，但是，其中也有一些规律可供探寻。如果对市场自发规则进行分类考察，则可以找出它们各自的规律。譬如，"商人习惯"就是一个具有普遍意义的问题，研究不同时代、不同地方、不同行业的"商人习惯"，就有助于认识市场自发规则的一个领域。再譬如，"行业自律规则"也具有普遍意义，它既是一种市场自发规则，同时也有待于政府的合理引导。

另一方面，市场自发规则变化较快、稳定性较弱。这里所说的"变化较快"主要是相对于国家制定法而言的。虽然，国家制定法也会通过"修改"程序适时发生变化，但是，相比之下，市场自发规则的稳定性就更弱了。有一些市场自发规则，如下文所述，在极端情况下，甚至可以用"即生即灭"来形容。这种快速变化的特征，也让市场自发规则不同于其他类型的民间法，譬如，传统的乡土社会中的民间法规则，在通常情况下都呈现出较为稳定的特点。乡土社会中的民间法规则与市场自发规则在稳定性方面的差异，在一定程度上也可以彰显农耕社会与工商社会的差异：乡土社会中的民间法规则，主要是农耕社会的伴生物。典型的农耕社会主要是熟人社会，人员流动性较小，某种特定的民间法规则一旦形成，可以在较长时期保持基本稳定。但是，市场自发规则主要是工商社会的伴生物。典型的工商社会主要是陌生人社会，人员流动性较大，人们带着货物或货币四处寻找获利机会。在工商社会中，获利机会随时形成、随时消失，在极端的情况下可以说是转瞬即逝，与之相对应的市场自发规则自然就处于相对快速的变化过程中，正是在这个意义上，市场自发规则总是呈现出快速变化的外在特征。

进一步看，同时也是从另一个角度来看，市场自发规则的运动变化，还体现为从非正式规则向正式规则的转化。其中，非正式规则是市场自发规则的初级形式，正式规则代表了市场自发规则发展的高级阶段。两者的主要区别是，前者几乎没有正式发挥作用的、并由第三方来执行的惩罚机制；后者则恰恰相反，存在着一个明确的强制性的第三方。具体地说，非正式的市场自发规则主要体现为那些未得到国家正式制度公开支持的规则，譬如市场习惯、习俗等。

遵循这类规则的主体能够获得明显的收益，违背这种规则将会承担某种不利后果。这样的非正式规则在市场中自发形成，大家相约共同遵守。对于规则的违反者，除了行为人自己受损，同时也可能导致其他缔约人受损——即经济学上讲的"囚徒困境"[1]，并没有来自第三方的正式惩罚。

正式的市场自发规则主要体现为在一个市场群体内以正规方式发挥作用并被强制执行的规则形态。如果仅从形式与内容来看，这种正式的市场自发规则已经与国家颁布的法律规则相去不远了。但无论是从制定主体还是责任形式来说，它们仍不能被归到国家制定法的范围中去。这类由市场自发形成的规则既可能存在于某一个特定的行业中，以行业自律规则的形式表现出来；也可能存在于整个市场领域内，成为一般商业活动的基本准则。在当今中国，这种作为正式的市场自发规则的商业活动的基本准则，我们可以举出的典型例子是上海证券交易所和深圳证券交易所的上市规则，即《上海证券交易所股票上市规则》和《深圳证券交易所股票上市规则》。这两个上市规则虽然都是经两个交易所理事会会议审议通过并报中国证监会批准后生效，且并不具有制定法意义上的法律效力，但它们在一定程度上已经成了我国证券（上市）活动的基本准则。道理很简单，在我国，任何一个发行股票的公司要想让自己的股票在上海证券交易所或者深圳证券交易所上市，都必须要遵守这两个"市场规则"。此外，目前在国际市场上最著名的市场自发形成的正式规则主要有《国际贸易术语解释通则》《华沙—牛津规则》《约克—安特卫普规则》《托收统一规则》《跟单信用证统一惯例》，等等。

从历史上看，所谓市场经济的法律规则，最初就是从这些市场主体的自发行为中产生的。研究发现，"现今完成的大多数商法发端于商人习惯，并随着当时的文化水平的提高才逐渐编纂成文。为实施贸易协议而制定的清晰的成文法，如所预料，首次在商业贸易繁荣的城镇和集市上出现了。由于意大利诸城市处于这一商业发展的

---

[1] [德] 柯武刚、史漫飞：《制度经济学：社会秩序与公共政策》，韩朝华译，商务印书馆2000年版，第111页。

前列，它们在使法律形式正式化方面也是领先的。不过，国际商业的兴隆注定使指导某一重要地区贸易的一些原则不可避免地将被吸收和纳入指导区际贸易的法律大全之中"。[1]这就是说，面向市场的法律规则，它的早期源头就是商人习惯。

市场自发规则生成发展的历史，从外在表现与外在特征来看，也可以说是从非正式的市场自发规则逐渐转化成为正式的自发规则的历史。

二、市场自发规则的产生和变迁

要理解和把握市场自发规则是如何产生和变迁的，我们可以借助制度经济学的分析框架，通过一个典型案例，作出初步的分析。

在杨晓维的《产权、政府与经济市场化——成都自发股票交易市场的案例》一文中，描述了成都红庙子自发股票交易市场形成、兴盛和衰落的过程，以及与此相伴随的市场自发规则及其市场自发秩序的产生、演变的历史：最初，股票交易利益的存在，并且该利益随着1992年深、沪股市的牛气冲天和"川盐化"股票的即将上市而剧增，这是自发股票交易规则产生的背景和条件。在1993年1月"川盐化"上市前，政府决定，可以根据股票和身份证复印件办理股东身份确认和过户手续，使股票成为可交易、可实施的权利，促成了自发股票交易市场基本规则的形成和兴盛。最后，到了1993年4月，股市迅速衰落，也造成了相应的自发交易规则的衰微。[2]这个案例的基本轮廓大致如此，若干细节将在下面的分析中进一步交代和展开。

首先，成都股票自发交易市场及其自发交易规则的产生，是在以下四种因素的作用下，诱发了新的获利机会，使得公众相信，按照一定的规则私下交易股票，将是一件有利可图的事。其一，公众

---

[1] [美]道格拉斯·诺思、罗伯特·托马斯：《西方世界的兴起》，厉以平、蔡磊译，华夏出版社1989年版，第73页。

[2] 关于成都股票市场的有关资料，详见，杨晓维：《产权、政府与经济市场化——成都自发股票交易市场的案例》，载张曙光执行主编：《中国制度变迁的案例研究》（第1集），上海人民出版社1996年版，第1~22页。

手中持有大量股票。早在 20 世纪 80 年代初期，四川就出现了少数股份公司，通过向内部职工发行股票筹集资金。但当时的股票，不仅有确定的股息率，还有还本期限，实际上近似于企业债券。80 年代后期，四川开始进行股份制企业的规范性试点，将部分企业已经发行的债券和"股票"转为"规范化"的股票和股权证。至 1993 年 2 月，发行的各类"股票"多达 10 多亿元。这些经过"规范化"改造的股票和股权证，不再还本，也不再按固定利率付息，而是作为行使股东权利的凭证。但是，按照国家体改委当时的规定，公司内部职工持有的股权证不得向公司以外的任何人转让，即使在公司内部，三年内也不得转让，因而股票的私下交易是被禁止的。其二，公众持有的股票有可能在深圳上市。因此，早在 1992 年 4 月，一些投机者根据"四川峨眉山盐化工业公司"（即"川盐化"）的股票将要在深圳上市的内幕消息，就已经开始收购"川盐化"的股票和股权证。其三，赴深、沪炒股的交易费用太高。尽管后来成都逐渐开通了与深、沪两地直接交易的网络，但交易成本（要求 1 万元人民币的开户资金、证券公司少且服务质量差、异地炒股难以获取相关信息等）仍嫌过高。其四，在 1992 年 7 月至 8 月之间，深、沪股市暴涨，使人相信，以高于票面值购进即将上市的原始股是一件有利可图的事；大量按票面值购入的未上市的原始股东，也认为能以高于面值的价格出售不能还本的股票，是一件收益大于成本的事。由于上述四种因素，成都地区的股票私下交易开始活跃起来。交易者逐渐在成都当时办理债券交易唯一合法柜台的"四川证券交易中心"所在地的红庙子街聚集起来，协商股票私下交易的各种规则。

其次，由于当时各企业发行的都是记名股票或股权证，要求持股人必须持有与票面记载的姓名相一致的身份证明文件（通常是身份证）才能享有股东的权利。为了保护股票私下交易的安全，特别是保护自己对股票的权利不受损害，人们开始试用股票加身份证一起出售的交易规则。但是，这种规则并不能完全保证股票购入者的安全，因为股票出售者一俟身份证转手，就可能将这张身份证挂失，使之无效。同时，股票出售者也要承担他人使用自己身份证从事非法及其他非自己意愿活动的风险。于是第二种规则又自发出现了，那就是用身份证复印件加股票买卖协议的方式，来实现对权利转移的保护。新的规则规定：出售者在出售股票时，同时向购入者提供自己的身份证复印件和一个自动转让协议，出售者还承诺在购入者需要其帮助实施购入股票的相应权利时，提供必要的帮助。这种交易通常在一个双方都信任的第三人的监督下进行，并由三方共同签字，以降低违约风险。

这种新的自发交易规则看似切实可行，但仍然存在较高的成本：其一，按照政府当时的规定，身份证复印件不是合法的证明文件，没有法律效力，如果一方违约，另一方将无法得到国家的救济。其二，由于履约风险高，故股票交易只能在熟人之间进行，或经双方信任的中介人员介绍进行，因而，买卖双方都必须付出高额的信息搜寻费用才能找到交易对象。其三，大多数人购买股票的目的是卖出，股票再转让也会碰到相似的困难。

为了解决这些问题，降低股票自发转让的交易成本，"川盐化"等企业与股票交易者为了各自的利益，作出了共同的努力：1993年1月，股票即将在深圳上市的"川盐化"，按规定为上市前的股票结构调整配股，同时按规定办理股东确认和股票托管手续。有不少人，特别是一些大户，持有私下购入的大量的该公司股票，他们向公司施压，要求按股票和身份证复印件办理股东身份确认和过户手续，以保护他们私下购入的股票的权利。而"川盐化"等企业一方也认为，股票的自发交易有利于提高企业声誉，推动股票发行和资金筹措，还有利于支撑上市挂牌价格，提高企业资产的市场价值。所以，"川盐化"在办理上述手续时，承认只要有股票和原始股东身份证复印件就行。而且，这一过户"规则"还得到了其他企业的仿效。于是，在企业与股票交易者的联手推动下，"通过股票和原始股东身份证复印件就可实现股票交易过户"的市场自发规则，开始盛行起来，一大批以前还有顾虑的观望者开始纷纷按照这一规则进入红庙子街自发股票市场。

成都自发股票市场开始红极一时。为配合市场的扩大，为降低人们的信息搜寻费用，各类信息资料开始出售，身份证复印点等服务设施也越来越完善。而且,交易秩序得到了各方参与者的自觉维护,"人们持有成千上万元的股票和现金沿街叫买叫卖,既不怕歹徒抢,也不怕冒富"。原因在于:"交易的自愿性,容易使人们感到公平,而公平的确有助于良好的治安环境及交易秩序的形成。"[1]

通过以上分析可以发现,市场自发规则的产生来源于各种因素造成的获利机会,只要获利机会存在,就会促使人们相互协商,为获得各自的利益而自动达成各种交易规则。而且,在获利动机的驱使下,人们还会将成本较高的市场交易规则逐渐改造成为成本相对较低的市场交易规则。换言之,市场自发规则的更新和演化,也是在预期利益的推动下实现的。

三、市场自发规则对市场秩序的意义

市场规则的主要作用在于建立一种相对稳定的、可以给人以确定预期的市场秩序。以往,我们普遍重视国家制定法在市场经济法制建设中的主导作用。上文的分析表明,有必要认真对待市场自发规则在实现市场经济秩序中的地位与作用。

首先,从制定法与民间法的关系来看,市场自发规则作为国家制定法的基础,构成了市场规则体系的一个重要组成部分。国外的相关研究发现,"孟德斯鸠(1689—1755年)承应了古罗马以 mos maiorum 而闻名的不成文法制度。他在《论法的精神》这部专著中突出了习惯(moeurs)的重要性:'虽然贤明的人可以有他们自己制定的法律,但是他们却拥有一些他们从未制定过的法律。'大体在同一时代写作的盎格鲁-撒克逊哲学家,如约翰·洛克(1632—1704年)、大卫·休谟(1711—1776年)和亚当·斯密(1723—1790年),也强调一个社会的制度框架必须以演化的内在制度为基础。有意识制定的、立法通过的规则,以及由政治过程决定的制度的整个框架,都必须以内在制度为基础。在现代,最有力地强调相同观点的

---

[1] 杨晓维:《产权、政府与经济市场化——成都自发股票交易市场的案例》,载张曙光执行主编:《中国制度变迁的案例研究》(第1集),上海人民出版社1996年版,第16页。

人是弗里德里希·A. 哈耶克。"[1]这段话所说的"从未制定过的法律"就包括市场自发规则；这段话所说的"内在制度"主要是自发形成的制度，它们先于制定法，它们构成了制定法的基础。

其次，从制度经济学的立场上看，市场自发规则有助于降低成本，增加收益。一方面，对政府来说，重视或利用市场自发规则可以节省政府的管制费用。譬如，在成都自发股票交易规则兴起的过程中，政府并没有过多的介入，其中就有节省政府管理费用的考虑。[2]而且，在市场经济的某些环节，政府管不了，也管不好，企图对市场经济中的每一个环节都制定出一套规则，不但成本太高，还可能造成过度干预。另一方面，对于市场主体来说，自发形成的市场规则，譬如，由"中国彩电企业峰会"建立的规则、由"律师协会章程"确立的规则等，都是以市场参与者的一致同意为前提的。因此，只有在所有参与者预期新规则能给他们带来获利机会，或符合他们利益预期的前提下，新的自发规则才会出现。从这个意义上看，自发形成的市场规则将有助于降低交易费用，使所有的市场参与者都能从中获利。

最后，从市场交易的纠纷处理来看，市场自发规则有利于市场秩序的建立。一方面，非正式的自发规则，可以通过市场机制自发实现市场秩序。有一个具体的事例，"是这样一项新的非正式规则，即不在互联网上主动发送大量商业广告。虽然这样发送广告对广告商来讲可能极为便利，但这会堵塞电子邮件接受者的电子信箱，这是一个严重的问题。当该规则被偶然破坏时，发送源会被来自部分邮件接收者的报复性邮件淹没。人们通过这种'以牙还牙'的反应，向发送者表明，这种送上门来的交流可能是何等的令人讨厌。这些规则已经内在地形成并非正式地得到了维护。"[3]这个事例体现了

---

[1] [德] 柯武刚、史漫飞：《制度经济学：社会秩序与公共政策》，韩朝华译，商务印书馆2000年版，第122页。

[2] 杨晓维：《产权、政府与经济市场化——成都自发股票交易市场的案例》，载张曙光执行主编：《中国制度变迁的案例研究》（第1集），上海人民出版社1996年版，第17页。

[3] [德] 柯武刚、史漫飞：《制度经济学：社会秩序与公共政策》，韩朝华译，商务印书馆2000年版，第121页

市场自发规则对市场秩序的维护作用。另一方面，正式的市场自发规则，可以通过各个行业自律机构或商业仲裁机构，来促成相应的市场秩序。一些不遵守律师协会章程的从业者将会受到各种形式的处罚，一些不遵守商业惯例或自律规则的商家将会被仲裁机构或商业团体所排斥。正是通过这种正式的（但又是非国家性质的）惩罚机制，良好的市场秩序得以确立。

小 结

市场自发规则与国家制定法之间，具有紧密的联系。孔子有一句名言是"礼失而求诸野"，[1]这句话可以延伸解释为：市场自发规则可以视为国家制定法的一个源头。本章上一节的论述也可以表明，包括市场自发规则在内的民间法，在制定法的变迁过程中，能够发挥一定的作用。

第三节 作为民间解调的人民调解及其智能化转型*

数十年来，关于人民调解的研究成果，早已不胜枚举。近年来，关于"数据法学"或"人工智能法学"的研究，也受到了普遍的关注。相比之下，把大数据与人民调解结合起来进行专门的研究，还是一个相对薄弱的学术环节。然而，随着大数据的兴起，不断完善的人民调解案例数据库对人民调解的影响越来越大，人民调解对大数据的依赖越来越明显。面对这样的实践及趋势，我们有必要追问：大数据如何影响甚至重塑人民调解？在大数据时代，作为民间调解的人民调解正在发生什么样的转型？

为了回答这样的问题，下文拟从几个方面展开：首先，简要分析大数据兴起之前的人民调解及其运行逻辑。在此基础上，阐述大数据条件下人民调解的智能化转型及其特征，以及这种智能化转型

---

[1]（汉）班固撰：《汉书》，中华书局2007年版，第339页。
* 本节内容，以《大数据与人民调解的智能化转型》为题，发表于《江汉学术》2023年第1期，修订后收入本书。

的发生机理。最后，揭示人民调解的智能化转型所蕴含的实践意义与理论意义。

一、大数据时代之前的人民调解及其运行逻辑

人民调解是当代中国调解制度的三种类型之一。与人民调解相并列的调解还有司法调解、行政调解。司法调解是人民法院主持下的调解，这种调解是民事诉讼法规定的一种诉讼制度。行政调解是行政机关主持下的调解。比较而言，人民调解虽然也要接受各级人民政府设立的司法行政部门的业务指导，但人民调解委员会作为人民调解的组织机构，并不是国家机构，而是群众性组织，人民调解员也不具有国家公务员的身份。这是人民调解区别于司法调解、行政调解的一个制度特征。

人民调解员不是国家公职人员，这就是说，人民调解员主持的人民调解具有群众性、社会性、民间性、自治性。人民调解员主持制作的调解协议如果没有经过人民法院的司法确认，并没有强制约束力。争议各方既可以选择执行，也可以选择不执行。尽管如此，人民调解依然是一种行之有效的纠纷解决机制。这就说明，传统的人民调解必然在多个方面满足了中国基层社会治理的需要，它的运行逻辑可以从以下几个方面来理解：

首先，"免费"，这是一个很重要的因素，甚至构成了人民调解得以展开的一个驱动因素。日常性的民间纠纷，特别是广大的乡村社会发生的纠纷，争议的标的通常都不大。争议各方如果要为这种纠纷的解决支付一个较高的经济成本，那就会让他们望而却步。人民调解是"免费"的。人民调解员作为一个相对中立的第三方，愿意"免费"主持处理各方的争议，愿意"免费"提供一个相对中立而公正的处理意见，这是争议各方都愿意接受的。人民调解员主持制作的调解方案，其公正性因为人民调解员的中立性而得到了增强。对于一方当事人来说，即使觉得调解方案没有实现自己利益的最大化，也会倾向于接受。这种选择背后的原因是：对于争议各方来说，同意接受人民调解员的调解，就意味着已经做出了承诺：同意接受人民调解员做出的调解方案，不能随意违背承诺，不能出尔反尔。

因为，其他的纠纷解决方式，譬如民事诉讼，那是有经济成本的；当事人在支付了相关的经济成本之后，最终能否实现自己在经济利益上的预期，依然存在着某些不确定性。在这样的约束条件下，接受人民调解员做出的调解方案，对当事人来说，是一个更加理性的选择。这是传统的人民调解长期盛行不衰的经济根源、社会根源。

其次，传统的人民调解还有一个至关重要的保障因素，那就是人民调解员的个人声誉或个人魅力。这样的个人魅力有一些源于体制，譬如，人民调解员本身就是社区自治组织的负责人，或者是已经卸任的"前负责人"。但是，人民调解员的个人魅力并不仅仅源于体制，同时也可以源于其他方面。譬如，个人向来就享有的"德高望重"的声誉，个人所属家族的影响力，以及个人具有的其他社区居民难以比拟的各个方面的优势，诸如此类，都可以提升人民调解员的个人魅力。这样的个人魅力，可以实质性地增加人民调解的有效性。因为，在争议各方看来，调解方案是某个特定的人民调解员做出的，因而它就是可以接受的，甚至是应当接受的。这就是说，传统的人民调解在相当程度上，其实是社区精英主持的调解。人民调解员的个人魅力构成了人民调解有效性的重要保障。

一般说来，人民调解员的个人魅力有助于强化人民调解员对争议各方的支配，这种支配具有一定的正当性。马克斯·韦伯关于"支配的三个纯粹类型"的划分认为："正当性支配有三个纯粹类型。对正当性的主张之是否妥当"，必须依赖三种不同的基础，其中，个人魅力型支配或卡理斯玛支配依赖"卡理斯玛的（charisma）基础——对个人及他所启示或制定的道德规范或社会秩序之超凡、神圣性、英雄气概或非凡特质的献身和效忠（charismatische Herrschaft）"。[1]进一步看，个人魅力又是一个弹性较大的概念。个人魅力有不同的程度或层级。顶级的个人魅力是宗教领袖在宗教信徒中享有的魅力。然后才是政治层面上的个人魅力。但是，在社区中，人民调解员的个人魅力，不仅无涉宗教层面上的个人魅力，甚至与政治层面上的

---

[1]［德］马克斯·韦伯：《经济与历史　支配的类型》，康乐等译，广西师范大学出版社2010年版，第297页。

> 法的多元性

个人魅力,也存在着明显的差异。社区中的人民调解员如果享有"处事公道"的名声,就已经算是具有个人魅力了。在争议各方看来,一个"处事公道"的人民调解员,在相当程度上,能够保障调解方案是公正的。

然而,自20世纪80年代以来,随着人口流动的加剧,已经严重地销蚀了社区个人魅力型人物生长的土壤。城市社区自不必说,甚至在乡村社区,具有个人魅力的人民调解员不是在增加,而是在减少。尤其是在新兴的行业性人民调解组织中,相对来说,具有个人魅力的人民调解员就更为稀少。概而言之,随着社区的陌生化的加剧,人民调解员的个人魅力,或者说是具有个人魅力的人民调解员,从总体上看,正在呈现出下降的趋势。在这种情况下,人民调解员的责任感、耐心、技巧,就成了人民调解有效性的更加重要的保障因素。在人口流动加剧与社区趋于陌生化的整体背景下,人民调解员与争议各方的沟通能力、调解技巧,就显得至关重要。

评价人民调解员工作能力的高低,一个主要的指标就体现为争议各方能否达成一致。达成一致是关键,至于争议各方在一定幅度之间,在哪一个点上能够达成一致,则带有一定的不确定性。调解方案的形成不能背离事实,不能违反法律,在此前提下,争议各方的讨论还价能力,人民调解员的调解技巧,共同决定了调解方案的走向。由此可以发现,传统的人民调解具有"一事一议"的特性。说得极端一点,每一个特定的争议都是独一无二的,每一个特定的争议都有它独一无二的语境。这样的人民调解,在精神与风格上,近似于传统的中医诊疗:中医根据病人的个人状况与病情,灵活地加减中药的品种与剂量,最后形成了一个特定的个性化的处方。如果说,传统的中医诊疗具有手工性质,那么,传统的人民调解也具有手工性质。传统的人民调解就像传统的中医诊疗一样,与其说是一门科学,还不如说是一门艺术。这就像我在《自由的孔子与不自由的苏格拉底》一书中所言:"传统的中医中药还是一门艺术,同时,它也是一种生活的态度。譬如望闻问切,就是一种极具人情味的诊疗方法。上山采药,下山炮制,切片,晾晒,全都是手上的活儿,浸润着人——而不是医疗器械——的匠心与灵巧。哪儿不舒服了，想必是经络堵塞了，给你疏导疏导，等等之类，都是一种极其高妙的生活艺术，更是一种自由自在的生活态度。"[1]这是关于传统中医药的一个观察。事实上，传统的人民调解也具有这样的手工性质或人工性质，它是一种手工性质的艺术，具有人情味，浸润着人——人民调解员——的匠心与灵巧。

二、人民调解的智能化转型及其特征

传统的人民调解是手工的或人工的人民调解。这种人民调解自有它的魅力与优势，这种人民调解的魅力与优势就像传统的中医中药的魅力与优势。在一些法律人类学的论著中，我们可以看到对这种人民调解的某种反思。[2]传统的人民调解面临的这样或那样的问题，与人民调解的手工性质是相互关联的。然而，一个值得注意的倾向是：近年来快速兴起并不断完善的大数据，正在改变人民调解的手工性质。就像传统的中医中药正在面临现代化转型一样，传统的人民调解在大数据的支撑下，也在发生某种深刻的转型。

让我首先引证一段出于正式媒体的材料："在温州市医疗纠纷人民调解委员会，《法制日报》记者见到了人民调解员李永清。老李走路快、说话快，逻辑性也强，怎么看也不像60多岁的人。老李对记者说，在这间不足10平方米的办公室里，他受理过上千起医疗纠纷案件。'这活儿不好干。'老李感叹道，医患纠纷专业性很强，患者家属情绪又特别容易激动，要想把纠纷调处好，难。经年累月，李永清积累了不少经验，他翻开一本封面已磨损的调解笔记本。说：'这样的笔记我有50多本，过去遇上医患纠纷，都要找出来翻一翻，看看有没有类似的案例可参考。但自从有了人民调解案例数据库，我的这些调解笔记也光荣下岗了。'5月4日，李永清受理了一起因交通事故引发的医患赔偿纠纷。由于三方当事人对于是谁的责任、如何赔、赔多少等问题各持己见，一直无法达成调解协议，调解工

---

[1] 喻中：《自由的孔子与不自由的苏格拉底》，中国人民大学出版社2009年版，第2页。

[2] 温丙存：《人民调解何以成为维稳最前沿——基于贵州桐乡的法律人类学考察》，载《中国农业大学学报（社会科学版）》2016年第2期。

作一度陷入僵局。老李想到了市司法局刚建不久的人民调解案例数据库,把三方当事人叫到电脑前,输入交通事故、单方全责、医院过错等关键词,然后进行检索比对,很快调取了几条相似调解案例信息,打印出来给三方当事人看。当事人李伟看了一会儿案例信息,有点羞涩地对李永清说:'以前不知道这类案子能赔多少,现在看来,我的要求确实有点高了。这样吧,就按照参考案例,上午就请您把调解书写了。''过去调解时,往往因纠纷双方当事人要求不一、分歧较大,调解工作陷入僵局。'李永清说,自从有了人民调解优秀案例数据库,只要在电脑里输入关键词,类似案例就能智能匹配。"[1]这段文字,描述了大数据背景下人民调解的智能化转型。根据这段材料,可以看到人民调解的智能化转型具有以下几个方面的特征。

首先,人民调解员的个性出现了隐退的趋势。在传统的人民调解中,人民调解员的魅力、智慧、经验以及由此汇聚起来的个性化的、不可转让的个人声誉,都是人民调解取得良好实际效果的重要因素。但是,发生在李永清调解实践过程中的变化表明,人民调解员个性化的个人声誉或个人魅力,其重要程度明显趋于下降。人民调解员的职能,主要体现在:把各方当事人叫到电脑前,共同输入与争议相关的几个关键词,经过电脑匹配,调取几条相似的案例。这几个案例由各方当事人共同研读,根据相关案例的指示或示范,形成各方共同认可的调解协议。在这个过程中,案例示范作用的凸显与人民调解员个性的隐退,呈现出此起彼伏的关系。人民调解员的角色转化成为一个电脑操作员。从大数据中调取的案例则具有直接的规范作用。大数据中的案例,成为具有一定约束力的先例。在调解过程中,参照由此找到的先例,不仅是各方当事人的道德义务,同时也是人民调解员的道德义务。由此形成的调解方案,主要是大数据中调取的先例示范或规范的结果。这样的人民调解,一方面压缩了人民调解员的能动空间,另一方面也增加了争议各方对调解方

---

[1] 陈东升、刘子阳、王春:《大数据+人民调解"温州样本"》,载《法制日报》2018年5月7日。

案的认同感。

其次,智能化的人民调解提升并强化了调解方案、调解协议的客观性。在一个流动性越来越强的陌生人社区中,由于具有个人魅力的人民调解员的隐退,由于人民调解员的个性、个人魅力越来越弱化,争议各方将会产生一个共同的疑虑:越来越陌生的人民调解员能不能中立而公正地调解纠纷?在这样的疑虑面前,人民调解员如果要提出一个争议各方都认可的调解方案,将会越来越困难。譬如,李永清在处理一起"因交通事故引发的医患赔偿纠纷"之际,就"一度陷入僵局"。因为,各方的诉求都是追求自己利益的最大化,面对这样的"僵局",人民调解员可以利用的手段很有限,发挥职能的空间也很狭窄。在这样的困境中,大数据提供了一个切实可行的路径。从大数据中调取的案例,严格说来也没有强制约束力,争议各方也可以置之不理。但是,争议各方如果拒绝参照大数据中调取的案例,如果不承认这些案例具有先例的性质,就意味着放弃了人民调解这个免费的救济渠道。争议各方在理性的约束下,通常都会遵循相关案例的指示。在争议各方看来,从大数据中提取的案例,毕竟是一些客观的先例。正是先例的客观性,强化了调解方案的公正性。

再次,智能化的人民调解并不排斥人民调解员的作用。在大数据的背景下,人民调解员个性的隐退并不意味着人民调解员及其调解功能的弱化,人民调解依然承担着重要的功能。一方面,人民调解员需要在检索系统中输入与争议案件有关的关键词,并由此检索相关的案例作为可以遵循的先例。然而,输入什么样的关键词,就存在着一定的裁量空间。关键词的具体内容与数量,将决定着先例的内容与数量。另一方面,如何解释从大数据中调取的先例,也存在着一个较大的空间。在找到的若干相似的先例中,依然存在着细微的差异。在几个相似的先例中,确定一个"联系最密切"的先例,并向争议各方解释这个先例,就可以全面地体现出人民调解员的智慧,也可以充分发挥人民调解员的作用。在这里,我们可以参照既有的相关理论来加以说明。譬如,在司法过程中,"法律发现"或"法律解释"是法官的一个重要职能,如何发现法律,并进而解释被发现的法律，是一个理论含量、技术含量都较高的司法实践问题。在大数据的背景下，按照李永清的经验，人民调解员也面临着同样的任务。如果说，法官发现的法律主要是成文法，那么，人民调解员发现的"法律"就是大数据中的先例。与法官的"法律发现"一样，人民调解员的"先例发现"，同样是一个值得注意的理论问题、实践问题。此外，人民调解员还需要在多个先例中识别出"联系最密切"的先例，这样的活动，与国际私法中的"准据法选择"，[1]也有较大的相似之处。因此，如何在调取出来的多个案例中，识别出与特定争议"联系最密切"的先例，还有必要借鉴国际私法中已经成熟的相关理论与实践。

三、人民调解智能化转型的发生学解释

通过《法制日报》提供的典型素材，可以发现，实践中的人民调解正在发生潜在而深刻的转型。这种转型恰好可以通过对"人工智能"的重新解释来概括。在当下，"人工智能"（Artificial Intelligence）作为一个新兴、流行的词组，经常也被缩写为英文字母"AI"。但是，"人工智能"也可以一分为二："人工"与"智能"。"人工"可以用来指代手工。人工化就是手工化。传统的人民调解，相当于人工化或手工化的人民调解。每一个经人民调解员处理的纠纷，都浸润着人民调解员的个人情感、个体经验、个性特征。人民调解员依赖自己的声誉、智慧、技巧，化解了一个又一个的民间纠纷。如前所述，这样的人民调解就像传统的中医诊治。但是，由人民调解员李永清所展示的新型人民调解，则体现了一种典型的智能化趋势。至少从形式上看，案例或先例是从大数据中调取出来的，调解方案是根据大数据中调取的案例或先例形成的。这样的调解，可以描述为智能化的调解。大数据对人民调解的影响，大数据促成的人民调解的转型，就可以概括为：从人工化的人民调解转向智能化的人民调解。

---

[1] 参见梅傲：《准据法选择的新方法：基于人本视角的研究》，载《浙江工商大学学报》2016年第1期。

如果说，大数据促成了人民调解的智能化转型，那么，人民调解的智能化转型是如何发生的？是哪些因素推动、促成了传统的人工化的人民调解转向新型的智能化的人民调解？对此，我们可以从三个不同的方面加以解释。

首先，科学技术的发展从根本上推动了人民调解的智能化转型。按照历史唯物主义的基本原理，科学技术是第一生产力，科学技术也是第一推动力。科学技术的发展创新是政治、经济与社会发展创新的源泉。在历史上，科学技术经过了多次革命性的创新。就当代社会来说，大数据的兴起是科技创新结出的一个硕果。从理论上说，大数据可以把有记载以来的人民调解案件进行数据化的处理，最后生成一个人民调解数据库。这个数据库可以提供有关人民调解的一切信息。譬如，可以按照地理区域检索相关案例，不同社区、乡镇、区县以及更大地理区域内的案例，可能存在着一定的差异。可以按照时间段落检索相关案例，不同年份、季节、月份的案例，可能存在着一定的差异。可以按照纠纷的类型检索相关案例。可以按照当事人的年龄、性别、民族、职业、文化程度等各种特征检索相关案例。诸如此类，不一而足。只要检索系统足够强大，大数据就可以为人民调解的智能化转型提供足够的技术支撑。

在大数据的支撑下，人民调解作为一项事业，可以得到更好的发展。一方面，传统的人民调解对人民调解员有很强的依赖性：他应当得到社区或行业的认同，他应当熟悉社区或行业的"小传统"，他应当理解社区或行业的风俗习惯，他甚至应当掌握当地的方言俚语，等等。如果不具备这些条件，在通常情况下，一个人民调解员将很难把调解工作做好。但是，在大数据的支持下，这些条件的重要程度都会降低。这有助于吸引更多的人加入人民调解的事业中。这对于人民调解事业的发展壮大，都将起到积极的作用。另一方面，按照前述李永清的经验，在大数据的支持下，陷入纠纷的各方当事人，事实上可以与人民调解员一起，以更加平等的姿态，共同完成调解过程。譬如说，检索关键词的选择，"联系最密切先例"的选择，都可以由人民调解员与各方当事人协商完成。这就是说，各方当事人共同参与了寻找先例的过程，先例的寻找、确认都经过了当事人的同意，根据先例制作的调解方案就更容易得到各方当事人的认同。在这样的过程中，可以体现出"商谈理性"的价值，可以"把理解得更好的商谈伦理学当作模式"。[1]而且，程序的公开性与开放性，将在实质上提升调解方案的公正性，也将在较大程度上满足当事人对于公正、公道的期待。

其次，陌生人社区的兴起为人民调解的智能化转型提出了现实需求。如果说，大数据的兴起是从正面推动了人民调解的智能化转型，那么，陌生人社区的兴起则是从相反的方向促成了人民调解的智能化转型，人民调解的智能化转型满足了陌生人社区的现实需要。大致说来，与陌生人社区形成对照的是熟人社区。陌生人社区与熟人社区对人民调解具有不同的需求。在熟人社区中，在争议各方之间，往往具有长期交往的关系。争议各方之间的亏欠与补偿，甚至不必"一次性清偿"。譬如说，你这次欠我的，那么，你可以在下一次交往中补偿给我，在先后发生的两次交往之间，我实际上是你的债权人，我实际享有的债权人身份，可以让我在社区中享有某种无形的道义优势——这样的交往方式在熟人社区（譬如传统的村庄）中是可以存在的。正如前文已经提到的，在熟人社区中，争议各方对人民调解员有更高的要求。人民调解员享有的个人声誉或个人魅力，人民调解员对社区"地方知识"的理解程度，人民调解员能否"从土著的观点来看"问题，[2]对于调解的有效性，对于能否有效地解决纠纷，将会产生较大的影响。在这样的熟人社区中，人民调解最需要的是传统的具有个人魅力的人民调解员。

但是，当代中国的社区从总体上看，正在快速地从熟人社区转向陌生人社区。在越来越多的城市社区中，一个基本的常态是：邻人都是陌生人，因而，城市社区普遍是由陌生人组成的社区。农村的社区虽然在相当程度上还保留着熟人社区的形态，但是，一方面，随着城市化进程的加快，真正"原生态"的传统乡村已经越来越少，

---

[1]〔德〕哈贝马斯：《在事实与规范之间：关于法律和民主法治国的商谈理论》，童世骏译，生活·读书·新知三联书店2003年版，第282页。

[2]〔美〕克利福德·格尔茨：《地方知识——阐释人类学论文集》，杨德睿译，商务印书馆2017年版，第89页。

于其中生活人口也越来越少。另一方面，由于乡村也在发展各种产业，随着乡村产业吸纳的外来人口的增多，这些乡村社区也在逐渐趋于陌生化。乡村产业越发达，乡村社区的陌生化也就越深化。这就是说，无论是城市还是农村，越来越多的人生活在陌生人社区，既是一个基本的趋势，同时也带来了新的治理难题。[1]这就对人民调解提出了新的需求：无论是人民调解员还是调解过程、调解方案，都应当满足陌生人社区对于纠纷解决之客观性、普适性、可预期性的需求。大数据的兴起与应用满足了这样的需求。陌生人社区的人民调解对大数据的需求，就相当于陌生人社会中的诉讼过程对于法律的需要。事实上，大数据就相当于客观的、普适的、可预期的法。如果说，客观的、普适的、可预期的法满足了陌生人社会的普遍需要，那么，客观的、普适的、可预期的人民调解数据库同样满足了陌生人社区的普遍需要。由于大数据的运用，"人民调解组织在相当程度上维持了本土正当性的同时，法治化的外部特征得以强化"。[2]从这个角度来看，人民调解的智能化转型不仅满足了陌生人社区的需要，同时还构成了国家法治事业的一个组成部分。

最后，国家治理的精细化为人民调解的智能化转型提供了物质条件与制度保障。就实践过程来看，从人工化的人民调解转向智能化的人民调解，其实是国家推动的，是国家治理精细化的产物。国家治理是一个宏大的主题，包含了多个子系统。根据新的情况，有效地解决、处理各种各样的民间纠纷，既是国家治理的一个子系统，同时也是国家治理精细化的一种体现。针对国家治理，既需要确定若干原则与方向，更加重要的是实践与行动，譬如人民调解。因此，精细化的国家治理需要精细化的人民调解。为了推进人民调解的精细化，国家推动了人民调解数据库的开发与运用。如果没有国家的推动与主导，如果没有建立起人民调解的大数据，智能化的人民调解也就成了无源之水、无本之木。

---

[1] 何绍辉：《陌生人社区的治理困境及其破解》，载《吉首大学学报（社会科学版）》2016年第5期。

[2] 刘正强：《人民调解：国家治理语境下的政治重构》，载《学术月刊》2014年第10期。

简而言之，人民调解的智能化转型离不开相关的技术支持、物质条件、制度保障。这几个方面都很难由某个社区来独立完成。应当看到，一个包罗万象的人民调解案件数据库作为一个公共资源，是国家主动建构的结果，是国家治理精细化的产物。精细化的国家治理为人民调解的智能化转型提供了各种各样的保障。从这个角度来看，人民调解的智能化转型是国家治理现代化、国家治理能力提高的一个表征。应当从国家治理现代化的角度来理解人民调解的智能化转型。

小　结

在大数据的支撑下，传统的人工化的人民调解开始转向新型的智能化的人民调解。新型的智能化的人民调解，蕴含着丰富的实践意义与理论意义。

从实践的角度来看，智能化转型的方向，还可以从人民调解向行政调解、司法调解延伸。虽然行政调解、司法调解与人民调解在体制上分属于不同的系统，但是，它们都是调解，都需要在争议各方形成合意的前提下化解纠纷，它们共同构成了调解这根树干上的几大分支。这就意味着，三种调解在实践过程中具有一定的"家族相似性"。大数据的运用，既然可以促成人民调解的智能化转型，当然也可以促成行政调解与司法调解的智能化转型。行政调解与司法调解的智能化转型，甚至也可以参考前文提到的李永清的经验。在这里，行政调解案件数据库与司法调解案件数据库的开发，仅仅就是一个技术性问题了。

更加值得我们注意的是，智能化的人民调解所具有的理论意义。虽然人民调解的智能化转型仅仅是中国法治的一个局部，但却具有一定的普遍意义。从一个更大的背景来看，中国是一个成文法的国家，当代中国追求的法治，有一个潜在的含义是：通过成文法的治理。简而言之，法治主要就是"成文法之治"。当代中国强调依法治国、依法行政，强调建设法治国家、法治政府、法治社会，这些表达方式中的"法"，通常都是指成文法。当代中国的成文法体系以宪法作为统领，包括法律、行政法规、地方性法规、规章，以及自治条例、单行条例等。无论是哪种法律文件，都是以成文法的形式呈现出来的法律文件。但是，智能化的人民调解丰富了"法"的意义，彰显了"法"的一种特定的形态，那就是民间法。

智能化的人民调解对大数据的依赖，其实是对以往生成的调解案例的依赖。在司法实践过程中，被确认的"指导性案例"虽然具有"指导性"，但就"目前来看。中国的法官尤其是基层法院的法官还没有使用指导性案例进行法律推理和做出判决的习惯"。[1]这就意味着，指导性案例并没有强制性的约束力，背后的原因是，司法过程必须以法律（成文法）作为准绳，乃是一个基本的原则。但是，在智能化人民调解的实践过程中，经过电脑智能匹配而调取的案例，则具有较强的适用性。正如前述李永清的经验所示，如果不依赖数据库中提取的案例，并以之作为先例，人民调解就可能陷入僵局；正是从大数据中调取的案例，为人民调解的有效展开提供了出路。智能化的人民调解对大数据的依赖，表明人民调解数据库已经产生了较强的规范作用。数据库的规范性其实就相当于法的规范性。

换言之，在人民调解案例数据库中，可以找到制作调解方案的依据，这就相当于在成文法体系中，可以找到制作司法判决的依据。人民调解案例数据库作为汇聚人民调解案例的大数据，在一定程度上，已经起到了法律体系的作用，人民调解案例数据库已经在不知不觉中，承担了法的功能。由此可见，智能化的人民调解作为当代中国法治体系的一个组成部分，同时也为当代中国的法律文化、法律精神增添了一种新的要素，那就是一种中国式的"遵循先例"的兴起。

在世界范围内，在各种法治传统中，英美法传统有一个至关重要的特征，那就是判例法。在判例法的实践过程中，遵循先例是一个基本的原则。在这样的法治传统中，研习法律，主要就是研习已有的判例，熟悉各种先例是法律专业人士的专业功夫。这就仿佛传统的"学中医"，主要就是背诵各种已有的汤头，熟悉各种汤头是中

---

[1] 彭宁：《指导性案例的现实困境及其成因》，载《天府新论》2018年第2期。

医专业人士的专业功夫。在比较法的视野中，遵循先例的判例法通常被认为是英美法的传统。但是，随着人民调解的智能化转型，我们可以看到，在当下的体现中国风格的人民调解实践中，已经出现了"遵循先例"的精神与风格。这是一种中国式的"遵循先例"，这些由大数据逐渐汇聚起来的人民调解案例，在智能化人民调解这个特定的法治实践过程中，已经承载了"判例"或"先例"的某些功能。由无数的人民调解员立足于各种各样的社区"小传统"汇聚起来的案例大数据，正在铸造当代中国法治新传统的一个分支。

第四章

习惯法

第一节 习惯法的诞生[*]

在法学学科体系中,针对成文法的诞生,已经形成了一个内容丰富、蔚为大观的法学分支学科,那就是立法学。在立法学的理论体系中,有关立法的观念、制度、技术诸层面,都得到了全面而详尽的探究。相比之下,针对习惯法的诞生,则较少见到系统性的研究成果。然而,习惯法的诞生机理,又是一个不容回避的法学理论基本问题。如果对习惯法的诞生机理都没有弄清楚,我们对习惯法的认知就缺少了一个基础性的环节。从这个角度上看,探究习惯法的诞生机理,就是在拓展、夯实习惯法的基础理论。

一、习惯法的概念

在商务印书馆出版的《现代汉语词典》上,列有"习惯法"这个词条,其词义是:"经国家承认,具有法律效力的社会习惯。"[1]按照这个说法,习惯要成为习惯法,或者说,习惯法的诞生,应当具备三个条件:其一,要在"习惯"之前加上修饰词"社会",只有"社会习惯"才可能成为习惯法;个人特有的某些生活习惯(譬

---

[*] 本节内容,以《论习惯法的诞生》为题,发表于《政法论丛》2008年第5期,修订后收入本书。

[1] 中国社会科学院语言研究所词典编辑室编:《现代汉语词典》(第6版),商务印书馆2012年版,第1395页。

如晚睡晚起或早睡早起之类），如果与他人没有关联，对他人没有影响，就不能成为习惯法。这就是说，习惯法具有社会性，社会性主要指向人与人之间的交往关系。当然，社会性还排除了动物界的某些习惯，动物身上的习惯没有社会性，不可能成为习惯法。其二，要具有法律效力，即这些"社会习惯"要具有法律上的强制约束力。这样的法律效力意味着，如果不遵守这些"社会习惯"，就会受到国家机器的强制。当然，这里的法律效力或法律上的强制力，可能在强弱的程度上有一些差异，或者呈现出强弱不等的特征。这种"强弱不等"既指习惯法框架下不同的社会习惯可能有强弱不等的强制力，也指习惯法与成文法在强制力方面可能存在某些差异。其三，要经过国家的承认，否则，习惯也不能成为习惯法。

如此解释习惯法的诞生机制，看似清楚明白，其实隐藏着有待廓清的两大理论疑点：其一，习惯法的诞生，必须经过国家的承认吗？如果我们假定：某些社会习惯，即使没有得到国家的承认，仍然具有习惯法的性质，这种可能性是否存在？譬如，某些社会群体特有的婚姻习惯，直接与国家的婚姻法原则相冲突，从理论上讲，不可能得到国家的承认，但是，在某些特定的群体中，这些习惯依然具有习惯法的约束力，得到了群体内部的普遍遵循。其二，习惯法的诞生，是否必须伴随着"法律效力"？这里的关键是如何定义"法律效力"。如果把法律效力理解为法律规范对法律调整对象的约束力，那么问题接踵而至：习惯法是法律规范吗？一般说来，"法律规范"的对应物主要是成文法。研究"法律规范"，总是以成文法中的规范作为研究对象。而习惯法通常都具有不成文的形态，它们主要是以口耳相传的方式，存在于人们的社会生活中间。可见，习惯法并不具有内含于法律规范的对法律调整对象产生作用的能力，原因很简单，习惯法并不是分析实证主义法学意义上的"法律规范"。

《现代汉语词典》关于习惯法的解释之所以不能令人信服，关键的症结就在于：它要解决的问题与它所选择的工具发生了一定的错位。习惯法基本上是一个法社会学领域内的概念，而《现代汉语词典》采用的解释工具，却基本上属于分析实证主义法学，带有强烈的国家主义色彩——无论是强调"国家承认",还是要求具有"法律效力",都体现了分析实证主义法学的理论品格,其理论底色可以概括为"主权者本位"或"国家本位"。相对来说,习惯法作为我们认知的对象,恰恰处于这种理论品格、理论底色的对立面:强调法的社会性或非国家性,其理论底色可以概括为"社会本位"。

反过来说,如果我们严格坚持国家本位或"主权者本位"的立场,习惯法的概念能否成立,可能都要存疑。因为,从主权者或国家立法者的立场上说,法就是指国家立法者正式颁布的成文规则或制定法。国家立法者当然也可以"认可"或"承认"某些规则具有法的属性(详见上一部分的论述),但是,国家立法者必须通过某种明确的方式、某个明确的载体,把这种"认可"或"承认"表达出来。只有这样,才能把这些规则"上升"成为国家意志,并进而具有法的属性。

二、习惯法诞生的人性根源

如果暂且搁置《现代汉语词典》的解释方式,转而站在社会学、人类学的立场上来打量习惯法,那么,又该如何解释习惯法的诞生机理呢?显然,这是一个值得尝试的问题。要回答这个问题,可以根据习惯法的两种类型,从人性或人的本能的角度予以考察。

(一)禁止性的习惯法诞生于人的恐惧心理

人的恐惧心理从何而来?它源于人对世界、未来或对象的未知或知之不多。譬如,人类对"典型性肺炎"知道得多一些,当这种疾病出现之后,我们就能够泰然处之;人类对"非典型性肺炎"知之甚少,当"非典"来临之时,就引起了社会公众的普遍恐惧。这样的事例足以说明,人类的恐惧心理,是由"无知"并进而导致的"无力感"或"不能把握"所引起的。

在远古时代,由于人类认识世界、改造世界的能力极其低下,没有知识也就没有力量,因而,恐惧就是一种常见的心理现象。这样的恐惧心理既是许多宗教现象的起源,同时也构成了习惯法的起源。法律人类学的研究成果已经对此做出了证明。在《初民的法律——法的动态比较研究》一书中,作者霍贝尔引证了一段拉斯马森的陈述:

"对不可预见的灾难的恐惧和求解,促使爱斯基摩人倾向于确信这些灾难的发生是由鬼怪神灵所造成的,他们希望通过发现这些鬼怪神灵的好恶,以便事先采取某些预防性的措施。"还有一位名叫爱娃的爱斯基摩智者曾经坦言:"你问我们信什么?我们不信,我们只是害怕。"用爱娃的话来解释爱斯基摩人的整个制度,霍贝尔得出了这样的结论:"从恐惧的精神状态中产生的许许多多的禁忌,束缚了爱斯基摩人的日常生活的每项活动。……为数众多的禁忌绝大多数是有关动物的魂灵或控制它们的各种神灵的,它们被用来防范对这些神灵冒渎不敬的行为发生。"[1]由此可见,最初的禁忌产生于人的恐惧心理。假如不是由于恐惧,我们很难解释形形色色的禁忌是如何产生的。

那么,禁忌又是什么呢?人类学家提供的解释是:"禁忌的最大解释力,或者说可促使人们严守戒令的力量,在于严厉地告诫人们,任何违犯这些戒令的行为都将不可避免地立即受到神灵或鬼的惩罚。这个神灵或鬼使违戒者遭受病魔的折磨,直到他死亡。"[2]这样的解释即使出自人类学名家,也有一个明显的缺陷:含义过于狭窄。事实上,在初民社会,禁忌的范围是比较宽泛的。在群体生活的各个领域,都存在着若干禁忌。譬如,恩格斯就认为:"氏族的任何成员都不得在氏族内部通婚。这是氏族的根本规则,维系氏族的纽带;这是极其肯定的血缘关系的否定表现,赖有这种血缘亲属关系,它所联合起来的个人才成为一个氏族。摩尔根由于发现了这个简单的事实,就第一次阐明了氏族的本质。"[3]按照恩格斯的看法,氏族的本质,就是一种婚姻上的禁忌:氏族内部不得通婚。这是一条根本性的规则,对于一个氏族来说,当然具有习惯法的意义。

这里所说的禁忌,可以理解为禁止性的习惯法。因而,从源头上看,规定人们"不能做什么"的禁止性习惯法准则(禁忌),就出于人的恐惧心理。

---

[1] [美] E.A.霍贝尔:《初民的法律——法的动态比较研究》,周勇译,中国社会科学出版社1993年版,第74~75页。

[2] [英] A.R.拉德克利夫-布朗:《原始社会的结构与功能》,潘蛟等译,中央民族大学出版社1999年版,第151~152页。

[3] 《马克思恩格斯选集》(第4卷),人民出版社1972年版,第82页。

（二）允许性的习惯法诞生于人的模仿本能

年幼者模仿年长者，公众模仿明星，学生模仿老师，孩子模仿父母；模仿别人的语言，模仿别人的动作，模仿别人的装束，诸如此类的模仿现象，几乎出现在一切人类社会或人类群体中。可见，模仿是人的一种本能，是一切人与生俱来的一种能力。正是这种能力，孕育了习惯法的另一种类型——允许性的习惯法。

在《人类的由来》一书中，达尔文（Charles Robert Darwin, 1809—1882年）写道："人的远祖一旦变得有社会性之后，模仿的原则、推理和经验的活动都会有所增加，从而使各种理智能力起很大的变化。……如果一个部落中有某一个人，比别人更聪明一些，发明了一种新的捕杀动物的网罟机械或武器，或其他进攻或自卫的方法，即便只是最简单明了的自我利益，而不提对推理能力有多大的帮助，也会打动部落中其他的成员来仿效这一个人的做法，结果是大家都得到了好处。每一种手艺的习惯性地进行，在某种轻微的程度上，也可以加强理智的能力。如果一件新发明是很重要的一个，这发明所出自的部落在人数上就会增加，会散布得更广，会终于取代别的部落。"[1]

达尔文在此所描绘的，虽然还不是习惯法的诞生过程，但却揭示了某些习惯法诞生的奥秘，那就是始于模仿。一种新的捕杀动物的方式，如果得到了其他人的普遍模仿，就形成了一种新的捕猎法则，同时也孕育了一种新的调整人与自然相互关系的习惯法。一种新的进攻或自卫的方式，如果得到了其他人的普遍模仿，就形成了一种新的战争法则，同时也孕育了一种新的调整人与人相互关系的习惯法。

在模仿中产生习惯法，意味着在任何人类群体中，都存在着少数的尝试者与多数的追随者。尝试者既可能是群体中的领袖，但也可能是智力优越的普通人，他们率先做出的某种示范行为，如果确实有助于增加群体的公共福利，就可能得到其他成员的竞相模仿。

---

[1]　[英]达尔文：《人类的由来》，潘光旦、胡寿文译，商务印书馆1983年版，第199~200页。

模仿的结果，就是整个群体的行为模式逐渐趋于一致，譬如打猎行为的模式、战争行为的模式，都实行了某种程度的整齐划一。在这种情况下，一项普遍性的习惯法就产生了。

通过人的模仿本能而产生的习惯法，基本上都可以归属于允许性的习惯法。人们"可以做什么"甚至"应当做什么"的习惯法准则，就源于人的模仿本能。

三、习惯法诞生的社会根源

虽然人的恐惧心理孕育了禁止性的习惯法，人的模仿本能孕育了允许性的习惯法，但是，仅仅着眼于"恐惧心理"与"模仿本能"这两个方面，仅仅着眼于人性根源，还不能全面地、立体地解释习惯法的诞生。在此基础上，还有必要从社会根源着手，进一步探索习惯法的诞生机理。总的来说，社会中的血缘关系、群体利益都促成了习惯法的诞生，社会中的舆论毁誉则构成了习惯法诞生之后的保障机制。

（一）血缘关系构成了习惯法诞生的外在背景

如果制定法产生的社会背景是地缘关系，那么，习惯法产生的社会背景则是血缘关系。在摩尔根、布朗、马林诺夫斯基、霍贝尔等人类学家或法律人类学家的著作中，都涉及大量的习惯法，然而，这些习惯法规则的产生，都包含着一个相同的社会背景，那就是血缘共同体。无论是爱斯基摩人的家庭，还是易洛魁人、罗马人的氏族，都具有血缘共同体的性质。这种性质的人类群体，为习惯法的产生提供了适宜的土壤。

为什么习惯法适合在血缘共同体中产生呢？一个根本的原因就在于，习惯法存在的基本方式，不是纸面上的文字，而是人的行为与语言。群体内部的言与行，就是对习惯法的常规性表达。习惯法的这种存在形式，限制了它的扩展范围与适用空间：只有属于同一个血缘共同体内的人，才可能真正地、全面地理解、接受、实践同一套习惯法规则。因为，一个血缘共同体能够最大限度地分享共同的语言、共同的生活方式、共同的价值观念、共同的物质生活条件，因而，一个血缘共同体能够对习惯法的规则、意义形成相同的理解。

在两个或多个不同的血缘共同体之间，如果在语言的交流上有障碍，在生活方式上有重大差异，价值观念相互冲突，更没有共同的经济利益，那么，在这些不同的血缘共同体之间，就无法理解、遵循一套共同的习惯法规则。

"十里不同风，八里不同俗"，这种广泛流传的民谚已经表明，以风俗的方式表现出来的习惯法，通常只能在一个较小的范围内流行。从地域上看，"十里"或"八里"也恰好构成了一个血缘共同体的生存空间。在传统中国及现代中国的乡土社会，张家村、李家村、王家村之类的地名，其实已经表明，村子里的民众，多数具有血缘上的联系。在村庄内部，人与人之间的称呼，诸如"三爷"或"二叔"之类，都表明人与人的关系是以血缘关系作为纽带的。即使没有真实的血缘关系，人们也会想方设法把自己与他人的关系"做成"拟制的血缘关系（譬如，通过认领"干儿子"的方式）。当代中国人为什么看重拟制的血缘关系？原因就在于，这种关系的存在就表明你属于一个特定的血缘共同体，你与这个共同体之间就具有了共同的经济利益；就血缘共同体内部的习惯法规则而言，你既是义务主体，也是权利主体。

"张家村""李家村"或"王家村"里的村民，绝非严格意义上的一家人，可能也不是医学意义上的真正的血缘共同体。当代中国拟制的血缘共同体与远古时代的血缘共同体相比，早已不可同日而语。但是，两者对于习惯法的诞生而言，则具有相同或至少是相近的意义。

(二) 群体利益构成了习惯法诞生的内在动力

习惯法的产生，就像制定法的通过与颁布一样，也是为了从根本上维护一个群体的自身利益、整体利益、长远利益。因此，促成习惯法产生的内在动力，在于群体自身的根本利益。从源头上看，"在太古质朴的状态中，一切社会关系都是面对面的，贫乏的经济资源为大家所利用和享有，利益是简单而共同的"。[1]为了维护这些

---

[1] [美] E.A.霍贝尔：《初民的法律——法的动态比较研究》，周勇译，中国社会科学出版社1993年版，第329页。

简单而共同的经济利益，习惯法应运而生。

按照霍贝尔在《初民的法律——法的动态比较研究》一书中的论述，在爱斯基摩人的社会中，杀婴、杀病残者、杀衰老者，都是习惯法所认可的行为。催生这种习惯法规则的根源在于群体的物质利益。单就杀婴习惯而言，女婴是这种习惯法的最经常的受害者，"这是由于三个不同的因素影响的结果：其一，男人是主要的食物生产者，因此，他对于其所属的团体具有更大的潜在价值。其二，从夫居的总体倾向意味着长大成人的女儿在结婚后，通常是离开父母，而不像儿子那样留在父母身边。因此，为养老计，在女儿身上投资的风险要大于儿子。其三，征战的伤亡和杀戮会使一社区成年男子的数量急剧减少。"可见，"杀病残者、杀衰老者、自杀与杀婴都是基于同一个前提——生活艰难，维持生存的水准很低"。[1]

从爱斯基摩人的这些习惯法来推断，任何习惯法之所以产生，对群体利益的维护都是一个关键性的诱因。有什么样的经济状况或物质条件，就会滋生什么样的习惯法。

（三）舆论毁誉构成了习惯法的保障机制

如果制定法的保障力量主要是国家机器，那么，习惯法的保障力量则主要是群体内部的舆论。舆论主要通过荣辱毁誉的评判，来促使人们遵循习惯法规则。对于这种现象，达尔文已经提供了相应的论述，他说："人的远祖们，在他们发展的过程中，究竟在多早的一个时期里变得能感觉到同伴们对他们的毁誉，而又能因毁誉而有所激动和劝诫，我们当然说不上来。但即便在狗看来，也懂得鼓励、称赞和责怪。草昧初开的野蛮人也感觉到什么是光彩或光荣，他们对用威武奇才所取得的各种胜利品的储存、他们的习惯于在人前大夸海口甚至他们对自己形貌与装饰的极度的讲究，都清楚地说明了这一点，因为，除非他们懂得珍视同伴的意见，这些习惯便成为无的之矢，全无意义。"[2]达尔文的结论是："爱誉和恶毁之情在草昧

---

[1] [美] E. A. 霍贝尔：《初民的法律——法的动态比较研究》，周勇译，中国社会科学出版社1993年版，第80~81页。

[2] [英] 达尔文：《人类的由来》，潘光旦、胡寿文译，商务印书馆1983年版，第203页。

时代的重要性是再说得大些怕也不会言过其实的。在这时代里的一个人，即使不受到任何深刻的出乎本能的感觉所驱策，来为同类中人的利益而牺牲生命，而只是由于一种光荣之感的激发而也作出了这一类的利人损己的行为，这种行为会对其他的人提供示范作用，并在他们身上唤起同样的追求光荣的愿望，而同时，通过再三的习练，在自己身上，也会加强对别人的善行勇于赞赏的那种崇高的心情。"[1]

应当赞同达尔文的意见，因为，同伴之间的毁誉确实能够转化成为他们遵循习惯法的保障机制，因为任何个体都不可忽视群体内部的毁誉评价。但与此同时，也有必要补充指出，社会舆论的毁誉功能，只有在较小的人类群体中，尤其是在熟人社会中才能有效地实现。在一个传统的村落中，熟人社会构成了基本的社会形态，社会舆论的毁誉，足以保障一套特定的习惯法规则的有效性。尤其是一些严重违反习惯法的行为，很难找到藏身的机会。就像拉德克利夫－布朗在《安达曼岛民》一书中所写道的："反社会的行为给行为人所带来的唯一痛苦是失去他人的尊重。这一后果本身对那些个人虚荣心特别强的安达曼人来说就是一种很严厉的惩罚，它在大多数情况下足以阻止这类行为的发生。"[2]但是，只要超越了熟人社会的范围，要依赖社会舆论来保障某种习惯法的实施，就将难以为继。原因在于：一方面，在一个由陌生人组成的社会中，很难形成统一的习惯法，即使形成了公共的社会舆论，也不可能具体地评判某种行为是否违反了某个特定的习惯法准则。另一方面，在一个由陌生人组成的社会中，超越血缘关系的公共权威（国家）制定的成文法将处于主导地位，习惯法的功能将会随之缩小。

小 结

在阐述了习惯法的诞生机制之后，我们还可以就习惯法与相关

---

[1] [英] 达尔文：《人类的由来》，潘光旦、胡寿文译，商务印书馆1983年版，第204页。

[2] [美] E. A. 霍贝尔：《初民的法律——法的动态比较研究》，周勇译，中国社会科学出版社1993年版，第331页。

概念的区别做出几点延伸性的讨论。

首先是习惯法与习惯。这两个概念的区别在于：习惯法具有社会性或群体性，它对于特定范围内的人类群体，具有普遍的约束力。譬如，对于一个特定的氏族或家族内的所有成员，习惯法都是有约束力的；群体内部的所有成员，都会把遵守习惯法，作为自己的一项义务。但是，习惯则不一定具有这样的社会性。有的习惯属于社会性或群体性的习惯，但是，一定还有一些习惯具有个体性或私人性。这些只存在于特定个体身上的习惯，就不是习惯法，而仅仅是习惯。譬如，即使在现代社会中，也有一些特殊的个体，他们形成了冬泳的习惯，或者在雪天里洗凉水澡的习惯，这样的习惯就跟习惯法没有任何关系。换言之，习惯法是处理人与人之间关系的规则，或处理群体与自然之间关系的规则，而习惯则不一定具有这样的特征。

其次是习惯法与原始法。上文讨论习惯法的产生，主要借助了法律人类学的一些资料。在法律人类学的视野中，关注的主题是原始法或初民的法。那么，原始法与习惯法的区别是什么？对此的回答是：无论是远古还是当代，习惯法都是存在的。远古的习惯法可以称为原始习惯法，或原始法；当代的习惯法则可以称为当代习惯法。不同历史时期的习惯法具有不同的特征：原始习惯法或原始法是那个时代的法律主流，因为在远古时代，国家可能还没有诞生，超越多个血缘群体的地缘性公共权力可能还没有形成，更没有制定法，在这种情况下，习惯法几乎可以等同于法律世界的全部。在当代，制定法占据了法律的主流地位，习惯法控制的领域不断收缩，主要流行于国家权力的触角尚未充分控制的地带。

再次是习惯法与制定法。两者的区别在于：习惯法主要是支配血缘性群体或拟制血缘性群体内部秩序的规则，基本上是自发形成的；制定法作为支配地缘性群体内部的规则，基本上是自觉形成的。在制定法的形成过程中，常常伴随着冲突与妥协，因为，在一定的地理空间范围内，不同的群体之间，难免存在着利益诉求上的差异。在习惯法的产生过程中，常常伴随着模仿，冲突较少，因为，在具有血缘关系的共同体内部，相对来说，更容易找到共同的利益。习惯法就是对这种共同利益的表达。

最后是习惯法与道德。既然习惯法的形成主要是自发的，且主要通过群体内部的毁誉来保障其实施，那么，习惯法是一种道德吗？我们的回答是，就像诚信信用之类的道德准则已经写入了制定法一样，也有一些道德准则属于习惯法的范围。譬如，爱斯基摩人的杀婴习惯法，同时也兼具道德的意义。但是，习惯法不能等同于道德。因为，习惯法作为法的存在形态，是对人提出的一种最低限度的要求，与制定法一样，它约束的对象也是人的外在行为；与之不同的是，无论是远古的道德还是当代的道德，主要都体现为对人的内心世界的支配与控制。

第二节 习惯何以为法[*]

从字面上看，习惯与法是两回事；从事实来看，习惯与法也不一样。但是，习惯与法却可以结合起来，称之为习惯法。这样的构词法提示我们，所谓习惯法，乃是一种由习惯变成的法。那么，习惯何以为法？习惯为什么可以成为法？对于这样一个基础性的法理问题，当然可以有各种不同的解释方式。在这一节里，我们从"法的渊源"这样一个常见的角度切入，对"习惯何以为法"这一个问题，做出一些学理上的解释。

一、法"抑或是被国家认可的习惯"

《中国大百科全书·法学》对"法的渊源"有专门的解释："法的渊源，更主要和更普遍的是指法的创立的方式，即法是由何种国家机关，通过何种方式创立的，表现为何种法律文件的形式，抑或是被国家认可的习惯。"[1]这个权威性的论断分述了法的两种渊源：一是由某种国家机关通过某种方式创立的某种法律文件，二是"国

---

[*] 本节内容，以《关于"认可法律"的几点初步考察》为题，发表于《法治论丛》2004年第4期，修订后收入本书。

[1] 中国大百科全书总编辑委员会《法学》编辑委员会、中国大百科全书出版社编辑部编：《中国大百科全书·法学》，中国大百科全书出版社1984年版，第86页。

家认可的习惯"。根据法的第二种渊源,法是"国家认可的习惯"。这样的法,显然是指习惯法。这就是问题的答案:习惯因为国家的认可而为法。

法是国家认可的习惯,这是一个简明扼要的论断。然而,在这个看似清楚的论断后面,却隐藏着一系列需要进一步厘清的理论问题。譬如,"认可"是什么意思?国家是通过什么样的形式来认可习惯的?国家对习惯的认可是否存在着某种标准?如果存在,这种标准又是什么?有待国家"认可"的习惯到底在哪里?"认可"的主体是否只能局限于国家?在国家之外,是否还存在着"认可"的其他主体?如果不囿于"国家创立或认可"这两种形成法的方式,而是着眼于更具一般性的法学理论,我们还可以进一步追问:"认可"对于法律、法学到底意味着什么?所有的法律难道可以免除"认可"这道关口、可以绕开"认可"这座桥梁?诸如此类的疑问,都有待给予细致而深入的探讨。

二、"认可"的语义分析

所谓"认可",到底是什么意思?根据《现代汉语词典》的解释,"认可"有两层含义,一是许可,二是承认。[1]

作为"认可"第一层含义的许可,包含了准许、容许的意思。譬如,"未经许可,不得动用"。[2]从词义上看,许可一词意味着:许可在前,被许可的行为在后。换言之,先有许可,后发生被许可之事。譬如,我国《民法典》第785条规定:"承揽人应当按照定作人的要求保守秘密,未经定作人许可,不得留存复制品或者技术资料。"在这里,只有事先存在本条法律中载明的"许可",特定的行为(承揽人留存复制品或者技术资料)才具有合法性。显然,这种情况是在"认可行为",而不是在"认可法律",不符合本节旨在讨论的"认可法律"所具有的特征,也不属于"认可法律"的范围。

---

[1] 中国社会科学院语言研究所词典编辑室编:《现代汉语词典》(第6版),商务印书馆2012年版,第1066页。
[2] 中国社会科学院语言研究所词典编辑室编:《现代汉语词典》(第6版),商务印书馆2012年版,第1421页。

作为"认可"第二层含义的承认,含有肯定的意思。[1]所谓肯定,是对已经出现或已经发生的对象做出判断之后得出的结果。被判断的对象先行出现,判断这个行为本身事后发生,这正好符合认可法律的基本特征:被认可的规则(习惯)已经存在;将这些规则(习惯)认可为法律或具有法律意义的规则。在此,认可是一种事后承认或事后肯定的行为。换言之,"认可法律"中的"认可"二字,是一种事后的肯定与承认。

在理解"认可"的含义之后,可以进一步从以下几个方面来分析"认可"的含义:

首先,被认可的对象是事实上已经存在的规则。在这里,必须区分两个概念:"认可法律"与"法律认可"。我们所讨论的"认可",其含义是将某些规则认可为法律,认可的对象是规则。这些规则不仅是一种已经存在的"制度性事实",[2]而且已经对特定领域或特定时空范围内的社会生活秩序进行着有效的规范与调整。国家认可这些规则,仅仅意味着国家这一特定主体对这些既有规则的肯定或承认。从这个意义上看,"认可"具有强烈的国家本位色彩,体现了国家意志或国家权力对于非国家性质的社会规则的干预与介入。[3]与"认可法律"紧密相关的"法律认可",尽管也是一个含义不甚清晰的概念,但它仍然包含了一个"意思中心"或"核心指向",那就是,国家法律对于某些事实或行为的肯定与许可。譬如,国家法律承认任何依法缔结的婚姻或商事契约的有效性,国家法律承认任何公民对于其合法财产的所有权,以及行政许可法所"许可"的事项或内容,诸如此类,都属于"法律认可"的范围。

其次,"认可法律"是对已经存在的社会规则表示肯定或同意。但在事实上,即使不经过"认可"这道特定的程序,这些社会规则

---

[1] 中国社会科学院语言研究所词典编辑室编:《现代汉语词典》(第6版),商务印书馆2012年版,第161页。

[2] 参见[英]麦考密克、[奥]魏因贝格尔:《制度法论》,周叶谦译,中国政法大学出版社1994年版,第61页。

[3] 由于有待认可的规则并非源于国家机构,为了与国家制定的规则相对应,我们将有待国家认可的规则,统称为社会规则,其中就包括习惯。

依然存在。只不过，这些规则的存在领域和作用范围，基本上局限于与政治国家相对应的民间社会。如果经过国家的正式或非正式的认可，这些社会规则的存在领域将会进而拓展到政治国家的层面，民间社会自发形成的规则由此打上了国家意志的印迹。从这个角度上看，"认可法律"是在向某些已经存在的社会规则赋予法律意义与国家属性，主要是一种赋予意义而不是创制规则的行为。

再次，经过认可的社会规则将具有国家法层面上的约束力。社会规则虽然也表征了一种秩序，也在有效地调整着某些领域的人类行为，但它的调整方式与调整手段都比较单一，比较简朴，具有自发性。如果这些社会规则被认可为国家法律，它就获得了国家法上的强制约束力。与此同时，法庭、警察、监狱等各种国家机器就可以成为这些规则直接依赖的强制力量。因此，社会规则被认可为国家法律，可以理解为社会规则在事实上获得了国家的支持或加持"。从这个角度来看，"认可法律"主要是一种赋予强制力的行为。

最后，与"制定"一样，"认可"也是法律产生的一种基本形式。如果制定法律意味着法律直接源出于国家意志，那么，"认可法律"则表明：还有一些法律是来源于民间社会的，在政治国家之外生长出来的社会规则作为国家法律之渊源，只要经过"认可"这种独特的方式，就会成为国家法律的一个部分。从这个意义上看，以"认可法律"的方式产生的法律就不再是国家单方意志的产物，而是民间社会意志与政治国家意志相互结合的结果，反映了国家意志对社会意志的某种承认与尊重。这个过程，不仅可以视为"礼源于俗"[1]这一古老传统在当代中国法学理论与法律实践中的再现，而且，还蕴含着有待进一步探究的法理意义。

三、"认可"的基本形式

"认可"的基本形式主要有两种：明示认可与默示认可。

---

[1] 刘师培说："上古之时礼源于俗，典礼变迁可以考民风之同异，古三王不袭礼。"详见，刘师培：《古政原始论》，载李帆编：《中国近代思想家文库·刘师培卷》，中国人民大学出版社2015年版，第164页。

所谓明示认可，是指国家以法律、决议等方式对那些不是源于国家立法机构的社会规则，或者尽管源于国家但并不自动具有合法性的规则，所公开表达的、明确而直接的肯定或承认。这种明示认可又可以分为以下两种情况：

一是国家对民间法或习惯法的明示认可。所谓民间法，是与国家法相对应而言的；所谓习惯法，是指与成文法相对应而言的。两者可以笼统地称作社会规则，也可以合称为民间习惯法。事实上，这些规则中的绝大部分都得到了国家明示的认可。譬如，《民族区域自治法》第10条规定："民族自治地方的自治机关保障本地方各民族都有使用和发展自己的语言文字的自由，都有保护或者改革自己的风俗习惯的自由。"这是对民族自治地方风俗习惯规则的明示认可。《香港特别行政区基本法》第5条规定："香港特别行政区不实行社会主义制度和政策，保持原有的资本主义制度和生活方式，五十年不变。"这是对香港地区社会制度规则与生活方式规则的明示认可。

二是国家现政权对前政权法律的明示认可。这种认可的对象本来也是国家立法机构制定的法律——虽然不是现政权而是前政权的立法机构制定的。这些源于前政权的法律的效力，还有待于国家现政权的认可。在分析实证主义法学理论的谱系中，"奥斯丁认为，即使是新的主权者已经产生，旧的法律通常还会继续存在，他继续解释说，这时新的立法者已经通过暗中的立法活动使这些旧法更新了，它们也就变成了新法"[1]。譬如，《香港特别行政区基本法》第39条规定，"《公民权利和政治权利国际公约》、《经济、社会与文化权利的国际公约》和国际劳工公约适用于香港的有关规定继续有效……"通过这种明示认可，香港地区正式回归中国之前所制定的旧法变成了新法。

默示认可，是指国家对某些现存的社会规则，既不明确认可，然而也不明确反对的一种听之任之的态度。默示认可也可以通过成文规则的形式表达出来。譬如，最高人民法院《关于人民法院审理

---

[1] [英]约瑟夫·拉兹：《法律体系的概念》，吴玉章译，中国法制出版社2003年版，第41页。

离婚案件处理财产分割问题的若干具体意见》（已失效）第 22 条规定，"属于事实婚姻的，其财产分割适用本意见"。这条司法解释并没有明确肯定依照社会规则缔结的事实婚姻的合法性，亦即没有对这种社会规则表示公开的认可。但是，它将调整正式婚姻关系的法律规则类推适用于事实婚姻关系，实际上是对调整事实婚姻的社会规则表达了默示的认可。

当然，默示认可主要还是体现为不成文的认可方式。国家可以通过实施某种行为、支持某种倾向、鼓励某种活动等多种方式，对各种各样的社会规则甚至政治习惯做出默示的认可。从数量上看，这种形式的认可在国家认可法律的活动中占据了更大的比例。譬如，在某些传统节日，国家例行安排放假，就是对这些节日活动、节日规则的默示认可。

无论是明示认可还是默示认可，都体现了国家对某些社会规则的肯定性判断，都会给社会生活秩序提供一个相对明确的引导。从这个意义上说，国家认可法律的活动对于公共秩序的生成与完善，具有积极的促进作用。

四、"认可"的主体

认可法律需要一个相对确定的主体，那么，谁来认可法律？从表面上看，是国家在认可法律。然而，国家虽然是一个实体，在黑格尔的《法哲学原理》中占有相当高的地位，但它同时也有一定的抽象性。事实上，在国家这个宏大的主体之下或之内，存在着认可法律的多种具体主体。

首先是国家的代议机构。在近代以来的代议制国家，代议机构既是主权国家的主要代表与象征，也是认可法律的最主要的主体。国家的代议机构通过颁布法律的形式对某些习惯表示认可，是一种比较常见的认可方式。国际多边或双边条约的批准，通常也是一个主权国家代议机构的职责范围。对于某些流行的习惯与惯例，国家代议机构不表示明确的反对，也可以理解为国家代议机构的一种默示性的认可。

其次是国家的行政机构。自 19 世纪中叶开始，西方国家的行政机构从国家的"守夜人"变成了国家的"总管家"。随着行政机构管理的公共事务越来越多,需要行政机构认可的习惯也越来越多。

再次是国家的司法机构。司法机构对习惯的认可存在多种方式。如前所述,在司法判决过程中,司法机构可以通过裁判的方式对某些习惯、惯例(譬如事实婚姻)表示明确的个别化的认可;司法机构也可以通过司法解释的方式对某些习惯、惯例表达普遍性的认可。

还有国家机构之外的其他政治机构。在政党政治的背景下,执政党也在事实上具有认可法律的实际权力与职能。在当代中国,执政党经常以中央文件的形式对某些习惯表示明确的认可。此外,执政党的组织也可能会通过批复、批转的方式对某些习惯表示认可。诸如此类的做法,都可以体现出执政党对于特定习惯的认可。

认可法律的主体除了中央国家机构与相关政治机构,还有地方机构,后者作为中央机构在地方的代理人,常常也在事实上享有认可某些习惯的权力。

五、"认可"的标准

如果要将习惯认可为法,相关主体总会依据某些标准来进行判断。然而,相关主体认可法律所依据的标准既不是唯一的,甚至也不是法定的,而是多种多样的。归纳起来,相关主体在认可法律的过程中实际采用的标准主要包括以下几个方面:

第一,宪法或法律标准。从法治的理想来看,宪法和法律应当成为认可法律的最主要、最明确的标准,甚至应当是唯一的标准。按照这个标准,某些社会习惯,只要符合宪法与法律的规定,就会自动得到相关国家机构的认可。譬如,我国《宪法》第4条第4款规定:"各民族都有使用和发展自己的语言文字的自由,都有保持或者改革自己的风俗习惯的自由。"根据这条宪法规范,各民族的风俗习惯得到了国家的认可,这种认可的标准就是国家的宪法。我国《民法典》第10条规定:"处理民事纠纷,应当依照法律;法律没有规定的,可以适用习惯,但是不得违背公序良俗。"根据这条民法规范,只要是没有违背公序良俗的习惯,都可以在处理民事纠纷中被适用,这种认可的标准就是国家的民法。

第二，道德或伦理标准。在宪法和法律之外，某些道德或伦理标准也可以成为国家认可法律的标准。在中国传统社会中，"父慈子孝"就是一种道德标准或人伦标准，父子之间相互交往的某些习惯，如果符合"父慈子孝"这个伦理原则，就能够得到认可。试看《论语》中的一段记载："叶公语孔子曰：'吾党有直躬者，其父攘羊，而子证之。'孔子曰：'吾党之直者异于是：父为子隐，子为父隐，直在其中矣。'"[1]孔子在此所说的"父子相隐"就是一种典型的社会习惯，因为孔子所说的"吾党之直者"已经意味着：这是"我们"（吾党）那里的习惯；"我们"那里的"父子相隐"虽然不同于叶公熟悉的习惯（可以概括为"子证父罪"），但它符合"父慈子孝"的伦理准则，所以就得到了普遍的认可。从社会科学的角度来看，"父子相隐"这种习惯能够得到全面的认可，最根本的原因并不在于它出于孔子，而是因为它符合"父慈子孝"的伦理准则。

第三，政治功利标准。政治功利标准主要体现在政治利益上。政治利益决定了某些习惯是否能得到国家的明确或默示的认可。在20世纪50、60年代，国家为了实现特定的政治目标，选择了严格的计划体制。在这种政治目标面前，很多市场惯例或交易习惯都不能得到国家的认可。譬如，在市场体制下极其正常的长途贩运，它作为一种最为常见的商业习惯，由于与计划经济体制及其政治目标相违背，就被视为"投机倒把"，就不可能得到当时的政治功利标准的支持与认可。

第四，经济功利标准。依照这种标准，凡是能最大限度地满足国家的经济利益的习惯，都会得到国家的认可。譬如，邓小平提出："判断的标准，应该主要看是否有利于发展社会主义社会的生产力，是否有利于增强社会主义国家的综合国力，是否有利于提高人民的生活水平。"[2]这里提出的"三个有利于"，主要就是一种经济标

---

[1] 杨伯峻译注：《论语译注》，中华书局2012年版，第193页。
[2] 邓小平：《在武昌、深圳、珠海、上海等地的谈话要点》（1992年1月18日至2月21日），载《邓小平文选》（第3卷），人民出版社1993年版，第372页。

准。在经济标准的引领下，凡是有利于经济增长的社会习惯，某些甚至是与国家正式规则相冲突的社会习惯，都可能得到国家的默示认可。譬如，在1978年，"这年11月，在借地唤起农民生产积极性的启发下，有些地方的基层干部和农民冲破旧体制的限制，自发地采取了包干到组和包产到户的做法"。[1]这些"做法"逐渐得到了国家的认可。这就是根据经济标准所给予的认可。

第五，宗教教义作为判断的标准。这种情况主要存在于欧洲中世纪神权占据统治地位的社会中。在当代世界，宗教教义作为认可法律的标准虽然大大消退，但这种情况仍然存留在少数国家中或宗教气氛比较浓厚的地区。在宗教神权占据了统治地位的社会，宗教教义既相当于主流意识形态，也相当于高踞于实在法之上的自然法，自然可以充当"认可"的标准。

六、作为"认可"对象的习惯

各种习惯千差万别，哪些习惯可以作为国家认可的习惯？概括起来，可以作为认可对象的习惯大致包括以下四个方面：

第一，一般性的民间社会习惯。这样的民间社会习惯存在于国家正式法律还没有调整到的各个领域。这些习惯数量巨大，成分复杂，涉及广泛，对社会生活产生了深远的影响，几乎所有的人都会受到这类习惯的影响。这种一般性的民间社会习惯也可以称为民俗习惯。民俗学作为社会学中的一个分支学科，它的研究对象大多与民间社会习惯有关。如果从静态的角度来看，这些存在于民间的社会习惯或民俗习惯仅仅是国家认可的对象，仅仅是一种自发的社会规则。然而，如果换成动态的视角，这些民间社会习惯与国家法之间，又发生着千丝万缕的联系。譬如，在国家法的实施环节，这些民间社会习惯可能会在司法过程中予以适用，从而成为国家正式法律的重要补充；在国家法的创制环节，这些民间社会习惯还可以构

---

[1] 中共中央党史研究室著：《中国共产党的九十年》，中共党史出版社、党建读物出版社2016年版，第689页。

成国家正式法律得以变迁的动力与压力。[1]

第二，包括国际条约与国际惯例在内的国际社会习惯。在现代国际法的实践中，主权国家派出的缔约代表签订的双边或多边国际条约，特别是一些重要的国际公约，常常要经过主权国家的代议机构批准。从国际法上看，这样的批准又可以分为两种情况：国内的批准与国际的批准。"国内的批准程序，通常指一国的议会依据该国宪法对条约认可的程序；国际的批准程序指条约经过议会依据宪法认可后，该国的行政权力机构对缔约他方表示该国确定同意缔结该约，因而受该约拘束的程序。"[2]这两种批准程序就是主权国家对国际条约的认可过程；至于批准的对象，即经过草签的国际社会规则，就是国家认可的对象。譬如，经过全国人大常委会批准之前的《公民权利和政治权利国际公约》《经济、社会和文化权利的国际公约》等，都属于有待国家认可的国际社会规则。当然，除了成文的国际社会规则（国际条约），还有一些国际惯例，也需要经过国家的代议机构或司法机构明确认可，或者以实际适用的方式表示的认可，才能对本国发生法律效力。

第三，国家政治生活中存在着一些不成文的政治习惯，从它们不具有国家法律性质的角度上看，也可以被理解为一种特殊的习惯或政治惯例。这些政治惯例不仅大量存在，而且影响巨大。譬如，人代会与政协会"两会"同时召开的习惯，重大节日前夕举行"团拜会"的习惯，"诸如此类的政治习惯，虽然并不见于宪法与法律的正式规定，但它们对于当代中国的政治生活，发挥着潜在而深远的影响。当代中国的法学研究，如果要立足于中国政治生活的现实，如果要结合中国法律生活的真实情况，如果要适应中国改革和发展的当前需要和长远需要，就必须直面这样的政治习惯。如果要强调法学研究的'结合实际、有的放矢'，还有什么'实际'，还有什么'的'，比这些政治习惯更重要呢？"[3]从

---

[1] 参见喻中：《民间法在制定法变迁过程中的功能——以制度变迁理论为分析视角》，载《四川师范大学学报（社会科学版）》2003年第5期，已收入本书第三章。

[2] 李浩培：《条约法概论》，法律出版社2003年版，第66页。

[3] 喻中：《宪法社会学》，中国人民大学出版社2016年版，第30~31页。

分析实证主义法学的角度来看,这一类政治惯例也有待国家正式的认可。

七、不"认可"及其后果

有"认可",就有与之相对立的另一面,即"不认可"。从形式上看,不认可的情况主要表现在以下几个方面:其一,违反国家制定法律的黑社会或秘密社会的习惯。譬如,在历史上,"哥老会的处罚方式有凌迟处死、挖坑活埋、沉水溺毙,绝无讨价还价之余地。青帮的'家法十条'中则有各种刺字、铁锚烧死的处罚。天地会对违反会规者割耳、打杖。这些处罚方式都极为原始,极不人道"。[1] 从更加广阔的视野中看,国际社会各种各样的贩毒集团、走私团伙、偷渡组织都有各自的习惯,由于这一类习惯与国家颁布的法律发生直接的冲突,不可能得到国家的认可与肯定。其二,违反国家特定历史时期的根本政治制度或主流意识形态的习惯。譬如,在严格实行计划经济的时代,也可能实际存在着一些市场交易的习惯,这些习惯至少在某些特殊的时代,不可能得到国家的认可。其三,损害国家经济利益的习惯。譬如,在经济领域中盛行的"回扣"习惯,它直接损害了国家整体利益,不可能得到国家的认可。其四,违反公共道德与社会公共利益的习惯。譬如,曾经屡禁不止的传销,等等。

从社会学的视野来看,以上列举的这些习惯尽管也在一定程度上规范和调整着某些社会群体,也代表了一种实际存在的社会关系,但是,由于这些习惯有悖于社会公共利益和国家利益,只能成为国家打击与取缔的对象,而不可能得到国家的认可,更不可能被认可为法律。从法律意义上看,不认可就意味着某些已经存在的习惯没有得到国家明示或默示的肯定或承认,不能得到国家的支持,没有获得法的属性。这就是"不认可"的法律后果与法律意义。

---

〔1〕 高其才、杨丽华:《试论中国秘密社会习惯法的产生、特点及作用》,载《法商研究(中南政法学院学报)》1994年第5期。

小　结

上文主要着眼于"认可"这个纽结，以之解释"习惯何以为法"。必须承认，这仅仅是关于"习惯何以为法"的一种解释。在"认可"这个纽结之外，还可以从其他的角度解释"习惯何以为法"。众多不同的角度归根到底取决于理解法的不同方式。法可以从政治、经济、社会、文化等不同的方式来理解，这些不同的方式，为解释"习惯何以为法"提供了多种角度、多种可能。

第三节　判决过程中的习惯法因素[*]

笔者曾在一篇序文中写道："在法学院念书的学生，在法学院任教的老师，当他们站在法学院里眺望外面的法律世界时，最容易看到的地方就是法院。相对说来，法院里的人与事，更容易成为法学院师生关注的对象，更容易吸引法学院师生的目光。"[1]法院里的人主要是法官，法院里的事主要是审判。因而，关于司法判决的研究，长期以来都是法学研究的一个焦点。在法学学科体系与法学学术体系中，有关"法律方法"或"法学方法"的研究，基本上都是以法官的司法过程作为对象，不难想象，由此形成的相关学术文献，是极为丰富的。在这样的学术背景下，在这样的知识基础上，任强的《判决如何作出——以判断类型为视角》一文（为行文简便，以下简称《视角》），[2]对司法判决的过程做出了颇有新意的揭示。

按照《视角》一文的划分，司法过程中的判断类型包括三种：一是案情认知中的事实判断，它的目标是复原案情真相。但是，这个目标是不可能绝对实现的，司法人员即使理论水平高，观察仔细，

---

[*] 本节内容，以《也论判决的产生过程》为题，发表于《法律方法》2009年第2期，修订后收入本书。

[1] 喻中：《流水线时代的手工作品——序李东涛著〈社会治理转型时期的基层司法实践逻辑〉》，载喻中：《法学的想象力》，中国政法大学出版社2023年版，第145页。

[2] 任强：《判决如何作出——以判断类型为视角》，载《中国社会科学》2007年第3期。

即使观察的角度好、次数多、手段优越,也只能相对地接近案情真相。二是证据确认中的事实判断,它的目标是把那些已经认知了的事实确认成为法律事实。在这个过程中,司法人员以证据法作为依据,旨在把案情认知中的事实判断转化成为证据。由于司法人员对证据法的理解、对案情的事实判断的合法性审查与真实性审查不尽相同,证据确认中的事实判断也不可能是唯一的、绝对客观的。三是判决中的价值判断,它的目标是结合法律与已经认定的证据,作出裁决,以实现法的价值。在这个阶段,法官对法律条文与证据性质的理解,法官的直觉和个人偏好,以及道德、风俗、经济利益、社会效果等因素,都可能影响判决中的价值判断。概而言之,"判决的产生深受这三种判断的影响"。(第125页)此外,《视角》一文还强调,三种判断并不是严格按照先后次序进行的。"侦查人员和检察官在案情认知中的事实判断和在证据认定中的事实判断经常同时出现,有时候会纠葛在一起,他们也会对未来法官将要作出的判决这一价值判断进行预测。"(第125页)在判决阶段,法官有时候也会对事实判断进行重新认知。"因此,三种判断类型在案件的侦破、起诉和审判阶段都可能同时出现,但它们在不同阶段的类型化特征是一致的。"(第125页)

通过以上三种判断的比照与透析,《视角》一文是否实现了它的理论旨趣——呈现和揭示"判决产生的整个过程的真实性和丰富性"?我们的回答是:虽然有所推进,但是,离这个目标尚有一定的差距。因为,即使按照《视角》自身的逻辑,它也存在着三个方面的缺陷:其一,它只看到了司法人员(包括侦查人员、检察官、法官)的判断在判决产生过程中的作用,没有看到当事人、律师以及其他诉讼参与人的判断对于判决产生过程的重要影响。其二,它只看到了刑事判决的产生过程,没有看到民事判决、行政判决产生过程的特殊性。其三,它对于三种判断类型的划分,没有遵循分类的一般原则。这三点,既是对《视角》一文的批评,更是与《视角》作者的商榷,同时,也是对《视角》一文的延伸与拓展。希望通过这样的方式,有助于在"判决如何作出"这个主题上,提供更加真实、丰富的解释。

要更好地揭示"判决产生的整个过程的真实性和丰富性",有必要在法律解释学的方法之外,引入法律社会学的方法,尤其是要看到判决过程中的习惯法因素。相对说来,习惯法因素所代表的经验,较之判断类型的逻辑,能够更真实、更丰富地反映司法判决的过程,这就正如霍姆斯(Oliver Wendell Holmes,1841—1935年)的名言:"法律的生命不在于逻辑,它在于经验。"[1]根据这个著名的论断,我们甚至可以说,司法判决的真实性不在于逻辑,而在于经验。因而,引入习惯法这个因素,借以考察司法判决的过程,有助于从经验的角度,更多地揭示司法判决过程的真实性与丰富性。

一、多元主体的判断对判决过程的影响

司法过程的判断主体是多元化的。以刑事诉讼为例,刑事诉讼中的被害人既是当事人,也是一些刑事诉讼的启动者。很多诸如盗窃、抢劫之类的"多发刑事案件",如果没有被害人的报案,司法机关很可能无从知晓,也无法立案。在"不告不理"的刑事自诉案件中,情况更是如此。这就表明,在一定意义上,被害人的判断将决定一个刑事案件的成立与否;而且,在刑事诉讼逐渐展开的过程中,被害人对情势的判断也会影响判决的结果。然而,依照《视角》一文关于三种判断的划分,被害人的判断既不属于复原案情真相的事实判断,也不属于确认证据的事实判断,更不属于判决中的价值判断。再者,《视角》一文已经交代得很清楚,它所分述的三种判断都是"司法人员"这种特定的主体所作出的判断。这就意味着,至少在《视角》一文的理论框架内,被害人、其他当事人和其他诉讼参与人的判断是不存在的,它们对于判决的产生过程,也是没有意义的。这样的理论阐释,显然蕴含着严重的疏漏,因为它没有看到当事人、律师等相关主体的判断对于判决产生过程的决定性影响。

在一般意义上说,在通常情况下,司法权力是一种被动性的权力,如果没有当事人提出的诉讼请求,司法过程就无从启动,因此,当事人的诉讼请求作为一种具有规范意义的判断,对司法过程、司

---

[1] O. W. Holmes Jr., *The Common Law*, Boston: Little, Brown and Company, 1881, p. 1.

法判决的影响是不言而喻的;当事人的依法撤诉,更会从根本上影响判决的过程与结果。其他诉讼参与人的判断,也会在诉讼过程中产生实质性的影响,从而以各自的方式塑造着最终的司法判决。此外,尤其值得注意的是,诉讼过程中多种主体的判断相互对话、相互试探、相互博弈、相互修正,既是一种常态,也是一种习惯。任何司法判决,都是在这些判断的交错作用之下产生出来的。如果说,"只有从交往参与者的行事立场中才能找到进入历史-文化世界的途径",[1]那么,我们也可以说,只有从多种诉讼主体的判断立场中,才能找到进入判决产生过程的途径。

相对于司法人员的三种判断而言,当事人、律师的判断具有截然不同的性质。他们的判断不会专门追求复原案情的真相,也不在于把确认的事实转化成为证据,更不会追求法的应然价值,因而,他们的判断与司法人员的三种判断相比,具有性质上的差异。那么,他们在诉讼过程中的判断应当属于什么判断呢?笔者的回答是:利益衡量中的情势判断。与司法人员不同,当事人、律师在诉讼过程中,主要追求自身利益的最大化,争取一个对自己有利的判决。他们对事实、证据、法律的判断与取舍,以及在此基础上形成的思维模式、行为模式,主要是一种利益上的衡量、情势上的判断:何种选择对自己有利,怎么做才能最大限度地实现自己的利益。他们的判断当然会受制于国家制定法,但与此同时,习惯法这个因素也会对他们的判断产生较大的影响。

二、民事判决过程与刑事判决过程的差异

《视角》一文试图揭示判决产生过程的丰富性与复杂性,但是,《视角》一文的展开,基本上就是以刑事诉讼作为线索;以刑事司法人员的三种判断作为考察范围。然而,司法判决除了《视角》一文所分析的刑事判决,还有民事判决与行政判决,尽管它们都属于司法判决,但是,即使是按照《视角》一文的框架,后两种判决与刑

---

[1] [德]于尔根·哈贝马斯:《后形而上学思想》,曹卫东、付德根译,译林出版社2001年版,第35页。

事判决相比，依然存在着重大的差异：在刑事判决的产生过程中，侦查人员、检察官的事实判断与价值判断，会产生重大的影响，但在民事判决、行政判决的产生过程中，基本上没有这样的因素。从这个角度上看，《视角》一文对于判决产生过程的揭示，只能限制在刑事诉讼领域；如果要全方位地呈现判决产生过程的丰富性、复杂性，还必须看到民事判决、行政判决产生过程的特殊性。

且看民事判决的产生过程。如果依照《视角》一文所划分的判断类型，那么，在民事判决的产生过程中，司法人员就只有法官，而没有检察官与侦查人员；在司法人员的判断中，也只有法官独家的判断。在检察官、侦查人员的事实判断、价值判断缺席的情况下，民事法官的事实判断、价值判断有何特殊性？民事判决的产生过程有何特殊性？面对这样的追问，《视角》一文显然不能提供有效的解释，而发生在2005年的一个民事案例，恰好可以说明这个问题。

当时，供职于A市B区法院的王法官打来电话，要与笔者探讨一个劳动合同案件。案情很简单：原告朱某应聘到一家企业做总经理助理，双方签订了一份"试用期合同"，其中约定：试用期为2个月；试用期内，任何一方如果不满意，都可以解除合同关系。此外，合同还规定了工资、福利等方面的内容。然而，在这份合同履行到第29天的时候，企业一方表示对朱某不满意，宣布解除这份"试用期合同"；同时，由于朱某实际工作的时间不到1个月，工资和福利都要按照"试用期合同"来执行，这样算下来，企业只愿意向朱某支付800元的报酬。朱某不服，向区劳动争议仲裁机构提出了仲裁申请。仲裁机构认为，这份"试用期合同"是无效的。因为，本地人大制定的地方性法规已有规定：劳动合同可以约定试用期，但试用期必须受到限制，譬如，6个月以下的劳动合同，试用期不得超过15天；2年以下的劳动合同，试用期不得超过1个月；4年以下的劳动合同，试用期不得超过2个月，等等。但在本案中，由于原被告是在没有签订正式劳动合同的前提下约定的试用期，致使这个试用期成了无源之水、无本之木，因而是不能成立的，双方之间已经签订的"试用期合同"也就不能产生法律效力了。仲裁机构在否定了"试用期合同"的法律效力之后，根据地方性法规的规定，要求企业按照本地通行的工资标准,向朱某支付报酬(1000元左右)。对于这个仲裁决定,原被告双方都不服。后来,原告朱某向企业所在地的区法院提起诉讼,承办这个案件的就是王法官。

王法官接手这个案件之后,第一个需要判断的关键问题是:双方签订的"试用期合同"是否有效,如果有效,就应当执行合同中约定的条款;如果无效,就应当维持仲裁机构的裁定。然而,在王法官看来,这是一个令人困惑的问题。因为,无论是说它有效还是说它无效,都可以找到某些依据。如果判定这个合同无效,其依据就是仲裁机构所持的理由:试用期只能在劳动合同中约定;既然试用期为2个月,那就意味着劳动合同应当在4年以上,然而,由于双方并没有订立一个持续时间4年以上的劳动合同,那么,这2个月的试用期也就不能成立了——就像"皮之不存,毛将焉附"这句话所表达的道理一样。换言之,判定这个合同无效,是可以找到地方性法规作为依据的。但是,王法官心里还是有些不踏实,因为从另一个方面看,这个"试用期合同"本身就是一份正式的劳动合同,是劳动合同的一种形式,它并没有违反国家(当时)的劳动法,也没有强迫、欺诈之类的致使合同无效的情节。法律、法规也没有直接禁止这种仅仅针对"试用期"而订立的劳动合同。再说,这家企业与很多员工之间的劳动关系,都是依靠这种"试用期合同"来维持的。考虑到这些因素,王法官认为,如果将"试用期合同"简单地作为无效合同来处理,恐怕也不恰当。

正是在这种两难与疑虑之下,王法官试图征询笔者的意见。笔者并非劳动法方面的专家,但还是表达了自己的倾向性意见:应当将这份"试用期合同"视为有效。王法官迫切地问:理由呢?笔者想到的理由主要有:首先,本市制定的地方性法规从保护劳动者的立场着眼,对劳动合同中的试用期进行了专门的规定,这种规定当然是有约束力的。但是,该地方性法规中的这个条款调整或针对的事项,主要是劳动合同期限与试用期之间的一个比例关系;它的精神实质在于,一个较短的劳动合同不能约定一个较长的试用期,仅此而已;它并没有禁止劳动者与用人单位之间签订一个"试用期合同",或者说,它并没有针对一个单独的"试用期合同"是否有效的问题作出专门的规定。其次,劳动法、相关司法解释或其他规范性文件,也没有针对"试用期合同"的效力问题作出专门的规定。这些都可以说明,本案中的"试用期合同"应当是有效的。相反,你要否定这份"试用期合同"的效力,则无法找出过硬的依据和理由。

对于这样的建议,王法官表示信服,他客气了一番,挂断了电话。然而,还不到10分钟,王法官又打来了电话,他的问题依然是:仲裁机构否认这份"试用期合同"的法律效力,是否也有某些道理?没有正式的劳动合同,规定试用期是否能够成立?

笔者还是坚持自己的观点,为了进一步打消他的顾虑,笔者还打了个比方:如果争议双方订立了一个劳动合同,其中,劳动合同的期限只有1年,但是试用期却长达6个月,那么,根据该地方性法规,这种劳动合同就是无效的。该地方性法规的相关条款,调整的就是这样的事项。至于本案中专门针对试用期签订的合同,也是劳动合同之一种;这样的合同是否有效的问题,已经处在该地方性法规调整范围之外了。

至此,王法官似乎才真正认可并接受了笔者的看法及理由。过了几天,王法官又打来电话,说是判决已经作出,判决结果就像我们在电话里商定的那样。

判决已经产生了。虽然,作为一起个案,这样的判决结果在实体上是否"正确",也许还有进一步讨论的余地。但这里需要进一步思考的,却主要是一个程序性问题:民事法官作出判决的过程是什么,或者更确切地说,法官是怎样找到他的判决结果的?通过这个民事案例,我们可以发现,民事判决的产生过程,具有以下几个方面的特点:

第一,法官并不是首先确定某个具体的法律规范,以之作为判决结果的大前提,然后再去寻找作为小前提的法律事实。相反,法官必须先行弄清楚特定案件的发生、发展过程,特别是双方争议的焦点是什么,然后才能进一步确定应当适用的法律规范。譬如,在这起劳动争议案件中,法官必须面对的焦点问题是"试用期合同"这个法律事实:它是一个有效的合同还是一个无效的合同?对法官来说，第一步是判断这个合同是否存在（事实判断），第二步才是判断这个合同是否具有法律效力，这才涉及寻找法律依据的问题。换言之，在查明案件事实之前，到底应当适用何种法律规范作为判决的依据——这个问题还可以稍稍搁置一下。法官寻找判决结果的这种过程，较之于人们习以为常的"三段论"式的法律推理，存在着较大的差异。

第二，对于某些案件特别是"疑难案件"来说，并没有一个确定的法律规范摆在那里，恰恰相反，作为判决依据的法律规范是法官比较、权衡、选择的结果。这就使作为判决依据的法律规范具有强烈的不确定性。尤其值得注意的是，在选择法律规范的过程中，法官首先是凭借直觉，对于案件中的核心问题做出某种猜想式的判断，然后再为这种猜想去寻找法律依据。在这个过程中，如果他找到的法律依据很充分，足以说服自己，就等于原先的猜想得到了证明，判决就会依据这个已经被证实了的猜想而得出。但是，也可能出现另一种情况：不能为原先的猜想找到足够的法律依据，或已经找到的法律依据不能说服法官自己，这时候，他就会作出第二种截然相反的猜想，然后再试图为第二种猜想寻找法律上的依据。如果证实第二种猜想的过程比较顺利，法官也许就会"松一口气"，欣欣然地根据第二种猜想作出自己的判决。当然，也许第二种猜想同样不能找到足够的证据，那么，法官还将进行第三种甚至是第四种猜想，直到某个猜想最终获得了证实、法官最终说服了自己才能罢休。在这个过程中，我们发现，作为判决依据的法律规范，实际上充当了证明法官的一个预先的猜想的权威性资料。

第三，在一些案件中，如果法官预先作出的各种猜想都不能找到足够的法律依据，这就意味着，各种猜想在法官本人那里都没有得到求证，这时候，法官就会陷入一片困惑之中；对法官来说，他遭遇的就是一个所谓的"疑难案件"。在前述案例中，王法官就处于这样的情境中：他也猜想过，那份"试用期合同"也许是无效的，但是，仲裁机构判定合同无效的理由并没有让他完全信服，或者说，那些理由或依据还不足以让他确信，"试用期合同"确实无效。这就意味着，"合同无效"这个猜想在王法官那里，没有得到证实。回过头来，王法官也尝试过第二种猜想，即猜想"合同有效"，但是，有关"合同无效"的那些证据，他又不能有效地予以排除；更具体地说，他无法切断地方性规范中的相关条款与这个特定案件之间的关联。这就是说，有关"合同有效"的猜想，他也找不到足够的证据来证实。在这种情况下，法官就处于一种找不到法律依据的境况中。这种状态，可以称之为"法律模糊"。

第四，法官为了把模糊的法律变得清晰一些，或者说，为了在模糊的法律规范丛林中准确而清晰地找出某个特定的条款，并以之作为判决的依据，那么，一方面，他必须在案件事实与某个特定的法律规范之间建立起排他性的对应关系；另一方面，他还必须在案件事实与其他法律规范之间做出彻底的切割。只有通过这两个方面的努力，法官才可能找到一个他确信无疑的判决结果。但是，要实现这个目标，却不是一件容易的事。在前述案例中，王法官就遇到了这样的困难：他无法在案件事实与地方性法规的相关条款之间做出彻底的切割，因而既不能肯定这个"试用期合同"的有效性，也不能认定它就是一个无效的合同。在这种情况下，法官面前的法律依然是"模糊不清"的。王法官在电话中与笔者讨论这个案件，其目的就是要通过讨论，在纷繁复杂的法律丛林中排除其他规范，确认某个特定的规范，并在特定的规范与特定的案件之间建立起排他性的、唯一的对应关系。在讨论的过程中，笔者提出的建议，王法官肯定也猜想过；因此，如果笔者仅仅提出了"合同有效"的建议，并不能满足王法官的期望，他希望笔者为他提供的，是"何以如此认定"的理由，与此同时，他还希望笔者提供足够的依据，以否定其他的猜想（譬如，"合同无效"的猜想）。依靠这些正反两方面的理由，王法官既可以用来说服自己，也可以用来说服讼争的双方。

概而言之，在这个民事案件中，法官寻找判决结果的过程促使我们注意到：在事实判断的基础上，法官可能面临着一个识别法律的难题。要解决这样的难题，法官先要作出一个猜想式的判断，如果猜想能够得到证实，法律识别的任务就完成了；如果猜想不能得到证实，法官还要作出第二个、第三个甚至第 N 个猜想，最终直到某个猜想被证实为止。证实猜想的过程，实际上是要求法官为他的某种判断找到足够的依据,同时还要为他拒绝其他的判断找到足够的依据。[1]

以上几个方面表明,民事法官的判断过程,虽然在外在程序上受到了成文法的严格约束,其实在相当程度上是在遵循一些不成文的习惯法。

与民事判决的产生过程不同的是,刑事判决的产生过程更多地受制于检察官的判断,这不仅是因为检察官与法官同属于司法人员的行列,同时还因为检察官代表检察机关享有依法监督庭审活动的权力。

至于行政判决的产生过程,又包含着不同于刑事诉讼、民事诉讼的一系列新特点:举证倒置,即"原告主张,被告举证";需要判断的事实主要是行政主体的具体行政行为;在通常情况下,相对强势的被告对法官的判断可能产生的影响力,等等。在这些新的情势下,尽管也可以按照《视角》一文的框架,区分出相应的事实判断与价值判断,但是,影响事实判断与价值判断的因素,既不可能等同于刑事诉讼,也不可能等同于民事诉讼。这些因素,尤其是司法权与行政权的关系,在一定程度上也可以用习惯法来解释。

三、关于判断的类型划分问题

即使回到《视角》一文本身,即使仅仅着眼于刑事判决的产生过程,《视角》一文关于三种判断类型的划分也是有问题的。

一方面,三种判断的划分标准没有保持逻辑上的自恰。在通常情况下,要把对象分成几种类型,一个基本的要求,就是按照同一种标准进行分类。但是,《视角》一文关于三种判断类型的划分,既没有使比较的单位保持同一水平,也没有贯彻分类标准的同一性。《视角》一文认为,案情认知中的事实判断与证据确认中的事实判断都属于事实判断,判决中的判断则属于价值判断。按照事实与价值

---

[1] 有时候,法官可能找不到足够的依据,在这种情况下,法官就可能求助于"专家意见"。从这个角度上看,引起广泛争议的"法律专家意见书",也有它不容忽视的现实意义和正面价值。

的两分法，事实判断是关于"是"或"不是"的判断；价值判断是关于"应该"与"不应该"的判断。[1]那么，判断的基本类型就应当是两种：事实判断与价值判断。至于案情认知中的事实判断与证据确认中的事实判断之间的不同，则属于事实判断内部的第二个层次上的划分。《视角》一文把不同层次的事项相互并列，就是把不同水平的三个单位相互并列，在逻辑上存在着一定的瑕疵。此外，划分的标准也没有保持一致，两种事实判断的划分标准是判断的具体对象：对案情的判断与对证据的判断。至于事实判断与价值判断之间的划分标准，则是判断的依据：是依据事实来判断还是依据价值来判断。可见，三种判断类型之间的划分标准，并没有保持同一性。如此分类，违反了类型划分的一般原则。

另一方面，《视角》一文把侦查人员、检察官、法官关于案情认知与证据确认的判断称为事实判断，仅仅把法官在判决阶段的判断称为价值判断，理由尚不充分。为什么要把法官在判决中的判断称为价值判断呢？《视角》一文提供的解释是："从判断类型上来讲，判决是一个法的价值实现的过程。此时判决属于价值判断。"（第121页）这种解释是难以令人信服的。如果说，判决是一个法的价值实现的过程，那么，司法人员的侦查、起诉也是一个法的价值实现的过程，因为，侦查人员展开侦查，检察官提起公诉，都有助于实现法的价值。如果承认这一点，那么，侦查、起诉中的判断也可以归属于价值判断。换个角度说，如果判决阶段的判断离不开"人的需求和偏好"，因而属于价值判断，那么，侦查和起诉过程中的判断同样也离不开"人的需求和偏好"，因而也属于价值判断。这就是说，无论是案情认知中的事实判断还是证据确认中的事实判断，同时都具有价值判断的性质。因此，在判断类型中，可以就价值判断与事实判断进行区分，但是，如果把价值判断仅仅归属于法官的判

---

[1] 休谟的原话是："可是突然之间，我却大吃一惊地发现，我所遇到的不是命题中通常的'是'与'不是'等连系词，而是没有一个命题不是由一个'应该'或一个'不应该'联系起来的。"[英]休谟：《人性论》（下册），关文运译，商务印书馆1980年版，第509页。

决阶段,[1]把事实判断归属于所有的司法人员、归属于整个诉讼过程,则是不恰当的。

按照《视角》一文关于司法人员判断类型的理论逻辑,更加合理的分类也许是:其一,对真实案情的判断;其二,对有效证据的判断;其三,对正当判决的判断。在这三种判断类型中,前一种判断是后一种判断的基础。首先,关于真实案情的判断,在性质上,它是一种关于自然事实的判断,旨在从物理意义上,最大限度地接近案情真相。其次,关于有效证据的判断,它是把真实案情、侦查过程、证据法规等因素结合起来的判断,在性质上,它不再是一种关于自然事实的判断,而是一种有关法律事实或规范事实的判断,它试图以法律规范作为依据,筛选出符合法律要求、具有法律效力的证据。再次,关于正当判决的判断,它把体现规范事实的有效证据与审判规范以及其他因素结合起来,筛选出一个相对说来更正当的判决结果。在性质上,它是一个评价性质的判断。

这里所谓的"评价性质",具有两方面的含义:其一,判决本身是对案件事实的一种评价,对某甲的盗窃行为判处三年有期徒刑是一种评价,对某乙的杀人行为判处死刑也是一种评价;其二,法官作出的判决,或法官对案件事实的评价,也要受到其他人的评价,譬如,法官作出的判决应当得到当事人的认同,否则,既可能造成"执行难",也可能激起强烈的申诉、上访、抗议;法官作出的判断应当得到法律人共同体的认同,否则,会引起检察院的抗诉,或面临法院内部的"错案追究";法官作出的判决还应当得到政治与社会的认同,否则,会引起政治方面的不信任或社会方面的反对,[2]等等。因此,法官在作出判决的判断过程中,必须最大限度地追求正当。正

---

[1] 按照《视角》一文,价值判断发生在法官的判决过程中。侦查人员、检察官的活动,即使与价值判断有关,也仅仅是"对未来法官将要做出的判决这一价值判断进行预测"而已,参见任强:《判决如何作出——以判断类型为视角》,载《中国社会科学》2007年第3期。

[2] 譬如,洛阳中级人民法院法官李慧娟在一份判决中宣告:"《河南省种子管理条例》作为法律位阶较低的地方性法规,其与《种子法》相冲突的条款自然无效",结果引起了河南有关机构的强烈反映。参见丁爱萍:《法官无权宣告地方性法规无效》,载《人大研究》2004年第3期。

当的标准，就是"可接受"。然而，"可接受"的标准本身，既需要遵守国家制定法，同时还需要参照特定时空条件下的习惯法。

小 结

以上关于《视角》一文的评论与延伸讨论旨在表明，司法判决的过程固然要严格遵循国家的制定法，固然要受制于司法人员的判断，但与此同时，还应当看到，在司法判决的过程中，习惯法也会产生较大的影响。上文举出的若干案例已经表明，刑事案件中的受害人与上诉人、刑事法官、民事法官，他们都会在相当程度上考虑制定法之外的习惯法因素。以此类推，司法过程中的其他主体也会受到习惯法的影响。习惯法作为国家制定法之外的因素，会从多个渠道，通过多种方式，影响司法判决的过程，进而影响最终的司法判决结果。由此看来，正视司法过程中的习惯法因素，有助于我们揭示司法判决过程的真实性与丰富性。

第四节　中西文化结构及其习惯法属性[*]

在1921年初次出版的《东西文化及其哲学》一书中，梁漱溟比较了中、西、印三种文化，在为中国文化辩护的同时，推动了东西文化的比较研究。那么，文化是什么？东西文化应当如何比较？梁漱溟解释说："所谓一家文化不过是一个民族生活的种种方面。总括起来，不外三方面：（一）精神生活方面，如宗教、哲学、科学、艺术等是。宗教、文艺是偏于情感的，哲学、科学是偏于理智的。（二）社会生活方面，我们对于周围的人——家族、朋友、社会、国家、世界——之间的生活方法都属于社会生活一方面，如社会组织、伦理习惯、政治制度及经济关系是。（三）物质生活方面，如饮食、起居种种享用，人类对于自然界求生存的各种是。"[1]

---

[*] 本节内容，以《文化结构及其习惯法属性》为题，发表于《甘肃政法大学学报》2024年第3期，修订后收入本书。

[1] 梁漱溟：《东西文化及其哲学》，商务印书馆1999年版，第19页。

如此分述的"三方面",可以理解为梁漱溟展开东西文化比较的三个基点,换言之,如果要比较东西文化,可以从东西方各自的精神生活、社会生活、物质生活"三方面"进行比较。以梁漱溟及其他学者的相关研究作为基础,百年以降,关于中西文化的比较研究早已蔚为大观,不仅跨越了多个不同的学科,而且取得了丰硕的成果。在这样的学术背景下,关于中西文化的比较研究是否还有进一步拓展的空间?答案是肯定的。下文试图借鉴梁漱溟关于文化及其"三方面"的划分,立足于文明交流与文明互鉴,着眼于人的内心世界与外在世界的分野,对中西文化结构进行宏观的比较。在此基础上,探讨文化结构所具有的"习惯法"的属性。

一、西方的文化结构

要理解西方文化的结构,有必要首先提到美国法学家伯尔曼的《法律与宗教》一书。自20世纪90年代以来,伯尔曼其人其书在中国法学界获得了较为广泛的关注。见于《法律与宗教》书中的一些格言式的论断,譬如,"法律必须被信仰,否则它将形同虚设",[1]早已频繁地出现在法律学者及青年学生的笔下或口中。

这部由4篇演讲稿汇集而成的仅仅8万字的著作,之所以在中国法学界引起了较大的反响,主要的原因在于,此书以精练的语言揭示了西方文化(而不仅仅是西方法律)的一个重要特征:以宗教与法律为核心的文化结构,与此同时,它也揭示了西方人以宗教与法律为皈依的生活方式。在这本书中,作为法律史家的伯尔曼以预言家和圣者的风格,探析了西方宗教与西方法律的共通性,论证了法律离不开宗教、宗教也离不开法律这样一些相互关联的命题。

伯尔曼最后得出的结论是:世纪之交、千年之交的西方文化所陷入的困境与危机,主要在于法律与宗教的截然两分。至于"危中之机",或者说西方文化的再生之途,则在于法律与宗教的重新融合。在伯尔曼的视野中,西方人一手拿的圣经、一手持的法典,无

---

[1] [美]伯尔曼:《法律与宗教》,梁治平译,中国政法大学出版社2003年版,第3页。

异于他们日常生活中须臾不可缺少的两件东西；或者说，宗教与法律，就是西方文化的两条命根子。

其实，细心的读者可能已经发现，仅仅是在"法律必须被信仰"这个论断中，就已经蕴含了西方文化的两个要素：被信仰的法律，以及支撑信仰的宗教。因为所谓"信仰"，本身就是一种宗教式的情感，正如伯尔曼所言："宗教则有助于给予社会它面对未来所需要的信仰；宗教向颓废开战。"[1]

将法律与宗教并举，强调法律与宗教的结合、融合，这样的观点既可以在法理学或法史学的理论视野中予以透视，其实也反映了一种宏观的文化现象，可以在中西文化比较、中西文明互鉴的理论视野中予以观照。由此我们看到，早在伯尔曼之前，俄国思想家、哲学家列夫·舍斯托夫（Lev Shestov，1866—1938年）就在1938年出版了他的压卷之作《雅典与耶路撒冷》（Athens and Jerusalem），由于在此书出版的当年，舍斯托夫就离世了，因而此书可以视为舍斯托夫的"晚年定论"。只看此书的书名，其实就已经显出了西方文化的两个要素：雅典代表的希腊文化，耶路撒冷代表的希伯来文化。

其中，雅典代表的希腊文化，堪称西方文化中的理性、法律之源。现代流行的西方哲学史、西方法律史著作，通常都会从希腊开始讲起。譬如，罗素（Bertrand Arthur William Russell，1872—1970年）的《西方哲学史》产生了较大的影响，此书第一篇之第一章，就以"希腊文明的兴起"为题，在这个题目之下，开篇第一句就是："在全部的历史里，最使人感到惊异或难于理解的莫过于希腊文明的突然兴起了。构成文明的大部分东西已经在埃及和美索不达米亚存在了好几千年，又从那里传播到了四邻的国家。但是其中却始终缺少某些因素，直等到希腊人才把它们提供出来。"[2]也许正是因为这个缘故，西方哲学史要从"希腊文明"开始写起。在法学领域，有一部通史性质的西方法理学史著作开篇即指出："法理学可以最简单

---

[1]［美］伯尔曼：《法律与宗教》，梁治平译，中国政法大学出版社2003年版，第11页。
[2]［英］罗素：《西方哲学史》（上卷），何兆武、［英］李约瑟译，商务印书馆1963年版，第24页。

地被界定为对'法律是什么'这一问题的回答的大全吗?这是一个有点误导性质的简便的界定——这的确是个问题:一种回应可以很快得到认同吗?如果法理学只具有这样一种核心任务,那么,为什么'法律是什么'这一问题至少在大约2500年前的古希腊时就提出来了,而人们至今仍未达成一个公认的答案呢?"〔1〕

无论是关于西方哲学的历史还是关于西方法理学的历史,都需要从希腊开始说起,这种通行的理论范式几乎已成理论定式,这样的理论定式表明,雅典或古希腊,实为西方法律或西方法理的源头。在古希腊时期,苏格拉底经历的审判,以及苏格拉底为自己所做的辩护,构成了西方法律史上的一个经典案例,这个案例涉及司法与民主的相互关系,涉及城邦公民的义务,涉及不公正的司法判决是否应当服从,诸如此类的法律问题一直蕴含着巨大的解释空间。在苏格拉底之后,柏拉图的《理想国》《政治家》《法律篇》以及亚里士多德的《政治学》《尼各马可伦理学》等经典名著,一直都是西方法律学说的重要渊源。

至于耶路撒冷所代表的希伯来,则堪称西方文化中的信仰、宗教之源。耶路撒冷是典型的宗教圣地,"这座城市是亚伯拉罕系宗教之间斗争的焦点,是越来越受欢迎的基督教、犹太教和伊斯兰教基本教义派的圣地",进一步看,"耶路撒冷是一个神的殿堂、两个民族的首都、三大宗教的圣地,它还是唯一一个拥有天国和尘世两种存在维度的城市"。〔2〕耶路撒冷的宗教本色在相当程度上可以代表希伯来文化的宗教本色:坚定而彻底的宗教信仰。这就正如《新约·罗马书》所言:"首先,通过耶稣基督,我要为你们众人向上帝谢恩,因你们的信仰已传遍天下。""因我渴望见到你们,以与你们分享那属灵的恩赐,令你们坚强;或者说,我和你们一起,互相鼓励,依靠我们共同的信仰。""绝无以福音为耻之理。那是上帝的大能,凡信了的都要拯救,犹太人在先,希腊人随后。因为,那福音启示的

---

〔1〕[英]韦恩·莫里森:《法理学:从古希腊到后现代》,李桂林等译,武汉大学出版社2003年版,第1~2页。

〔2〕[英]西蒙·蒙蒂菲奥里:《耶路撒冷三千年》,张倩红、马丹静译,民主与建设出版社2015年版,"前言",第1页。

是上帝的义，源于信而归于信，一如经文所载；是义人，必因信而生。"这就是源于希伯来文化的宗教信仰：义人因信而生，亦即"因信生义"。从旧约全书到新约全书，从早期的犹太教到后来兴起的基督教，"共同的信仰"既是建构文明秩序的基本方式，当然更是安顿人的内心世界的基本方式。

概括地说，西方法律的源头在希腊、在雅典，西方宗教的源头在希伯来、在耶路撒冷。西方文化中的这两大要素在罗马帝国时期，尤其是在中世纪的漫长岁月里，逐渐实现了全面的融合。对此，伯尔曼在《法律与革命——西方法律传统的形成》一书中已有详细的阐述，他说，"西方法律传统产生于一次'革命'"[1]，那就是11世纪的教皇革命，此后，西方历史上接连发生的新教改革、英国革命、美国革命、法国革命、俄国革命，最终塑造了西方的法律传统。

西方法律传统的形成过程，可以从一个侧面揭示出西方文化的基本结构：法律与宗教的相互补充、相互融合。在法律与宗教之间，法律旨在安顿西方人的外在世界，宗教旨在安顿西方人的内心世界。通过宗教与法律的结合，西方人的内心世界与外在世界，都可以得到有效的安顿。

二、中国的文化结构

如果说，宗教与法律的结合，可以揭示西方文化的基本结构，那么，与西方文化比肩而立的中国文化，它的内在的基本结构又是什么？我们的回答是：艺术与伦理的结合。与宗教—法律在西方文化中所肩负的功能相类似，艺术—伦理作为中国文化的两种基本要素，它们也分别安顿了中国人的内心世界与外在世界。

在传统的中国文化中，没有犹太教、基督教那样的宗教。一方面，传统中国虽有佛教，但佛教毕竟是从印度传过来的。自汉代以来，芸芸众生求神拜佛，往往都是求现世的平安，求功名利禄，求各种各样的现实功利。"中国人即使信上帝，也常常是要上帝为自己

---

[1] [美]哈罗德·J. 伯尔曼：《法律与革命——西方法律传统的形成》，贺卫方等译，中国大百科全书出版社1993年版，第1页。

的平安幸福升官发财服务。"正是这种"接地气"或具有"人间烟火气"的佛教,保障了佛教的群众基础。另一方面,传统中国虽有道教,且道教是本土宗教,但是道教主要在于追求强身健体、炼制仙丹、延年益寿。由此看来,传统中国虽然也有宗教,甚至也有信仰,但是它们与西方的宗教及信仰存在着很大的差异。因而,西方的宗教及其对西方人的意义并不能等同于中国的宗教及其对中国人的意义。如果说西方人的内心世界主要是由西方的宗教来安顿的,相比之下,在传统中国,中国人的内心世界主要是由艺术来安顿的。

在传统中国,安顿人的内心世界的艺术,包括琴棋书画、诗词歌赋,甚至可以是寄情于山水之间。试看《儒林外史》,这部经典名著第一回就讲王冕及其绘画艺术:"初时画得不好,画到三个月后,那荷花精神颜色无一不像,只多着一张纸。就像是湖里长的,又像才从湖里摘下来贴在纸上的。乡间人见画得好,也有拿钱来买的。王冕得了钱,买些好东好西,孝敬母亲。一传两,两传三,诸暨一县都晓得是一个画没骨花卉的名笔,争着来买。"[1]生活在乡间的王冕通过出售自己画的"没骨花卉",就可以很好地"孝敬"他的母亲,可见乡村社会对他的绘画有较大的需求。此外,生活在朝廷中的危素对王冕画的"没骨花卉"也是青睐有加,可见上层社会也有同样的需求。

王国维曾在《去毒篇》中写道:"修明政治,大兴教育,以养成国民之知识及道德外,尤不可不于国民之感情加之意焉。其道安在?则宗教与美术二者是。前者适于下流社会,后者适于上等社会;前者所以鼓国民之希望,后者所以供国民之慰藉。"[2]根据这个论断,宗教与美术(艺术的一种,或艺术的代称)可以相提并论,它们对于"国民的感情",都可以发挥安顿或慰藉的作用,单就这一点来说,这可以与我们所持的观点相互印证。但是,王国维关于宗教适用于"下流社会"、美术适用于"上等社会"的观点却未必准确。见于《儒林外史》的经验可以表明,对于王冕的"美术","上流社

---

[1] (清)吴敬梓:《儒林外史》,百花洲文艺出版社2018年版,第3页。
[2] 方麟选编:《王国维文存》,江苏人民出版社2013年版,第124页。

会"的危素很喜欢,但是,"诸暨一县"的"乡间人",亦即"下流社会"中人,同样也是很喜欢的,甚至充当了王冕美术作品的"主力消费群体"。由此可见,作为艺术的"美术",能够对各个阶层的中国人提供"慰藉",亦即能够安顿各个阶层的中国人的内心世界。因而,王国维的论断应当改写为:其道安在?则宗教与艺术二者是。前者适于西方社会,后者适于中国社会;前者所以鼓西方人之希望,后者所以供中国人之慰藉。

不妨再看《儒林外史》的最后一回"添四客述往思来,弹一曲高山流水"(第五十五回)。就"四客"的分布情况来看,是颇有讲究的。其中,季遐年善于写字,王太善于下棋,盖宽善于绘画,最后一个叫荆元,他善于弹琴。且说荆元的琴艺:"次日,荆元自己抱了琴来到园里,于老者已焚下一炉好香在那里等候。彼此见了,又说了几句话。于老者替荆元把琴安放在石凳上。荆元席地坐下,于老者也坐在旁边。荆元慢慢地和了弦,弹起来,铿铿锵锵,声振林木,那些鸟雀闻之,都栖息枝间窃听。弹了一会,忽作变徵之音,凄凄婉转,于老者听到深微之处,不觉凄然泪下。自此,他两人常常往来。当下也就别过了。"[1]《儒林外史》全书就在荆元的琴声中结束了,当然也是在"四客"所分别代表的书、棋、画、琴中结束了。为《儒林外史》曲终奏雅的"四客",其实都是市井中的普通劳动者,他们没有高官厚禄,也非硕学鸿儒。然而,"四客"的内心世界,以及购买王冕绘画的那些人的内心世界,主要就是由琴棋书画这样一些艺术作品来安顿的。艺术对于"四客"内心世界的意义,就相当于西方的宗教对于西方人的意义。

安顿人的内心世界的艺术形态是多元的、多样的,这里不能备述。关于中国艺术的精粹表达、抽象表达,则可见于各种各样的传世文献,尤其是《庄子》,以及《庄子》所代表的其他道家文献。在某种意义上,庄子哲学就是中国的艺术哲学,正如现代新儒家的代表人物徐复观所言:"当庄子从观念上去描述他之所谓道,而我们也只从观念上去加以把握时,这道便是思辨的形而上的性格。但当

---

[1] (清)吴敬梓:《儒林外史》,百花洲文艺出版社2018年版,第500页。

庄子把它当作人生的体验而加以陈述,我们应对于这种人生体验而得到了悟时,这便是彻头彻尾的艺术精神。"[1]按照徐复观的这个论断,庄子精神足以代表传统中国的艺术精神。数千年以降,这种艺术精神经由历代传承者的不断阐发,有效地安慰、安顿了历代中国人的内心世界。试看苏东坡在《前赤壁赋》中之所言:"壬戌之秋,七月既望,苏子与客泛舟游于赤壁之下。清风徐来,水波不兴。举酒属客,诵明月之诗,歌窈窕之章。少焉,月出于东山之上,徘徊于斗牛之间。白露横江,水光接天。纵一苇之所如,凌万顷之茫然。浩浩乎如冯虚御风,而不知其所止;飘飘乎如遗世独立,羽化而登仙。"[2]在这里,苏东坡吟诵的"明月之诗",就极其妥帖地安顿了"苏子与客"的内心世界。

如果说,传统中国的艺术对于历代中国人的意义相当于西方的宗教对于历代西方人的意义,那么,传统中国的伦理对于中国人的意义则相当于西方的法律对于西方人的意义。在传统中国,伦理具有规范意义,因而形成了体系化的伦理准则,它们主要见于以"四书""五经"为核心的儒家经典。传统中国的"礼",就是这些伦理准则的条文化、规则化表达。所谓"半部论语治天下",讲的就是通过儒家的伦理准则,可以有效地调整人际关系、规范社会秩序,进而安顿人的外在世界。所谓"经义决狱",就是把儒家经义中的伦理准则作为司法裁决的依据。对于这样的"经义决狱",董仲舒在《春秋繁露·精华》篇中写道:"春秋之听狱也,必本其事而原其志。志邪者,不待成;首恶者,罪特重;本直者,其论轻。是故逢丑父当斫,而辕涛涂不宜执;鲁季子追庆父,而吴季子释阖庐,此四者,罪同异论,其本殊也。俱欺三军,或死或不死;俱弑君,或诛或不诛。听讼折狱,可无审耶!故折狱而是也,理益明,教益行;折狱而非也,暗理迷众,与教相妨。教,政之本也,狱,政之末也,其事异域,其用一也,不可不以相顺,故君子重之也。"[3]由《春

---

[1] 徐复观:《中国艺术精神》,华东师范大学出版社2001年版,第30页。
[2] 《苏东坡全集》(第3册),北京燕山出版社2009年版,第1190页。
[3] 张世亮、钟肇鹏、周桂钿译注:《春秋繁露》,中华书局2012年版,第96页。

秋》这样的儒家经典所承载的伦理准则不仅可以作为裁决案件的依据，同时也可以作为裁决政事的依据，对此，《后汉书·应劭传》中已有相关的记载："故胶西相董仲舒老病致仕，朝廷每有政议，数遣廷尉张汤亲至陋巷，问其得失。于是作《春秋决狱》二百三十二事，动以经对，言之详矣。"[1]透过董仲舒的视野，可以看到，儒家经典承载的伦理准则已经妥帖地安顿了传统中国人的外在世界。

这种运用伦理准则调整人的外在世界的文化传统或文明习惯，一直延伸至清末。根据冯友兰的回忆，他的父亲曾经当过知县，"父亲审问官司，总是坐大堂公开审问，无论什么人，都可以到大堂前边站在两旁观审，我和景兰有些时候跑到大堂，站在父亲的椅子后面，看父亲审问。在一件案子结束的时候，父亲就用朱笔写个'堂谕'。堂谕就等于判决书，但是其中并不引用法律条文，只是按照情理就判决了"[2]。此处作为判决依据的"情理"，主要就是传统中国赖以调整社会生活的伦理准则。可见，传统中国的伦理准则或冯友兰所说的"情理"，承担了西方的法律在维护社会生活秩序方面的功能。

概而言之，就像宗教与法律的结合体现了西方文化的基本结构一样，艺术与伦理的结合则体现了中国文化的基本结构。

三、中西文化结构走向分野的根源

为什么在中西文化的结构中，分别都包含了两种大致对称的要素？进而展示了两种彼此对应的文化结构？根本的原因在于，无论是传统的中国人还是传统的西方人，都具有"人"的属性，都是灵与肉的复合体，都离不开精神想象与世俗生活，或者如前引梁漱溟所言，都有精神生活与社会生活。在精神领域、情感领域、心灵世界中，每个人都有自己的希望，譬如，都期待自由自在的状态，都企盼幸福美好的未来，等等。但是，在任何人的现实生活或世俗生活中，"不如意之事"所在多有，"枷锁"无处不在，丑陋、险恶、

---

[1] （南朝·宋）范晔撰：《后汉书》，中华书局2007年版，第475页。
[2] 冯友兰：《三松堂自序》，江苏文艺出版社2011年版，第20页。

疾病之类的东西总是如影相随,挥之不去。这恐怕是任何人在任何时候都必须面对的现实处境。

在永远都躲不开的世俗生活或公共生活中,任何社会为了维持一个基本的社会生活秩序,都必须对个体的行为方式、行为边界进行约束、做出限制,这就是"枷锁"(在中性意义上使用,不含贬义,下同)的终极根源。在传统中国,约束人的"枷锁"主要来自儒家的伦理准则。所谓"非礼勿视,非礼勿听,非礼勿言,非礼勿动",[1]就是为了限制个体自由,以维护群体生活的基本秩序。在西方社会,对个体行为的约束,主要依赖法律规则来实现。为了建立一个相对稳定的社会秩序,任何人都必须遵守法律,甚至连国王也不例外。这就有点像中国古代的皇帝,即使他贵为君主,他也必须遵守"孔孟之道"或"周公之礼",否则,他就是"无道"之君或"失礼"之君。正是由于这个缘故,"孔子成《春秋》而乱臣贼子惧"。[2]因为《春秋》乃是裁决一切人(包括君主)的行为正当与否的终极准则。可见,儒家经典中的伦理准则与西方的法律规则分别满足了传统的中国人与西方人在世俗生活、公共秩序方面的需要。

然而,人在世俗生活、社会生活之外,毕竟还有精神生活和精神追求;在不理想的现实之外,还有理想的憧憬;在不自由的此岸之外,总是在眺望自由的彼岸。只有在精神的世界、想象的世界、彼岸的世界里,人类个体才可能暂时摆脱现实生活中的种种"枷锁",达到彻底自由的境界。为了满足人类在内心世界、精神领域的各种需求,西方人建立了西方式的宗教。西方的宗教提供的上帝、天堂与来世,为西方人的内心世界、精神生活构建了一座精致的阁楼,确立了基本的秩序。在那里,西方人获得了"意义",找到了安慰。试看马克思从另一个角度所做出的著名论断:"宗教的苦难既是现实苦难的表现,又是对这种现实苦难的抗议。宗教是被压迫生灵的叹息,是无情世界的感情,正像它是没有精神的状态的精神一样。

---

[1] 杨伯峻译注:《论语译注》,中华书局2012年版,第172页。
[2] 杨伯峻译注:《孟子译注》,中华书局2012年版,第165页。

宗教是人民的鸦片。"[1]

传统中国没有西方式的宗教，但却发展出了一系列艺术形式。像前文提到的琴棋书画、诗词歌赋，虽不能饱人之腹、暖人之身，却可以养人之心、怡人之情。不妨以中国的山水画为例，那些浓淡相宜的墨迹，无论是创作还是欣赏，都可以满足中国人寄情山水、物我两忘、无拘无束、自由自在的精神追求。换言之，在西方人属意于天堂的时候，中国人却在寄情于山水。"仁山智水""仁者乐山，智者乐水"，那些极富灵性的山山水水，为中国人提供了一个寄托情感、安顿心灵的广阔空间。由此我们可以注意到一种普遍的现象：现实生活中的一些人，如果不方便亲近真实的山水，那就打造一些点缀着假山假水的园林来代替；如果没有足够的条件打造山水园林，那就置放一些微缩盆景来代替；如果没有足够的条件置放盆景，那就悬挂一幅山水画来代替；如果山水画也没有，那就把自己的居所称为某某山庄，或者把自己的名号取为某某山人，以此聊胜于无。这样的文化现象表明，艺术的价值之于中国人，就像宗教的意义之于西方人。

以上分析表明，就像西方人离不开宗教与法律一样，传统的中国人对于艺术与伦理则具有同样的依赖。因此，要真正地理解西方文化的结构，就必须从宗教—法律这个维度着眼；要真正地把握中国文化的结构，则必须从艺术—伦理这个维度出发。正是在这个意义上，西方文化的基本结构是宗教—法律，中国文化的基本结构是艺术—伦理。

如果还要进一步追问：为什么以"宗教—法律"为基本结构的文化形态生长于西方，而以"艺术—伦理"为基本结构的文化形态生长于中国？针对这个问题，余英时从价值系统的角度，提供了一些解释。他认为，为了寻求价值之源，中国人选择了一条内在超越之路，西方人则迈上了一条外在超越的路径。所谓内在超越，是指在传统中国文化中，本体与现象不分，"圣"与"凡"之间没有绝

---

[1]［德］马克思：《黑格尔法哲学批判导言》，载《马克思恩格斯全集》（第1卷），人民出版社1956年版，第453页。

对的界限,"担水砍柴无非妙道"。由于中国人的超越世界没有走上外在化、具体化、形式化的途径,因此没有"上帝之城",也没有普遍性的教会,西方式的宗教也无从产生。中国人主要依赖道家哲学滋养出来的艺术,来实现对于现实生活的超越,来确立人生价值的源头。西方人的外在超越之路则恰恰相反,他们不遗余力地"打破砂锅问到底"。在努力追问价值之源的过程中,希腊人找到的理性,尤其是希伯来人建立的宗教,为他们提供了人生价值的终极依据。西方的上帝和宗教因此而产生,因为,西方人必须通过上帝与宗教,来实现他们对于现实生活的超越。"西方人一方面用这个超越世界来反照人间世界的种种缺陷与罪恶,另一方面又用它来鞭策人向上努力。"[1]

余英时解释了宗教与艺术何以分别出现在西方和中国,还仅仅只是回答了问题的一半;问题的另一半是:西方人为什么偏好法律?中国人为什么注重伦理?回答是,中国的伦理准则与西方的法律规范,也许体现了农耕文化与工商文化之间的差异。

在农耕文化中,人们安土重迁,春耕夏长秋收冬藏,人们渴望"四世同堂"甚至"五世同堂"地生活在一起,血缘关系充当了最为重要、最为关键的人际关系,其他的人际关系(譬如君臣关系)都可以视为拟制的血缘关系,或者是血缘关系的延伸。根据血缘关系安排的伦理准则,诸如尊尊、亲亲之类,就是一种顺理成章的选择了。在以血缘关系为基础的伦理准则中,尊卑有别、长幼有序、爱有差等,人与人之间的关系,诸如君臣关系、父子关系、夫妻关系、兄弟关系等,都不可能是绝对平等的。但是,在工商文化中,人们携带着银票与货物,长年辗转于这个市场、那个码头,始终交往于一个陌生人的世界,因此,地缘关系成了人际关系的主流与基础。针对血缘关系制定出来的伦理准则,根本不可能回应工商主体南来北往的需要,于是,人人平等适用的法律在西方文化中应运而生,维护契约自由的法律原则逐渐成为常态,法律规范体系逐渐趋于完备。由此看来,中西文化的不同结构,在相当程度上,是由不

---

[1] 余英时:《中国思想传统的现代诠释》,江苏人民出版社1998年版,第8页。

同的生产方式与生产关系所决定的，因而可以在历史唯物主义的框架下来理解。

在内在超越与外在超越的解释之外，在历史唯物主义的解释之外，我们还可以从习惯法的角度，对中西文化结构的性质予以解释。

四、文化结构：一种大写的习惯法

西方的宗教-法律反映了西方文化的结构，中国的艺术-伦理反映了中国文化的结构，这种关于中西文化结构的比较，主要在于辨异——辨识中西文化结构之差异。在此基础上，能否求中西文化结构之同？回答是肯定的。中西文化结构既有其异，也有其同。中西文化结构之同，就在于"文化结构"这个概念，这是一个可以用"习惯法"来解释的概念。法学理论中的"习惯法"概念，可以用来揭示中西文化结构的一种属性。

从习惯法的角度来看，文化结构就是一种大写的、高级的习惯法，是在不同的文化传统中逐渐形成的习惯法，因为，无论是见于中国的文化结构，还是见于西方的文化结构，它们都有一个共同的特质：不仅能够安顿人的外在世界，而且还能安顿人的内心世界。人的内外两个世界的秩序都可以通过文化结构予以确立。这就意味着，文化结构具有安顿、调整、规范的作用，尤其是具有建构文明秩序的作用，因而具有"法"的属性，只是，作为"法"的文化结构并不是成文的法，更不是任何立法机构创制的法，而是在历史与文化的演进过程中自然形成的，因而只能归属于习惯法。西方的文化结构是适用于西方人的习惯法，中国的文化结构是适用于中国人的习惯法。

就人的内心世界来看，在西方文化中，人的内心世界的秩序主要是由宗教来安顿、确立和维护的；在中国文化中，人的内心世界的秩序主要是由艺术来安顿、确立和维护的。因而，在一定意义上，我们可以说，宗教和艺术都是调整人的内心世界的东西，正是因为它们能够让人的内心世界有所遵循，它们具有了某种规范或"法"的性质。无论是宗教还是艺术，它们都不是国家制定的法，不是由国家立法机构颁布的法，但是，它们是人的内心世界中的"法"。康德有言:"有两样东西,我们愈经常愈持久地加以思索,它们就愈使心灵充满日新月异、有加无已的景仰和敬畏:在我之上的星空和居我心中的道德法则。"[1]模仿康德的"道德法则"概念,我们也可以把调整人的内心世界的宗教与艺术称作"居我心中的宗教法则"或"艺术法则"。

宗教固然不是法律,但是,宗教曾经起到了法律的作用。庞德(Roscoe Pound,1870—1964年)的研究发现:"社会控制的主要手段是道德、宗教和法律。在开始有法律时,这些东西是没有什么区别的。甚至在像希腊城邦那样先进的文明中,人们通常使用同一个词来表达宗教礼仪、伦理习惯、调整关系的传统方式、城邦立法,把所有这一切看作一个整体;我们应该说,现在我们称为法律的这一名称,包括了社会控制的所有这些手段。"譬如说,"我们所称的舆论,就是伦理习惯的一种近代形式,它是组织在各种各样的自愿联合之中的"。至于宗教,"在文明史的一段很长时期内,它负担了大部分的社会控制。很多早期的法律,接收了各种宗教制度和宗教戒律,并用国家的强力加以支持"。只有到了近代,法律才"成了社会控制的主要手段"。[2]这就是说,法律与宗教都是社会控制的方式。曾经有一个历史时期,法律与宗教并不能截然两分,它们混同在一起,共同发挥着社会控制的功能。

在近现代以来的西方,正如庞德所见,法律虽然成了社会控制的主要手段,但宗教在社会控制中的作用依然存在。只是,正如前文所述,法律与宗教发挥作用的领域不同:法律主要在于调整人的外在世界,宗教主要在于调整人的内心世界。然而,人的外在世界与人的内心世界是连在一起的,人在外在世界中的行为,在相当程度上受到其内心世界的支配。人们常说,"言为心声",进一步看,我们也可以说"行为心迹",这就是说,一个人在外在世界中的行为,乃是其内心世界的具象化的展示。一个人有什么样的内心世界,

---

[1] [德]康德:《实践理性批判》,韩水法译,商务印书馆1999年版,第177页。
[2] [美]罗斯科·庞德:《通过法律的社会控制》,沈宗灵译,商务印书馆2010年版,第9页。

大体上就有什么样的外在行为。从这个角度来看，即使是在近代以来的西方社会，其社会控制方式依然可以概括为"宗教—法律"。这样的社会控制方式，是在西方的文化传统中逐渐形成的，是西方社会的一种习惯，是西方人遵循的一种大写的习惯法。

在近代以来的中国，在西学东渐的过程中，西方的宗教在西方社会、西方文化中的作用，受到了中国人的注意。然而，传统中国并没有西方式的宗教，为了在中国寻求西方宗教的替代物，蔡元培于1917年4月8日在北京神州学会发表了一篇著名的演讲，提出了一个著名的命题，那就是"以美育代宗教"。

在这篇演讲中，蔡元培提出："宗教之原始，不外因吾人精神作用而构成。吾人精神上作用，普遍分为三种：一曰知识，二曰意志，三曰感情。最早之宗教，常兼此三作用有之。"随后，"社会文化，日渐进步，科学发展"，于是，"知识意志两作用既皆脱离宗教以外，于是宗教所最有密切关系者，惟有情感作用，即所谓美感。"而且，"美术之进化史，实亦有脱离宗教之趋势。"那么，脱离宗教的美术、美感、美育，如何发挥它的作用呢？蔡元培又说："纯粹之美育，所以陶养吾人之感情，使有高尚纯洁之习惯，而使人我之见，利己损人之思念，以渐消沮者也。盖以美为普遍性，决无人我差别之见能参入其中。"因为，"美以普通性之故，不复有人我之关系，遂亦不能有利害之关系"。进一步看，"且于普遍之美外，就特别之美而观察之，则其义益显"，"要之美学之中，其大别为都丽之美、崇宏之美（日本人译言优壮美），而附丽于崇宏之悲剧，附丽于都丽之滑稽，皆足以破人我之执，去利害得失之计较。则其明以陶养性灵，使之日进于高尚者，固已足矣"。[1]

由此回到庞德所说的"社会控制"，我们可以发现，在文化结构与社会控制之间，恰好具有一体两面的关系。文化结构着眼于人的内心世界与外在世界，西方文化结构中的宗教与法律分别安顿了传统西方人的内心世界与外在世界，中国文化结构中的艺术（审美、

---

[1] 蔡元培：《以美育代宗教说》，载《蔡元培美学文选》，北京大学出版社1983年版，第68~72页。

美育）与伦理分别安顿了传统中国人的内心世界与外在世界。与之相对应，社会控制也需要着眼于控制或调整人的内心世界与外在世界。西方的社会控制离不开法律，但如前所述，根据伯尔曼的观点，西方的法律也离不开宗教，中国的社会控制同样如此：既离不开调整人的外在行为的规范体系，也需要为人的"心理本体"确立一个"最高建树"。

然而，不同的社会控制方式就像不同的文化结构一样，都是不同的民族在各自的生生不息的历史过程中自然形成的，都具有习惯法的性质，正是在这个意义上，不同的文化结构都可以理解为不同的习惯法，而且是大写的、高级的习惯法。

小　结

着眼于中西文化的交流与互鉴，有必要比较中西文化的基本结构。上文的比较研究有一个赖以展开的前提与基础，那就是人的两个世界：人的内心世界与人的外在世界。无论是传统中国的人还是传统西方的人，抑或是普天之下的任何人，都同时生活在内心世界与外在世界中。针对人的两个世界，历史上的西方与中国分别形成了不同的安顿方式。大体上说，在西方的文化传统中，对人的内心世界的安顿主要依赖于宗教，对人的外在世界的安顿主要依赖于法律。但是，传统中国并没有形成西方式的宗教与法律。在传统中国，对人的内心世界的安顿主要依赖于艺术，庄子哲学是传统中国艺术哲学的集中表达；对人的外在世界的安顿主要依赖于伦理，儒家经义是传统中国伦理准则的集中表达。由此，可以看到中西文化各自的基本结构，那就是，西方的宗教—法律与中国的艺术—伦理。在此基础上，如果超越中西方不同的文化结构，如果着眼于文化结构的共性，还可以发展，文化结构是在历史过程中逐渐形成的，由于它可以调整人的内外两个世界，能够为人的内外两个世界确立秩序，因而具有习惯法的属性。

回到本节开篇提到的梁漱溟及其《东西文化及其哲学》，倘若在今昔之间进行比较，我们即可发现，百年之前的梁漱溟把东西文化置于相互并立的地位，旨在为中国文化辩护，因为当时的格局是：

"现在对于东西文化的问题,差不多是要问:西方化对于东方化,是否要连根拔掉?中国人对于西方化的输入,态度逐渐变迁,东方化对于西方化步步的退让,西方化对于东方化的节节斩伐!到了最后的问题是已将枝叶去掉,要向咽喉去着刀,而将中国化根本打倒!"[1]这就是梁漱溟以讲学、著书的方式比较东西文化的严酷背景:那个时代的中国文化,就像那个时代的中华民族一样,可以说是"到了最危险的时候",那个时代的梁漱溟比较"东西文化及其哲学",主要在于重建中国文化的自信心,那个时代的梁漱溟对中国文化的责任感,要远远高于他对中国学术的责任感——虽然学术与文化并不能截然两分,但其间的差异还是可以辨识的。

在《东西文化及其哲学》出版百年之后的今天,我们重提梁漱溟其人其书,我们在梁漱溟其人其书的基础上对中西文化结构所展开地再比较,是在文化相互交流、文明相互借鉴的时代背景下展开的。在这样一个全新的时代背景下比较中西文化结构及其习惯法属性,百年之前极度的紧张与焦虑,已经恍如隔世。

---

[1] 梁漱溟:《东西文化及其哲学》,商务印书馆1999年版,第15页。

附录

述百年康巴之学　追万年康巴之风
——"法的多元性"附识*

康巴学是以康巴作为研究对象的一门学问。从"发生学"的角度来看,康巴学是先有其"实",后有其"名"。康巴学之"实",可以追溯至20世纪初;康巴学之"名",则始于21世纪初。康巴学作为藏学的一个分支,其学术理论在诞生了一个世纪之后才被正式命名,才开始有其"名"以"副其实",殊为难得,既可谓水先到而后渠成,也算是中国学术史乃至世界学术史上的一段佳话。

那是2004年8月,来自北京、西藏、四川、青海、云南等地的数十名学者,齐聚康定,举行了一场"康巴文化名人论坛"。就在此次论坛上,李绍明与杜永彬有一个联合发言,他们在发言中提出的"将当前的'康巴研究'发展和正名为'康巴学'的倡议,当即引起与会同仁的极大兴趣与认同"[1]。

其中,石硕对"康巴学"这个概念做出了积极的回应,他说:"'康巴学'概念的提出反映了一个新的学术动向,它是当前藏学以及人们对藏学内涵的认识水平达到一个新阶段的产物。此概念的提出本身富有建设性和积极意义,值得我们思考和讨论。但'康巴学'毕竟是一个新的学术概念,它提出的依据和基础是否充分,以及应当如何进一步认识和界定其内涵、特点、范围和价值等这些问题,

---

* 本篇附录的文字,以"自序"为题,原载喻中:《康巴学的谱系》,人民出版社2023年版,修订后收入本书。

[1] 李绍明、任新建:《康巴学简论》,载《康定民族师范高等专科学校学报》2006年第2期。

也都还有待学术界进一步展开讨论。"[1]

杜永彬作为这个概念的倡导者之一，也曾专门撰文对"康巴学"的意义给予了进一步的论证。[2]时任四川省甘孜州社会科学联合会副主席的贺先枣认为："'康巴学'的出现，无疑让'藏学'研究更为丰满，更为多姿多彩。"[3]甘孜州社会科学联合会时任副秘书长的戴刚也认为："把康巴文化作为藏学学科体系中的一个重要组成部分单独提出，建立'康巴学'研究已势在必行。"[4]还有一些学者从其他的角度肯定了康巴学这个概念的积极意义与正面价值。当然，也有学者对康巴学这个概念提出了一些其他方面的看法。

笔者赞同李绍明、杜永彬等学者提出的康巴学这个学术概念。笔者认为，康巴学这个概念的正式提出，对于康巴研究具有积极的意义，有助于在藏学的整体框架下，提升康巴研究的辨识度与显示度。笔者同时还认为，正式提出康巴学这个概念，并不意味着要在原有的康巴研究之外另起炉灶，而是要促成原有的康巴研究形成更加自觉的学科意识与专业意识，在此基础上深化、拓展、提升关于康巴的学术研究。

既然关于康巴的研究可以正式命名为康巴学，那么，此前已有的关于康巴的研究成果，都可以归属于康巴学的研究成果，都可以写进"康巴学史"或"康巴学发展史"。不言而喻，在康巴学这个概念正式提出之后的康巴学研究，应当以此前已有的康巴研究成果作为基础，应当是对此前的康巴研究的自觉延伸。如果从2004年开始算起，那么，康巴学这个概念的正式提出，已有20年了。现在，如果要促成康巴学在已有的学术理论的基础上不断发展，就面临着一个前提性的课题：如何梳理已有的康巴研究？在康巴学的发展史、

---

[1] 石硕：《关于"康巴学"概念的提出及相关问题——兼论康巴文化的特点、内涵与研究价值》，载《西藏研究》2006年第3期。

[2] 杜永彬：《"康巴学"的提出与学界的回响——兼论构建"康巴学"的学术价值和现实意义》，载《西南民族大学学报（人文社科版）》2007年第3期。

[3] 贺先枣：《试谈建立"康巴学"学科体系的意义》，载《康定民族师范高等专科学校学报》2006年第2期。

[4] 戴刚：《试论康巴文化与建立康巴学研究》，载《康定民族师范高等专科学校学报》2006年第3期。

演进史上，存在着哪些主要的研究范式与理论旨趣？简而言之，如何描绘康巴学的学术理论谱系？思考这样的问题，就是在盘点、厘清康巴学的家底，就是在回顾与总结康巴学的过去。总结康巴学的过去，是为了开拓康巴学的未来。因而，描绘康巴学的谱系，"辨章学术，考镜源流"，[1]乃是康巴学自觉发展的必要准备。

谱系可以理解为系统。康巴学的谱系就是康巴学的学术理论系统。这个系统可以根据康巴学的主要范式来编排。在学术史上，"范式"（Paradigm）一词流传甚广，影响很大。"范式"一词主要是科学史家托马斯·库恩在《科学革命的结构》一书中予以论证的。他说："从现代编史学的眼界来审视过去的研究记录，科学史家可能会惊呼：范式一改变，这世界观便随之改变。"[2]参照这个论断，每一种"范式"都对应于一种学术研究的世界观。反过来说，一种新的学术研究范式的产生，意味着一种新的学术世界观的产生。虽然，在常规性、日常性的学术生产过程中，由于世界观的转向所导致的学术范式的革命，并不会经常发生。但是，学术界对"范式"这个概念一直保持着较高的热情。数十年来，不同领域、不同学科的学者都习惯于从宽泛的角度理解"范式"一词。"范式"作为一个富有弹性、极具包容性的概念，在诸多学术领域内都得到了极其广泛的运用。几乎各个学科都习惯于运用"范式"一词，来对本学科的研究方法、研究旨趣进行反思。

正是"范式"这个概念的包容性，为我们把这个概念引入康巴学提供了便利。一百多年以来，在康巴学的历史上，先后出现了多种研究范式与多种研究旨趣。把各种范式、各种旨趣的康巴学汇聚起来，就形成了康巴学的谱系。现在，我们考察康巴学的谱系，就相当于把康巴学作为一个"学术家族"，逐一察看它内部的各个分支。康巴学作为一个"学术家族"所包含的这些分支，就相当于康巴学已有的"学术家底"。未来的康巴学不论怎样发展，都与这样一

---

[1]（清）章学诚：《校雠通义通解》，王重民通解，上海古籍出版社1987年版，"章学诚《校雠通义》自序"，第1页。

[2][美]托马斯·库恩：《科学革命的结构》，金吾伦、胡新和译，北京大学出版社2012年版，第94页。

个"学术家底"具有割不断的血肉联系,甚至都在这样一个"学术家族"之中,都体现了这个"学术家族"生生不息的延伸。

清代的阮元在嘉庆九年(1804年)的一篇序文中写道:"学术盛衰,当于百年前后论升降。"[1]借用这个说法,康巴学也当于百年前后论升降、论沉浮。经过笔者的研究、辨识,百年以来,在康巴学的演进过程中,先后出现了四种范式的康巴学,它们分别是传教士的康巴学、经世者的康巴学、人类学的康巴学与历史学的康巴学。

四者之间,传教士的康巴学主要是外来传教士培植起来的。从19世纪中叶至20世纪中叶,在当时的时代背景下,外来传教士以各种方式,经过各种渠道来到中国,抵达康巴地区。他们中的一些人在传教的同时,以外来者的眼光观看康巴,写下了丰富多彩的以康巴作为主题的论著。在外来传教士这个群体中,倘若以对康巴学作出的贡献而论,那么,法国传教士古纯仁,还有英国传教士叶长青,他们两人的著作具有相对较高的学术品质,在传教士的康巴学论著中具有较强的代表性。通过古纯仁、叶长青等人的康巴学论著,大体上可以体会传教士康巴学之旨趣。当然,传教士康巴学也不是突然诞生的,在古纯仁、叶长青之前,更早的传教士已经为此做出了铺垫。由此我们发现,传教士康巴学的诞生经历了一个较为缓慢的过程,同时也呈现为一个从自发逐渐转变为自觉的过程。在这个过程中,20世纪最初的几年,大体上可以作为传教士康巴学作为一种学术理论形态正式形成的具有标志意义的时间节点。对此,本书正文中已有具体的叙述,这里不再展开。

传教士的康巴学开创并展示了康巴学的初始形态。这个事实和现象饶有意味,可以放在一个更大的背景中来理解:从传统中国的学术体系演进到现代中国的学术体系,其间经历了一个巨大的转向,从根本上说,现代中国的学术体系,始于移植与借鉴。现代中国学术体系中的诸多学科,都是近现代中国人以"西天取经"的方式,

---

[1] (清)阮元:《十驾斋养新录序》,载(清)钱大昕:《十驾斋养新录》,杨勇军整理,上海古籍出版社2011年版,第1页。

从西方"取"回来的。譬如，社会科学中的政治学、经济学、法学、社会学，人文学科中的哲学、伦理学，等等，这些学科的名称，都是中国人去"西天"取回来的。[1]史学这个学科，虽然可以对应于传统中国的"史部"之学，但是，现代的史学与传统中国"经史合一"的"史部"之学，具有根本的差异。这种情况让我们想到钱锺书在《围城》中的一句戏谑之言："事实上，惟有学中国文学的人非到外国留学不可。因为一切其他科目像数学、物理、哲学、心理、经济、法律等等都是从外国灌输进来的，早已洋气扑鼻。"[2]哲学领域的胡适、冯友兰，人类学领域的吴文藻、林惠祥，政治学领域的萧公权，法学领域的吴经熊，还有更早的严复，他们在学术上的贡献都与留学西方有关。与这些学科不同的是，康巴学作为一种相对专门的现代学术，却是由外来传教士率先促成的。如果比较现代中国学术体系中不同学科形成与演进的历史，就可以看到康巴学的这一独特之处。

如果说，外来传教士写出了康巴学史的第一个段落，那么，中国本土的经世者就写出了康巴学史的第二个段落。经世者的康巴学既是中国本土知识分子开创的康巴学，同时也标志着康巴学第二种研究范式的形成。如果说传教士的康巴学主要源于外来传教士的个人兴趣，是他们传教事业的伴生物，那么，经世者的康巴学基本上是现实的政治环境催生而成的。简而言之，在20世纪20年代末期，在那个特定的国内国际背景下，现代国家建构问题、边疆治理问题、特别是其中的西康建省问题日渐突出。在国内外现实压力之下，对康巴地区进行全面而深入的研究，以促成现实问题的有效解决，逐渐成为一个紧迫的任务。为了回应这样的现实需求，一些志在报效国家、服务社会、有益人民的知识分子把自己的才华与智慧投入康巴研究，促成了经世济用取向的康巴学，这就是经世者的康巴学。

---

[1] 有些也是从日本取回来的。19世纪末20世纪初的日本，虽然在地理上是东方国家，但在文化上已经"脱亚入欧"。正如其代言人所说："如果想使本国文明进步，就必须以欧洲文明为目标，确定它为一切议论的标准，而以这个标准来衡量事物的利害得失。"[日]福泽谕吉：《文明论概略》，北京编译社译，商务印书馆1959年版，第11页。

[2] 钱锺书：《围城 人·兽·鬼》，生活·读书·新知三联书店2009年版，第9页。

在经世者康巴学的研究领域，任乃强可以说是其中的主要奠基人，也是经世者康巴学的主要代表。

到了20世纪40年代，康巴学的发展与更新又获得了一个新的机遇：一批曾经留学欧美、受过专业训练的中国人类学家进入康巴地区，他们在康巴地区从事人类学考察，写下了若干康巴学论著，促成了职业人类学家的康巴学。在这样一个人类学家的群体中，李安宅与林耀华具有较强的代表性。他们既是享有世界声誉的人类学家，同时也对康巴学研究做出了突出的贡献。其中，李安宅的代表作《藏族宗教史之实地研究》就是对甘南地区的宗教与康巴地区的宗教进行"实地研究"的结晶，他的长文《西康德格之历史与人口》既是康巴学史上的名篇，也是在"西康德格"进行"实地研究"的产物。林耀华则写过一部《四土嘉戎》，此书作为一部完整的学术著作，虽然尚未正式出版就遗失了，但幸运的是这部书的主体部分还保留在一系列单篇论文中。透过李安宅、林耀华的这些论著，我们可以体会人类学的康巴学之旨趣，也可以体会人类学家对于康巴学研究所做出的独特贡献。

人类学的康巴学是以人类学的立场研究康巴的产物，相比之下，历史学的康巴学则是从历史学的立场研究康巴的学术理论结晶。人类学与历史学是两个不同的学科，学术旨趣与研究方法都不一样。至为明显的差异是：人类学的康巴学研究离不开实地考察，历史学的康巴学研究则主要依赖史料。如果说，人类学的康巴学研究在一定程度上可以归属于人类学，那么，历史学的康巴学则主要呈现为历史学中的专门史，简而言之，历史学的康巴学主要是康巴史学。大致说来，历史学的康巴学理论至少可以找到三个方面的源头：其一，在藏学研究领域，关于康巴史或康藏史的研究逐渐成为热点；其二，在新清史研究领域，近代康巴研究也占据了一个越来越重要的位置；其三，在海外历史学界的中国边疆研究领域，近代康巴的重要性也越来越凸显。这三个方面的学术潮流汇聚起来，仿佛"三江汇流"，促成了历史学的康巴学的兴起。

以上四种范式的康巴学大体上依次出现，具有历时性的一面。但与此同时，它们也有共时性的一面，除了传教士的康巴学，其他三种范式的康巴学虽然在形成的时间上有先有后,但是,后来者并不是对先到者的取代,后来者的出现主要体现为新范式的出现,主要体现为对康巴学谱系的增补与丰富。将这些不同范式的康巴学依照诞生的时间先后编排起来,就是本书旨在叙述的"康巴学的谱系"。

参考文献

(仅限本书直接征引的文献,依汉语拼音排序)

B

(汉) 班固:《汉书》,中华书局 2007 年版。

[美] 哈罗德·J. 伯尔曼:《法律与革命——西方法律传统的形成》,贺卫方等译,中国大百科全书出版社 1993 年版。

[美] 伯尔曼:《法律与宗教》,梁治平译,中国政法大学出版社 2003 年版。

C

《蔡元培美学文选》,北京大学出版社 1983 年版。

陈东升、刘子阳、王春:《大数据+人民调解"温州样本"》,载《法制日报》2018 年 5 月 7 日。

陈郁编:《企业制度与市场组织——交易费用经济学文选》,上海三联书店、上海人民出版社 1996 年版。

D

[英] 达尔文:《人类的由来》,潘光旦、胡寿文译,商务印书馆 1983 年版。

丁爱萍:《法官无权宣告地方性法规无效》,载《人大研究》2004 年第 3 期。

《邓小平文选》(第 3 卷),人民出版社 1993 年版。

F

(南朝·宋) 范晔:《后汉书》,中华书局 2007 年版。

方麟选编:《王国维文存》,江苏人民出版社 2013 年版。

冯友兰:《三松堂自序》,江苏文艺出版社 2011 年版。

G

高华平、王齐洲、张三夕译注:《韩非子》,中华书局 2015 年版。

高其才、杨丽华:《试论中国秘密社会习惯法的产生、特点及作用》,载《法商研究(中南政法学院学报)》1994年第5期。

[美]克利福德·格尔茨:《文化的解释》,韩莉译,译林出版社1999年版。

[美]克利福德·格尔茨:《地方知识——阐释人类学论文集》,杨德睿译,商务印书馆2017年版。

郭学德:《试论中国的"政府推进型"法治道路》,载《中共中央党校学报》2001年第2期。

H

Holmes, Jr., *The Common Law*, Little, Brown, and Company, 1881.

[德]于尔根·哈贝马斯:《后形而上学思想》,曹卫东、付德根译,译林出版社2001年版。

[德]哈贝马斯:《在事实与规范之间:关于法律和民主法治国的商谈理论》,童世骏译,生活·读书·新知三联书店2003年版。

[英]弗里德利希·冯·哈耶克:《自由秩序原理》,邓正来译,生活·读书·新知三联书店1997年版。

[英]弗里德利希·冯·哈耶克:《法律、立法与自由》(第1卷),邓正来、张守东、李静冰译,中国大百科全书出版社2000年版。

[美]汉密尔顿、杰伊、麦迪逊:《联邦党人文集》,程逢如、在汉、舒逊译,商务印书馆1980年版。

何绍辉:《陌生人社区的治理困境及其破解》,载《吉首大学学报(社会科学版)》2016年第5期。

[德]黑格尔:《法哲学原理》,范扬、张企泰译,商务印书馆1961年版。

黄仁宇:《资本主义与二十一世纪》,生活·读书·新知三联书店1997年版。

黄永堂译注:《国语全译》,贵州人民出版社1995年版。

黄宗智:《清代的法律、社会与文化:民法的表达与实践》,上海书店出版社2001年版。

[美]E.A.霍贝尔:《初民的法律——法的动态比较研究》,周勇译,中国社会科学出版社1993年版。

J

[美]克里夫德·吉尔兹:《反"反相对主义"》,李幼蒸译,载《史学理

论研究》1996 年第 2 期。

姜春云：《地方立法要防止和克服部门利益倾向和地方保护主义——姜春云副委员长在四川调研时的讲话（摘要）》，载《中国人大》2002 年第 9 期。

K

［德］恩斯特·卡西尔：《人论》，甘阳译，上海译文出版社 1985 年版。

［德］康德：《实践理性批判》，韩水法译，商务印书馆 1999 年版。

［德］柯武刚、史漫飞：《制度经济学：社会秩序与公共政策》，韩朝华译，商务印书馆 2000 年版。

［美］罗纳德·H. 科斯等：《财产权利与制度变迁：产权学派与新制度学派译文集》，刘守英等译，格致出版社、上海三联书店、上海人民出版社 2014 年版。

L

［英］A. R. 拉德克利夫－布朗：《原始社会的结构与功能》，潘蛟等译，中央民族大学出版社 1999 年版。

［英］约瑟夫·拉兹：《法律体系的概念》，吴玉章译，中国法制出版社 2003 年版。

李帆编：《中国近代思想家文库·刘师培卷》，中国人民大学出版社 2015 年版。

李浩培：《条约法概论》，法律出版社 2003 年版。

李小健：《如何搞好新时代地方立法工作?》，载《中国人大》2018 年第 18 期。

李振宁：《简论地方"小切口"立法的内涵特征》，载《人大研究》2019 年第 5 期。

梁国尚：《地方人大和政府的立法职权究应如何界定》，载《行政法学研究》1995 年第 1 期。

《梁启超全集》，北京出版社 1999 年版。

梁漱溟：《东西文化及其哲学》，商务印书馆 1999 年版。

林毅夫：《制度、技术与中国农业发展》，上海三联书店 1992 年版。

刘文静：《地方立法中的冲突与合作——评〈中关村科技园区条例〉》，载《暨南学报（哲学社会科学版）》2002 年第 6 期。

刘正强：《人民调解：国家治理语境下的政治重构》，载《学术月刊》2014

年第 10 期。

［英］罗素：《西方哲学史》（上卷），何兆武、［英］李约瑟译，商务印书馆 1963 年版。

M

《马克思恩格斯全集》（第 1 卷），人民出版社 1956 年版。

《马克思恩格斯选集》（第 4 卷），人民出版社 1972 年版。

［英］麦考密克、［奥］魏因贝格尔：《制度法论》，周叶谦译，中国政法大学出版社 1994 年版。

《毛泽东文集》（第 7 卷），人民出版社 1999 年版。

梅傲：《准据法选择的新方法：基于人本视角的研究》，载《浙江工商大学学报》2016 年第 1 期。

［德］孟文理：《罗马法史》，迟颖、周梅译，商务印书馆 2016 年版。

莫亦翔："新时代加强我区法治工作队伍建设的几点思考"，载《当代广西》2019 年第 15 期。

［英］韦恩·莫里森：《法理学：从古希腊到后现代》，李桂林等译，武汉大学出版社 2003 年版。

［美］罗伯特·K. 默顿：《社会理论和社会结构》，唐少杰等译，译林出版社 2015 年版。

［英］西蒙·蒙蒂菲奥里：《耶路撒冷三千年》，张倩红、马丹静译，民主与建设出版社 2015 年版。

［英］麦克思·缪勒：《宗教学导论》，陈观胜、李培茱译，上海人民出版社 2010 年版。

N

［美］道格拉斯·诺思、罗伯特·托马斯：《西方世界的兴起》，厉以平、蔡磊译，华夏出版社 1989 年版。

P

［美］罗斯科·庞德：《通过法律的社会控制》，沈宗灵译，商务印书馆 2010 年版。

彭宁：《指导性案例的现实困境及其成因》，载《天府新论》2018 年第 2 期。

［比利时］亨利·皮雷纳：《中世纪的城市》，陈国樑译，商务印书馆 2011 年版。

Q

瞿同祖：《中国法律与中国社会》，商务印书馆 2010 年版。

R

任强：《判决如何作出——以判断类型为视角》，载《中国社会科学》2007 年第 3 期。

任兰：《设区的市地方立法活动及发展趋势分析——以安徽省为例》，载《人大研究》2019 年第 8 期。

S

沈宗灵：《比较法总论》，北京大学出版社 1987 年版。

（汉）司马迁撰：《史记》，裴骃集解，司马贞索隐，张守节正义，中华书局 2006 年版。

《苏东坡全集》（第 3 册），北京燕山出版社 2009 年版。

W

王世杰、钱端升：《比较宪法》，中国政法大学出版社 1997 年版。

王宗炎：《地方立法不应重复照抄上位法条文》，载《上海人大月刊》2004 年第 12 期。

［德］马克斯·韦伯：《经济、诸社会领域及权力》，李强译，生活·读书·新知三联书店 1998 年版。

［德］马克斯·韦伯：《经济与历史 支配的类型》，康乐等译，广西师范大学出版社 2010 年版。

温丙存：《人民调解何以成为维稳最前沿——基于贵州桐乡的法律人类学考察》，载《中国农业大学学报（社会科学版）》2016 年第 2 期。

（清）吴敬梓：《儒林外史》，百花洲文艺出版社 2018 年版。

X

［英］休谟：《人性论》（下册），关文运译，商务印书馆 1980 年版。

徐复观：《中国艺术精神》，华东师范大学出版社 2001 年版。

Y

［古希腊］亚里士多德:《尼各马可伦理学》,廖申白译注,商务印书馆2003年版。

(战国)荀况著,(唐)杨倞注:《荀子》,耿芸标校,上海古籍出版社2014年版。

杨伯峻译注:《论语译注》,中华书局2012年版。

杨伯峻译注:《孟子译注》,中华书局2012年版。

余英时:《中国思想传统的现代诠释》,江苏人民出版社1998年版。

喻中:《自由的孔子与不自由的苏格拉底》,中国人民大学出版社2009年版。

喻中:《在法律思想的密林里》,陕西人民出版社2012年版。

喻中:《论授权规则》,法律出版社2013年版。

喻中:《法律文化视野中的权力》(第2版),法律出版社2013年版。

喻中:《法学方法论》,法律出版社2014年版。

喻中:《宪法社会学》,中国人民大学出版社2016年版。

喻中:《法律地理学》,法律出版社2019年版。

喻中:《法学的想象力》,中国政法大学出版社2023年版。

Z

张世亮、钟肇鹏、周桂钿译注:《春秋繁露》,中华书局2012年版。

张曙光执行主编:《中国制度变迁的案例研究》(第1集),上海人民出版社1996年版。

张文江:《古典学术讲要》,上海古籍出版社2015年版。

张文霞、李正风、乔冬梅:《浅谈地方与中央科技资源整合的必要性及途径:以北京为例》,载《中国科技论坛》2007年第8期。

中共中央党史研究室著:《中国共产党的九十年》,中共党史出版社、党建读物出版社2016年版。

周旺生:《论中关村立法的创新性品格》,载《中国法学》2001年第4期。

邹通祥:《甘肃在解决照抄重复上位法问题上发挥人大主导作用的探索》,载《人大研究》2017年第2期。

邹薇、庄子银:《制度变迁理论评述》,载《国外社会科学》1995年第7期。

后　记

　　从 20 世纪 90 年代至今，在大约 30 年的学术生涯中，难免与学术刊物有一些交往。有一回，一位供职于学术刊物的朋友好意向我约稿，我在感念之余，提交了一篇自己觉得还过得去的论文。但是，朋友在短短几分钟之内就回复说：这样的文章实在发不了，还请多多理解。我当然是理解的。据我的"理解"，朋友所说的"发不了"的原因主要是：文章选题过于"小众"，不接地气，恐怕没有读者，正所谓"阳春白雪，和者盖寡"，在这种情况下，文章的点击数、下载数、转发数、转载数、引用数，恐怕都不容乐观，总之，发表这种"小众"的、"高冷"的、没有热度的、没有关注度的文章，刊物是很吃亏的，因为花费了珍贵的版面，却得不到预期的"显示度"，等等。朋友的这些考虑我非常理解，让刊物"不吃亏"，是他的职责，也是他的职业底线。我自己也知道，我的很多论文、很多著作都有这个毛病：不太接地气。不过，相对来说，我的这部书，算是相对"接地气"、也比较有"烟火气"的一种。这部书渐次分述的地方法、城市法、民间法、习惯法，尽管四端之间各有旨趣，尽管问题的宽窄幅度不尽相同，但在总体上，都偏重微观或中观论证，都偏重法的制度与技术。

　　这部书的创作，大约始于 2000 年，终于 2023 年，时间跨度几近四分之一个世纪。现在回想起来，从 20 世纪末至 21 世纪初，在将近十年的时间段落里，因为种种机缘，我比较频繁地参与了重庆地方人大或地方政府相关部门主持召开的"立法草案专家论证会"（或类似的会议）。这样的机会和经历，让我对地方立法有了近距离的观察与体验，让我比较真切地理解：地方性法规或地方政府规章是怎么制定出来的，地方立法的各方参与者在各个环节都有一些什

后 记

么样的具体考虑，是哪些因素在影响甚至左右或牵引地方立法的走向，特定地方在特定时段面临的具体问题如何塑造了特定的地方立法，诸如此类，不一而足。

在这个过程中，我经历了一个较长时期的浸染，难免受到触动，于是写下一些小文章，以记录我当时的所思所想。譬如，《依法治市的几个特殊问题——解决重庆"四大难题"的法律对策研究》就是其中之一，这篇小文章写于2000年，发表于《重庆三峡学院学报》2001年第2期，责任编辑是学报编辑部的朱丹老师，即使是在20多年以后的今天，我依然记得，她在发稿之前给我打过一个电话，就在电话里，我们商定了文章中需要进一步厘清的几个小细节。现在翻检这篇小文章，我发现，其内容时效性、政策性太强，"距离感"太弱，[1] 时过境迁，当时的议论已经恍如隔世，虽然显示了我思考地方立法及地方治理的一个细小的痕迹，但也只好让它安静地躺在尘封已久的旧杂志里，实在不好重新再唤醒。

就在世纪之交、千年之交的时间节点上，就在琢磨地方立法的那些岁月里，我逐渐意识到，"地方"与"城市"毕竟不是一回事。从理论上说，地方立法与城市立法也应当区分开来。为此，我专门写了一篇短文，题为《重视城市法的研究》。这篇学术随笔性质的文字，很快发表在2000年10月12日出版的《社会科学报》上。这是我在上海的《社会科学报》上发表的第一篇文章，文章的标题直接表达了我的观点，算是我思考"城市法"的起点。十分凑巧的是，文章发表两个月之后的2000年12月，北京市就制定了一个"中关村条例"，紧接着，到了2001年3月，深圳市又制定了一个"高新区条例"。前后不过三个月，在北京与深圳接连出台的这两个条例，正好可以坐实我所理解、我所想象、我所期待的"城市法"，对我的理论思考来说，这两个条例来得正是时候。看到这两个条例之后，我不由得暗自思忖：既然我自己提出要"重视城市法的研究"，何不自己动手研究"城市法"？

---

[1] 关于所说的"距离感"，"其实就是把法律实践、法律现象进行陌生化的处理"。详见，喻中：《法学方法论》，法律出版社2014年版，第44页。

> 法的多元性

因此，在21世纪最初的数年间，我几乎每年都写上一篇小文章，对那个时代逐渐兴起的城市立法现象进行探讨与总结。在这个过程中，我总是习惯于把北京中关村条例、深圳高新区条例作为城市立法的典型个案加以讨论。此间，大概是在2002年的冬天，《同济大学学报》的一位编辑给我打来电话，告诉我上海市关于张江高科技园区的立法也很有典型意义，堪比我专门剖析的深圳高新区条例，也可以归属于我所说的城市立法。这些信息，以及其他城市不断制定出来的面向市场的立法，让我逐渐意识到，当代中国正在形成自己的城市法体系。于是，我在当时的立法背景及理论背景下，针对城市立法的概念、原则、价值以及城市法的体系诸问题，前前后后都分别成文。现在，这几篇小文章略经修饰，直接构成了本书第二章的内容。需要说明的是，这一组小文章虽然先后发表在《四川大学学报》《同济大学学报》《社会科学研究》《城市发展研究》等刊物上，其中有一篇还被人大复印资料《宪法学、行政法学》全文转载，其实都很粗糙，完全可以说是因陋就简。

城市法体现了"城市"对"法"的修饰。那么，何谓"城市"？在字面上，虽然"城市"是由"城"和"市"两个字组合起来的，但是，"城"与"市"毕竟不太一样。简而言之，"城"的意象主要是封闭、阻隔、防范。就像"兵临城下"或"攻城不怕坚"这些说法所示，"城"既是攻打的对象，也是防御的凭据，"城"总是与兵戈之事联系在一起。但是，"市"的核心意象却是交易。正如"逐利于市"一语所示，"市"的本质系于经济利益，与"市"密不可分的还有市井、市场、商业、交易、平等、自由、契约、讨价还价、人来人往、熙熙攘攘，等等，这些都是"市"的常态。

从历史上看，就总体趋势来说，中国的城市经历了一个从"城"到"市"的转向：以前偏重"城"，现在偏重"市"。当然，如果要从最初的起源来看，从人类文明的初始阶段来看，有可能"市"的萌生早于"城"的兴起，正如学者所指出："单单从事经济活动，说不定会有外部力量来抢劫，为了抗拒干扰，于是就出现了城。为了内部维持交易秩序，于是就需要政治。为了外部维持交易秩序，于是就需要军事。用城墙把一块地方圈起来，保持那里的生活方式，

后　记

防止外部的入侵，这就是城邦、国家的起源。"[1]在那个遥远的国家起源、政治起源的时期，虽然城墙的修筑有可能晚于集市的形成，但是，在有文字记载的传统中国，城市的重心主要还是在于"城"，而不在于"市"，城市的政治功能、军事功能大于它的经济功能。一直要到近现代，尤其是到了市场经济盛行的时代，城市的重心才从"城"转向"市"。这种转向有一个至为明显的、看得见的标志：古代的城市都是有城墙的，当代的城市都没有城墙，个别城市（譬如西安）保留下来的城墙主要是作为文化遗迹或旅游景点而存在，与古代的城墙具有完全不同的功能与意义。着眼于此，在市场经济背景下兴起的城市法，应当是以"市"或"市场"为中心的法。

　　正是在思考城市法的过程中，我开始注意市场的规则、市场的主体。我逐渐看到，在市场交易活动中，有一些规则是官方制定的，譬如国家颁布的合同法。但是，也有一些规则是在市场中自发形成的，还有一些市场自发规则促成了官方规则的变迁。研究这些问题，我写成了本书第三章汇集起来的几节文字。我把第三章命名为"民间法"，严格说来，是因为第三章论述的主题，主要体现为市场中的民间规则，或者说是"城市法"领域内的"民间法"。我描述的市场自发规则、企业内部规则以及变迁中的民间调解，都可以归属于城市背景下的民间法。我叙述民间法对官方制定法的影响，也是着眼于城市中的民间规则对官方规则的影响；我叙述作为民间解调的人民调解，也是着眼于人民调解在城市化的背景下发生的深刻转型。这几节文字，分别发表在《四川师范大学学报》《民间法》《江汉学术》等刊物上。

　　既然第三章已经从城市法延伸到了民间法，那么，第四章再从民间法继续延伸至习惯法，就是一个顺理成章的选择。正如我在书前的序文中所说，民间法与习惯法是交叉的，两者之间有一些相互重叠的部分。所以，从民间法转向习惯法，并不是一个太生硬的过程。针对习惯法，我先讨论了习惯法诞生的一般机理，在这个环节，我主要借用了社会学、人类学领域中的一些理论资源。接下来，我

---

[1] 张文江：《古典学术讲要》，上海古籍出版社2015年版，第50页。

试图回答"习惯何以为法"这个问题。我注意到1984年出版的《中国大百科全书·法学》中的一个说法:"法的渊源,更主要和更普遍的是指法的创立的方式,即法是由何种国家机关,通过何种方式创立的,表现为何种法律文件的形式,抑或是被国家认可的习惯。"按照这个权威的界定,法可以"是被国家认可的习惯"。这里的"国家认可",是解释"习惯"之所以成为"法"的一种学理装置与制度装置,这有助于从分析实证主义法学的角度,解释习惯何以为法。在此基础上,我又通过一些案例与事例,从判决过程这个环节,对司法判决过程中的习惯法因素予以描绘。我希望通过这样几个环节,可以让"习惯法"这个概念变得更加饱满、更加丰腴。这些研究成果,先后刊发在《政法论丛》《法律方法》《法治论丛》等学术刊物上。

就以上四个相互交错、彼此牵连的领域而言,尽管我的思考始于地方法及地方立法,尽管关于地方法本身,我也写成了一些相关的文字,〔1〕但是,相对说来,这些已有的思考还是显得过于单薄。时光在权衡与迟疑中悄无声息地流逝,一直迁延至2019年,我才获得了重拾旧业、重新思考地方法的契机。这一年,党的十九届四中全会通过的《中共中央关于坚持和完善中国特色社会主义制度 推进国家治理体系和治理能力现代化若干重大问题的决定》提出:"赋予地方更多自主权,支持地方创造性开展工作。"对于地方法来说,这意味着,要为地方立法赋予更多的自主权,同时也支持地方立法展示更多的创造性,进而更多地发挥地方的积极性。那么,如何从地方立法的角度理解这样一项要求?面对这个问题,我开始重新思考地方法的理论问题。为此,我从人类学、政治学这两个不同的角度,对地方立法进行了一些研究,由此形成了本书第一章前两节的内容,并有幸作为专题论文,先行刊发在《法律科学》《理论探索》这两种学术刊物上。

至于第一章第三节的写作机缘,则来得更晚一些。那是2022年

---

〔1〕 譬如,喻中:《依法行政:从理论到实践究竟有多远——重庆市依法行政实践状况调查报告》,载《行政法学研究》2004年第2期。

10月，我受邀参加由北京市人大常委会有关部门组织召开的一次研讨会，会议的主题是推进北京市国际科技创新中心立法。在这次由各界人士参加的研讨会上，我只是作了一个简短的口头发言。然而，就在研讨会结束的当天晚上，我又接到会议主办方的电话，要求我把会议上的口头发言，整理成为一个书面材料提交给相关机构。我在这个要求的催促下，索性把需要提交的发言材料加工整理成为一篇相对正式的文章，这就是纳入本书作为第一章第三节的"地方立法中的科技立法"。幸运的是，这篇文章还有机会刊发在《北京社会科学》2023年第6期设置的"首都发展研究"栏目。

当然，在把这篇文章纳入本书之际，我也颇为犹豫：它的合适的位置，它的理想的寄居之所，到底应当是"地方法"还是"城市法"？本来，北京市是一个城市，北京市要推进一项科技立法，这样的立法似乎也可以归属于本书刻意强调的"城市法"。但是，在反复琢磨之后，我还是把它置于"地方法"的框架下。我的理由是，科技立法与"市"（以及"市场""交易""商业"，等等）的联系相对松散，跟本书旨在凸显的"城市法"的精神略有距离。但是，倘若按照正式制度，把这项正在讨论的科技立法归属于地方立法，则没有任何"违和感"。有鉴于此，关于这项拟议中的科技立法的探讨，就被归属于"地方法"的范畴了。

至于本书正文的最后一节（亦即第四章第四节）的成稿，则经历了一个更加漫长的过程。大约是在2005年的秋天，我应邀参加了一场以"法律与宗教"为主题的学术研讨会，会议在重庆的歌乐山间举行，环境颇为清幽。我为这次会议准备了一个3000字左右的发言稿，题为《西方的宗教—法律与中国的艺术—伦理》。七年之后，我把这篇随笔式的发言稿收进了我的一部法学随笔集《在法律思想的密林里》（陕西人民出版社2012年版），也算是为这篇发言稿找到了一个合适的归宿。又过了十年，亦即2022年冬天，供职于敦煌研究院的敦根阿斯尔博士热忱地邀请我参加一场以"佛教民俗学"为主题的学术研讨会，并要求我提交一篇与宗教或民俗有关的学术论文，供会议期间交流。虽然我在宗教及民俗领域素无研究，但是，朋友的雅意实在不便拂逆。经历了几多踌躇之后，我又想到了十八年前的那篇发言稿。于是,我以那篇 3000 字左右的旧稿为基础,调整主题、增加内容,完成了一篇 14 000 字左右的文章,并以之参加了 2023 年 9 月 2 日在敦煌举行的"'一带一路'视域下的敦煌佛教民俗学国际研讨会"。后来又以《文化结构及其习惯法属性》为题,发表于《甘肃政法大学学报》2024 年第 3 期。这就是本书正文最后一节的由来。在这一节里,我比较了中西文化结构的差异,剖析了文化结构所具有的习惯法属性:一个国家、一个民族甚至是一个区域,在漫长的历史演进过程中自然形成的文化结构,既能安顿人的内心世界,又能安顿人的外在世界,这样的文化结构,显然具有明显的规范意义,不仅可以作为习惯法来理解,而且还是一种大写的、高级的习惯法。这种作为文化结构的习惯法,也许可以为习惯法的研究拓展新的视野,因而有必要纳入本书,并作为本书第四章的最后一节,亦即全书正文的最后一节。希望以之把习惯法的研究,同时也把关于法的多元性的研究,与更加宏阔的文化结构结合起来。

至此,全书包含的四个部分,大体上形成了一个比较均衡且内在逻辑关系比较清晰的结构:从地方法过渡到城市法,从城市及市场中的自发规则又过渡到民间法,最后再从民间法转向习惯法。按照书前序文中已经交代的题旨,我把这四个方面的文字融为一体,铸成了这部《法的多元性》。

此外,还需要补充说明的是,在本书正文之末,我还附录了《述百年康巴之学 追万年康巴之风》一文,这是我为《康巴学的谱系》一书撰写的"自序"。附录这篇简短的序文,并以之作为"法的多元性"的一个附识的理由与原因是:最近几年,我在专业的法理学研究之余,为了丰富日常生活,同时也为了调剂一下可能会被"格式化"的脑筋,抽空研读了一批与康巴地区有关的学术理论文献,在此基础上,我写成了一部《康巴学的谱系》。此书既是关于康巴学的学术史或关于康巴学术的一个概论,同时也可以为康巴地区的民间法、习惯法提供一些可以触摸的文化背景。通过《康巴学的谱系》,我们也许可以更加真切地理解:特定地方的民间法、特定地方的习惯法是在一个什么样的地方文化中生长起来的。特定的地方文化不仅孕育了特定的民间法、特定的习惯法,还将参与塑造特定的地方法。而且，随着特定地方城市化进程的开启、加快，特定的地方文化还将参与塑造特定的城市法。

这就是说，"法的多元性"包含的四个方面，都可以通过康巴这个特定的地方来展示，都可以通过"康巴之学"尤其是"康巴之风"来透视。一方面，"康巴之风"所说的"风"，既可以指向风俗习惯、风土人情、民风民俗。另一方面，"康巴之风"所说的"风"，还可以由《诗经》中的"国风"之"风"来解释，《诗经》中的所谓"国风"，说到底还是由"卫风""郑风""齐风"之类的各地之"风"汇聚起来的，"康巴之风"恰好可以归属于这种意义上的"风"。由此说来，"康巴之风"的这些指向、这些意涵，跟民间法、习惯法甚至地方法、城市法都有密切的联系。既然"康巴之学"及"康巴之风"与"法的多元性"具有如此自然而恰切的呼应与关联，那么，把这篇原本充作序文的《述百年康巴之学　追万年康巴之风》附在本书正文之后，以之作为"法的多元性"的一个附识，以之延伸"法的多元性"的学术视野，不亦宜乎？

以上回顾，简略地勾画了这部书在20多年的时间之流中点滴凝聚、缓慢生长、最终蜿蜒而来的历史轨迹。回想2000年，在那个所谓的"千禧之年"，在没有任何计划，也没有任何预期的情况下，我为本书写出了第一个片段，算是为本书培植出第一片幼芽。此后，一直迁延至2023年，我才为本书写出最后一个片段。我不得不承认，这一切都是随机而起、随性而作、随缘而成、顺其自然的结果，用宋代哲人张载的名言来说，就是"存，吾顺事"的结果。更加具体地说，是特定的时间、特定的地点、特定的学术机缘，为我展示了特定的地方法、特定的城市法，进而为我展示了特定的民间法、特定的习惯法。我所写的，都是我所看见的。我只有先有所见、有所思，然后才能把我之所见所思付诸文字，进而凝聚成书。

最后，还应当特别说明的是，在把此书交付出版之前，我邀请在西安财经大学法学院担任教职的张青卫博士校阅了全书，他提出的数十条修改意见大部分被吸收，从而卓有成效地减少了本书的各种错讹，在此向张青卫博士的细心纠谬致以谢意。

在整理这部书稿、写作这篇"后记"之际，我仿佛看到，从20

世纪 90 年代至今，30 年的时光不间断地流逝，过了一年又一年；这就像打开一本书，翻了一页又一页，直至最后一页，然后再合上，最终定格为一张印有"法的多元性"字样的封面。这样一部想象中的书、这样一张想象中的封面，恰好可以成为今天回溯自己 30 年学术旅程的马迹蛛丝、草蛇灰线。

喻　中

初记于 2023 年 9 月 29 日，时值癸卯中秋；
修订于 2024 年 4 月 4 日，时值甲辰清明。